普通高等教育教材

# 民航面试技巧

张号全　陈思涵　主编　　梁秀荣　主审

化学工业出版社

·北京·

## 内容简介

《民航面试技巧》依照航空公司在招收和录用空服类人才的面试标准和选拔要求，逐层次地介绍了面试的基本条件，面试的基本流程与测评方式，面试的准备与临场发挥，面试的中英文环节及考题、答题思路，民航求职与应聘过关的途径等。本书特别安排了涉外服务的面试内容，进一步拓宽面试知识面。另外，为了增强读者对本书的有效应用，还添加了"阅读链接"，通过民航业发展事例诠释面试需求，力求让这本书能够为民航服务人才的求职面试带来良好效果。

本教材主要为各本科及职业院校空乘服务类专业在校学生的求职面试而编写，同时也适合广大青年求职面试于民航服务类的工作岗位及新入职空乘人员的学习使用，也可以用于高校面试民航服务类专业新学员，以及航空公司面试服务人才的参考用书。

### 图书在版编目（CIP）数据

民航面试技巧/张号全，陈思涵主编．—北京：化学工业出版社，2022.6（2024.11重印）
普通高等教育教材
ISBN 978-7-122-40937-9

Ⅰ.①民… Ⅱ.①张…②陈… Ⅲ.①民用航空-乘务人员-招聘-考试-高等学校-教材 Ⅳ.①F560.9

中国版本图书馆CIP数据核字（2022）第039503号

---

| | |
|---|---|
| 责任编辑：旷英姿　王　可 | 文字编辑：李　曦 |
| 责任校对：边　涛 | 装帧设计：王晓宇 |

出版发行：化学工业出版社（北京市东城区青年湖南街13号　邮政编码100011）
印　　装：河北鑫兆源印刷有限公司
787mm×1092mm　1/16　印张15　字数352千字　2024年11月北京第1版第4次印刷

购书咨询：010-64518888　　　　　　　　　售后服务：010-64518899
网　　址：http://www.cip.com.cn
凡购买本书，如有缺损质量问题，本社销售中心负责调换。

定　　价：45.00元　　　　　　　　　　　　　　　　　　　版权所有　违者必究

# 前言
# PREFACE

"高质量发展是新时代民航强国建设的本质和根本要求",处在新的历史时期,在"十四五"发展规划的开局之年,新时代民航事业的发展建设和质量关注必然会带来新的知识结构的更新,需要用更加开放和包容的眼光看待中国民航事业的未来,以及航空公司对服务人才的专业能力和综合素质的面试要求。为了更好地满足民航类各专业人才的学习需要,切实依照民航业对空乘类及相关专业人才的选拔标准和录用条件,全面打造好内外兼修的服务形象和职业素养,拥有国际化的大视野,我们编写了《民航面试技巧》这本书,希望为广大的学子们在通往民航职业的道路上带来更多精彩。

在"国内国际双循环"的新发展形势下,在世界新的经济格局前提下,随着"一带一路"经济圈的联动倡议实施,以及国际间多边贸易合作的发展战略框架的构建,我国与世界各国之间的交往交流日趋频繁,合作发展项目日益增多,必然会极大地带动与促进民航业将来的高速发展,为"民航强国"增添魅力。另外,在造就好国际化服务人才的专业培养理念的同时,民航空乘类服务人才的应聘及选拔工作也面临着诸多的新机遇、新挑战,特别是与国际上一些发达国家相比较,我国的民航运输业起步较晚,发展迅猛,在国内城市圈、经济圈、机场群等新业态、新要求下,对民航业各类服务人才的需求量也在不断地增加,而人才的综合素质及专业培养也必然要顺应新时代的发展需求,符合岗位需要。

《民航面试技巧》本着实用和细致的原则,对国内外航空公司人才的选择标准和面试礼仪、英语能力,以及报名面试条件、面试程序、面试环节、相关的专业知识、疑难问题答疑、注意事项等读者较为关心的面试内容和具体细节，结合学习的实际需要进行了详细的阐述，以便为读者提供更为全面的面试知识，坚定面试信心，抓住面试机会。

本书由长期从事就业指导与民航面试工作的武汉商贸职业学院张号全和南方航空公司五星级主任乘务长、广东肇庆航空职业学院陈思涵主编，南方航空公司培训部陈红波任副主编；广州科技职业技术大学尚璐瑶参与编写工作。张号全负责全书编写提纲及统稿等工作，中国国际航空公司培训部原部长梁秀荣负责主审。

在本书的编写过程中，编写团队走访并咨询了长期从事民航运输业的专家、管理人员、一线员工及在校老师和大学生，汲取了他们的一些宝贵意见和建议。衷心希望本教材能够给将要从事民航服务类工作的广大青年学子们，提供更好的学习营养，带来切实有效的面试指导，成就心中的职业理想。

真诚感谢广大读者的长期支持、理解与厚爱，欢迎多提宝贵意见。

编　者

2021年12月

# 第一章
# 民航面试的基本概要　　　　　　　　　　1

第一节　民航面试认知　　　　　　1
　一、民航面试的实际意义　　　　2
　二、世界民航业的基本概况　　　6
　三、新中国民航业的发展态势　　12
第二节　民航面试中的服务能力需求　16
　一、练就好服务他人的实际能力　16
　二、关注面试中的服务能力需求　18
　三、培养好自己的关怀心理　　　20
　四、打造好由内到外的尊重感　　20
第三节　民航面试是一次充满正能量
　　　　的人才展示　　　　　　　22

　一、早日建立起参加面试的信心　22
　二、让自己的言谈举止充满正能量　24
　三、正能量在面试中的感染力　　25
第四节　如何揭开民航面试成功的
　　　　神秘面纱　　　　　　　　26
　一、重视专业能力的提升　　　　26
　二、关注航空公司的人才选拔标准　27
　三、做好面试前的必要准备　　　28
思考练习题　　　　　　　　　　　29

## 第二章
## 民航面试的基本条件与选拔要求 30

第一节　航空公司面试空乘人才的标准
　　　　及条件　　　　　　　　　　　30
　一、空乘人才选拔的基本条件　　　　31
　二、民航面试综合素质考评与观测　　33
　三、民航安全员体能考核测试标准　　36
第二节　民航面试的一般流程　　　　　39
　一、民航面试的常规做法　　　　　　39
　二、航空公司通常采用的应聘面试
　　　流程　　　　　　　　　　　　　40
　三、特殊情况下的视频面试　　　　　49
　四、面试中的形象及体态测评　　　　51
第三节　面试中的应答环节　　　　　　52
　一、应答认知及出现的高频环节　　　52
　二、问题应答的原则和方式　　　　　54
　三、民航面试中常见问题及答案　　　56
　四、面试中问题应答的基本思路　　　59
　五、面试问题类型及应答须知　　　　61
　六、民航面试中常见的一些问题　　　66
第四节　面试中的情景环节　　　　　　68
　一、情景环节中的无领导小组讨论　　68
　二、情景环节中的话题辩论　　　　　73
　三、无领导小组讨论和话题辩论的
　　　关注要点　　　　　　　　　　　75
第五节　国内航空公司应聘面试了解　　75
　一、国内航空公司介绍　　　　　　　76
　二、国内其他航空公司　　　　　　　80
　三、国内航空公司面试关注环节　　　81
第六节　境外航空公司对空乘人才的
　　　　选拔要求　　　　　　　　　　85
　一、外航招收中国籍空乘的基本条件　85
　二、外航公司招聘面试了解　　　　　86
　三、应聘外航注意事项　　　　　　　92
　四、外航对空乘人才的选拔概况　　　94
思考练习题　　　　　　　　　　　　　96

## 第三章
## 民航面试的准备与临场发挥 97

第一节　掌握好面试礼仪　　　　　　　98
　一、保持自然大方的微笑　　　　　　98
　二、体现出优雅的气质　　　　　　100
　三、用好礼貌用语　　　　　　　　105
　四、恰当运用肢体语言　　　　　　106
　五、了解空乘规范用语　　　　　　107
第二节　了解面试中的涉外服务礼仪　110
　一、关于涉外礼仪　　　　　　　　110

二、涉外活动中的规范礼仪　　114
　　三、涉外交往活动中的酒类　　116
　　四、涉外服务礼仪关注事项　　118
　　五、特殊餐食的供应　　120
　　六、客舱饮料种类　　122
第三节　面试形象的设计　　122
　　一、面试着装的基本要领　　123
　　二、面试发型设计　　125
　　三、面试妆容讲究　　127
第四节　调整好身心状态　　129
　　一、平和自己的心态　　129
　　二、做好身体方面的调养　　131
　　三、克服胆怯的心理　　131
　　四、环境净化　　132
第五节　把握面试中的临场发挥　　132
　　一、留意面试中的三个节点　　132
　　二、找对面试中的共通点　　134
　　三、面试问题回答技巧　　136
　　四、面试测评中的答题技巧　　139
第六节　乘务修养与储能　　140
　　一、乘务服务修养　　140
　　二、修炼好致美状态　　141
　　三、服务细节关注　　141
　　四、航班延误服务　　142
　　五、组员关系维护　　142
　　六、其他专业技能及知识储备　　143
第七节　面试的其他准备　　144
　　一、了解面试公司及招录要求　　145
　　二、了解面试中的测评节点　　146
　　三、面试资料的准备　　146
思考练习题　　147

# 第四章
# 民航面试的中英文环节　　148

第一节　面试中英文自我介绍　　148
　　一、中文自我介绍　　149
　　二、英文自我介绍　　150
　　三、自我介绍的关注事项　　153
第二节　面试中英文广播词　　154
　　一、关于面试广播词　　154
　　二、中英文广播词示例　　155
　　三、节日问候广播词　　160
第三节　中英文面试考题　　160
　　一、中英文笔试题　　161
　　二、机考英语题　　167
第四节　面试常用英文语句及单词　　170
　　一、常用英文短语及语句　　170
　　二、面试常见英文问题及答案　　172
　　三、面试英语必备单词及词组　　175
思考练习题　　178

## 第五章
### 民航求职与应聘过关的途径 … 179

第一节　对民航服务职业的真实领悟　180
　一、民航服务职业分类情况　180
　二、民航服务对人才的素质要求　183
　三、民航职业的挑战与机遇　187
第二节　对民航服务职业的价值认同　192
　一、必然强调的职业理念　192
　二、认清乘务职业的性质和特点　194
　三、理解乘务职业的担当与价值体现　195
　四、明确乘务工作的社会责任　197
　五、理性看待求职与就业　198
第三节　做好个人的学习及职业规划　199
　一、学习规划书的制订　199
　二、做好个人的职业规划　205

第四节　用实操技能提升面试通过率　208
　一、通过实操训练夯实技能基础　209
　二、做好模拟舱服务演练　211
　三、开展好模拟面试演练　212
第五节　民航面试脱颖而出的通关要素　216
　一、民航面试的关注点在哪里　216
　二、作好充分的思想和行动准备　217
　三、民航面试中可能出现的丢分部分　218
　四、找准民航面试的正确打开方式　219
　五、把自己的实力展现在考官面前　221
思考练习题　223

## 附录 … 224

附录一　中国主要机场及其三字代码表　224
附录二　国际机场及代码　230

## 参考文献 … 232

# 第一章 民航面试的基本概要

**本章提要**

对于民航乘务类及相关专业的学员们来讲,参加航空公司的各类面试选拔,是入职就业的正确打开方式,面试也是国内外各航空公司公开招聘与录用服务人才的基本做法。因而学员们只有通过面试这扇大门,经考评合格后,才可言及工作,幸运地走上公司的各工作岗位。民航业与众不同的人才选拔方式,正是由于其行业本身所具有的特殊性使然,同时,也必然要求参加面试的学员们,在熟练掌握专业技能的同时,对面试的真实目的和意义还要有一个清晰的认知,了解乘务职业的实质内核,以及面试中所需要的安全和服务元素。

本章除了重点阐述面试的基础建立,服务能力需求,还将对国内国际民航业的基本概况和发展态势进行客观的阐述,明确面试所需的专业知识、面试信心建立、尊重感产生,从而树立起正确的面试理念,理性地看待面试,揭开民航面试的真实面纱。

## 第一节 民航面试认知

通过面试认知可以很好地了解面试,知道什么是面试,面试的目的是什么,为什么航空公司对服务人才的招聘要用面试的方式进行,有哪些方面的实际意义,只有这样,学员们对于眼前或将来的应聘面试,才可以做到从从容容地应对,而不至于心慌意乱,抓不住中心,找不到要害。因为面试不仅关乎人才的选拔,还关乎日后的服务质量,关乎旅客满意与否,更关乎公司的发展,因此面试对于招聘方与应聘方都必然是一件重要的事情。

# 一、民航面试的实际意义

## 1. 面试的基础建立

民航面试的客观性需求与根本性基础，是建立在航空运输行业自身的实际工作层面上的，是由在航班飞行过程中空中服务的特殊性质所直接决定的，更是基于民航运输过程中的安全性服务需要，同时也要满足广大乘机旅客的服务意愿和内心渴求。因此，要想入职航空公司工作，首先必须要通过公司的人才选拔面试程序，应试人员不仅要拥有熟练的专业技能，良好的气质形象，匀称的身材比例，还要达到中国民用航空局规定的人才健康标准和素质使用条件。民航面试，是目前航空公司选拔空服人才所采用的唯一且必要的正常招录方式，对于在校的每一位空乘类或航空类相关专业的学员来讲，学习面试的目的就是有序地参加面试，掌握面试采用的基本方法，做到心中有数，取得较好的面试成绩。

从整体层面上来讲，乘务工作是民航运输企业的前沿性和一线工作，服务水平、服务结果、服务口碑、服务影响、服务的延展效应等，都会直接关系到整个航空公司的经营发展状况与实力强弱程度，也是航空公司赖以生存和日益发展壮大的必经路径，而人才的选拔与人才队伍的形象建设，又是公司运营和发展的重中之重。另外，民航服务也是国家、企业、部门及个人对外的展示窗口，联动性地涉及方方面面的宣传性、形象性，事关重大。由此可知，必然会对乘务员的形体标准和综合素质条件要求更加严格，挑选程序和考核环节势必马虎不得，通过层层的面试筛选，近乎苛刻的考评手法，精挑细选，从众多的应聘者当中，招录到符合民航服务标准与各方面条件合格的乘务人才（如图1-1所示）。

图1-1　面试基础示意图

在民航面试的基础建立中，还可对面试概念及总体情况进一步挖掘：民航面试可以直观地理解为，是对航空运输服务人才选聘时的一种行业考评办法。与一般的纯纸笔化答卷考试的区别就在于，民航面试是由航空公司或委托第三方根据自身的某些特殊性需要、职业特点等，经过精心的设计与安排，由面试官直接和考生面对面的现场互动，通过对考生形体、礼仪、口语表达、气质、表情、行业认识、工作态度、反应能力、尊重感、团队精神、服务意识等专业素养及综合素质的观测及考评，最终得出录用与否的面试评判结果。

航空公司对服务人才的招聘面试程序，虽然统称为民航面试，但也会因为航空公司的不同，对选拔与招录的人才所采取的面试程序而有所差别。根据本公司实际的岗位需要与工作性质，有的航空公司采取一轮面试通过制，有的航空公司则采取多轮面试淘汰制，还有的航空公司采用面试加笔试和机考的混合面试法，而后一种模式即是民航面试目前常用的基本方式。总而言之，无论是采用哪种面试方法，其目的都是，使选拔的各类人才满足实际运营过程中的岗位需要。

进而，也传递出这样的信号：基于民航运输业的特殊性工作环境与岗位需求，通过直接面试的方法，招收符合岗位需要的各类人才，是航空公司的必要措施，同时也是应聘人员入职民航，实现就业的良好机会。通过当面的互动了解与交流沟通，加深双方的印象，找到职业的对接点，打通彼此间的专业通道。无疑，充分地在面试中展示个人的才华，给面试官留下深刻而美好的第一印象，则会加大和提升考生被面试公司录用的概率。空乘面试场景如图1-2所示。

图1-2　空乘面试场景

### 2.从面试中挖掘乘务职业内核

实际上，不难理解航空运输业的真实工作状态，以及对人才的严格面试考核程序：高空飞行、客舱内服务、面对结构复杂的旅客群体、严格的形象标准、高质量的服务操作，以及长距离的国内和国际航线、VIP服务、两舱服务、特殊旅客服务、突发状况处理等，无论在何种情况下，机组人员（包括乘务员在内）与旅客间都要始终保持良好、顺畅的沟通和交流、满足不同旅客的机上服务需求，稳定旅客的心理情绪，维护好客舱内的安全秩序，恰当地维护好承运方与客源端之间的良性关系。也正是由于空乘这一特殊性质的职业使然，必须要求乘务人员建立起良好的高端服务形象，执行好对客服务中的各项工作内容，并在此基础上，不断地强化安全职责，完善岗位服务职能，才能做好优质和满意的乘务工作。

以下从职业的理解层面和面试角度，挖掘和认知乘务职业的实质内核。

（1）安全职责　乘务工作的安全职责，就是对旅客生命的尊重，对运输工作的安全保障，对公司发展的切实贡献。安全职责的担当，也就是要求乘务人员，对于中国民用航空局、航空公司制定的各项管理规定及安全条例的深刻理解与正确执行。比如：对机上危及安全问题突发事件的处理方式；对旅客突发疾病所采取的应急处置措施；在特殊飞行阶段与紧急情况下的冷静思维和理智态度；面对一些扰乱客舱正常服务的大小事件迅速反应与处理能力；面对旅客提出的各种各样甚至非理性的服务要求，所采取的恰当回应及有效沟通方式等。

1999年国际民航组织将使用的术语"客舱乘务员"修改为"客舱乘务组"，民航业内有时也使用"飞行乘务员"称呼，从国际民航组织对于乘务员这一称呼的变化上，可以明显地看出国际民航组织赋予客舱乘务人员的职业担当与岗位安全职责的明确定位，也表明了乘务人员是以客舱内的安全管理为首要职责。换言之，在乘务组人员执行高空飞行工作任务时，会受到各种各样的气候原因、环境条件与客舱内人为扰乱等不利于安全的因素影响，必须时刻持有一颗保安全敢担当的岗位责任心，乘务工作内核既要有服务职能，更离不开安全职责。

此外，当前国际国内的形势都处在一个快速变革与新旧交替的转型关键阶段，且随着中国改革开放的不断深入，国门已全方位打开，中国航班实际上就等于是世界航班，复杂的旅客群体必然带来复杂的心理状态。例如在一些人心里还存在着根深蒂固的种族观念、独裁横行的阶层矛盾关系；一些极端分子的有意破坏行为；一些挑拨闹事者；一些素质低劣的人员等，势必会出现这样或那样的客舱现象，相应地必然会要求每一位乘务人员（包含安全保卫人员），航班全体机组人员必须严格履行飞行安全职责。不但要执行好每一架航班的飞行任务，更要确保机舱设备和乘员安全，观察、发现问题，处理好问题，并注重岗位个人与全体机组、地面人员间的协调及配合，以安全顺畅地把机上全体旅客送达目的地。

因而，对客舱设备的安全操作、影响飞行安全秩序的处理方式、以往事件的处置案例等，也是面试中常会出现的考核项目及内容，特别是对于报考安全员的具体考查，对兼职双证人员的考评中，还有涉及机上安全问题的一些题目，常会出现在笔试及机考题部分，不可轻视。

乘务职业内核结构如图1-3所示。

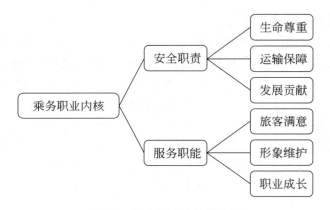

图1-3　乘务职业内核结构图

（2）服务职能

① **服务职能中的形象元素**　乘务人员在做好安全职责担当的同时，也必须履行让旅客满意的服务职能，懂得维护良好的职业形象，收获岗位上的进步与职业成长。民航运输服务业，从一开始就建立在了高端服务的层面上，毫无疑问需要有一个高端形象的实质性维护，比如形象风貌、气质呈现等，不仅是航空公司对乘务人员的具体要求，更是民航在招聘面试中必不可少的考查因素之一。其实形象还包含内在形象和外在形象，不但要求外在的形体自然协调，也需要内在的状态修养和谐，是由内到外的统一美感。

一方面，从考查形象元素的角度出发，必然要求空乘人员在自身专业能力与自然条件方面的相应结合下，展现出不可缺少的亲和力、柔韧度、细腻感、关怀意识、健康心理等综合素质，而不是孤立性的好看和漂亮，所以没有内在形象的美就谈不上外在形象的美。另一方面，对形象的要求和考查，也是为了更大程度上满足对客服务的真实性需求，内外形象俱佳的乘务人员可以带给他人更多的愉悦感及亲和力，配合娴熟的服务技能收获来自旅客方面的满意度，减少与避免服务过程中的冲突与摩擦，确立乘务形象在旅客心目中的真实地位。而不是看起来一个样，服务起来又是一个样，难言旅客对乘务人员有好感。

而对于将要参加面试的学员们来讲，必须具备良好的整体状态，以应对面试时的各项挑战。除了所学的专业理论知识外，在服务职能方面，包括认知、态度、面部笑容、柔性、沟通能力、体贴性、关注度、亲和力等素质因素和形象元素，都是可以依照航空公司面试录用人才的标准条件，进行自我调整和修正。有没有建立起对客的服务理念、有怎样的服务心理、对服务职能如何诠释，是否符合民航对乘务人员的考核要求，都是决定面试能否成功的关键要素。对于兼职空中安全员的学员来讲，还要关注身体素质的强化训练，以符合面试考核标准。

空乘形象展示如图1-4所示。

图1-4　空乘形象展示

② **对服务职能的理解**　首先，要清楚地理解乘务工作的具体执行点，就是做好每一架航班飞行过程的各项服务内容。严格按照航空公司对空服人员的管理规定与要求，为旅客提供有形有礼，知进知让，包容大度，细微灵活的体贴式服务，把航班服务需求做到位，让旅客满意，让公司放心。

其次，就是不断地磨练和提高个人的专业能力与理性服务。敢于挑战与应对各种危险，愿意进行服务探索并积极进取，知道服务是一个持续长期的全过程，一定要把内心所想与言语表达、行动执行保持高度一致，心到、眼到、语到、腿到、手到，眼中有标准、手中有规范、做中有方法，心手并用，而不是眼高手低、丢三落四。

再次，把控好对客服务的细节处，一个微笑、一个眼神、一个动作都要体现出服务的细腻感与职业情怀，彰显出乘务人员训练有素的服务状态。因为服务是需要温度的，而不是像机器一样生硬的程序执行，在服务的言行举止中，乘务人员更加要带有自然柔和的亲切感，要把民航服务中的人文性与心理关怀性在对客服务中具体地体现出来。只有这样，作为一名乘务人员才能在岗位上收获来自旅客方面的由衷赞誉，传递出民航服务应有的行业关怀与致美状态，同时个人也会在长期的工作中不至于丢掉服务的职能体现与应有信心，永葆服务活力和快乐心态，使得个人的职业能够顺利有序地成长与成熟。

服务职能是综合性的素质条件，并非是单一的服务操作，面试中对服务职能的考核，也并不是只会考查某一个点，而是综合性地考查应聘人员的服务职能具备和条件满足。对于女性空乘人员来说，阳光柔和、微笑亲切、态度热情、有礼有度、包容心态、专业知识储备、气质优雅、英语条件好等；而对于男性空乘人员来讲，阳刚朝气、健康活力、机智果敢、善于应对、丰富的知识、良好的专业及英语水平等，都是必然的面试考核内容。

### 3. 正确看待民航面试

在当今众多的职业形象类别中，民航乘务员的身影无疑是一道最靓丽的风景线，他们是职场上致美的集合体，一举一动、一言一行、一目一笑都充满了无限的魅力，成为吸人眼球的职业群体，因而也成了广大有志青年学子心目中向往的带有标志性的职业符号。然而，当面对航空公司极其严格的人才选拔面试时，有些同学盲目地参加面试，结果很可能以失败而告终；有的同学产生过多的思想负担，顾虑重重，生怕自己被别人竞争下去；甚至有个别同学望而却步，不敢走上面试考场，思前想后地总是害怕面试官出难题，回答不上来感到尴尬；还有的同学虽然收到了航空公司的面试消息，却干脆来一个视而不见……

以上诸多面试前的非理性现象，也正是说明了个人参加面试的底气不足，究其原因还是不够了解面试，不知道该如何迎接面试，不知道怎样去参加面试。那么，对于立志做一名空乘人员的同学来讲，当自己面对众多航空公司发布的面试消息时，如何接招或者说大胆地走上面试考场，坦然地接受考官对人才的面试选拔呢？

通过上述内容的介绍，同学们已经知道了航空公司为什么要采取面试的方式招收航空服务人才，进而还要正确客观地看待民航面试。或许有人会这样想：十年磨一剑的目的就是有朝一日宝剑出鞘，这一次我一定要过关斩将，所向披靡。其实有这样的想法也很正常，从内心讲谁不想顺利地通过面试当上空乘呢？但往往是理想很丰满，现实很骨感，一颗红心两手准备是面试的常态观，一次性通过当然最好，但通不过也不要气馁，因为从民航运输业的实际情况中并不难知道，国内外的航空公司众多，必然也会提供多次的面试机会，只要足够优秀，必定会成为航空公司选择的优秀人才。

除此之外，还要努力创造符合面试的素质条件。所以，要想使自己真正成为航空公司面试考官眼中的那个优秀的自己，除了专业理论知识的学习，平时基本功的训练，掌握好必要的面试知识也是非常关键的，另外还要排除那些"只能成功不能失败"的主观想法，减少过多的心理压力，以免影响正常的面试发挥，积极主动地应对面试才是面试取胜的王道。

## 二、世界民航业的基本概况

了解民航业的发展进程，可以提升面试者对民航运输服务的全面认知，清楚前人对民航事业的发展所付出的艰辛与努力，客观而理性地认识民航运输及运输服务的深刻变化，从而对自己热爱的航空事业更加坚定理想和信念，为将来的乘务工作打下坚实的基础。

### 1. 世界民航业的发展状况

（1）航空器（飞机）的诞生　飞天，始终是人类怀揣的伟大梦想，为此人类展开了不懈的探索。在飞机诞生之前的1783年，法国的蒙哥尔菲（Montgolfier）兄弟制造的热气球载人升空，法国人的这一举动堪称航空运输领域里的一次惊人壮举，为飞天梦想史的书写开启了一个崭新的篇章。随后，德国人就开始利用热气球的功能运送邮件和旅客，航空运输所承载与带来的商业服务价值也被人们很快地发现，并不断催生出了民航运输业一系列的后续进程。

接下来的1852年,法国又出现了可以用人力操纵的动力航空器——飞艇,与热气球相比,飞艇具备了便于自主控制的动力,可操控性比热气球要好。尽管在19世纪,热气球与飞艇这两种轻于空气的航空器能够成为当时商业飞行运输的主宰,但由于受到航速、运力、安全可控性方面的诸多限制,实际上它们也并不是人们终极追求的真正意义上的航空飞行器,更不能标志着航空时代的真正到来,而人类在航空领域探索的脚步却从未停止。

直到1903年12月17日,美国的莱特兄弟制造的飞行器——"飞行者一号",在美国北卡罗来纳州基蒂霍克镇的瑟瑟寒风中腾空而起,实质化的飞行器(飞机)印象才真正地进入了人们的视线中。虽然这架有形的飞机,在空中停留的时间还不足一分钟,但却被普遍认为是飞机的始祖,是航空飞行器诞生的标志。因而,1903年12月17日这一天具有划时代的意义,真正地开辟了人类航空史上一个新的纪元。

在以后的十年时间里,莱特兄弟不断地研究、改进与推广飞机的科技、应用技术,一次次地打破先前的飞行记录。与此同时,法国人路易·布莱里奥(法语Louis Blériot)也开始了飞机的研制与试飞,1909年7月25日,他驾驶自己研发的Bleriot No 11 飞机成功地飞越了英吉利海峡,成为驾机飞越英吉利海峡的第一人而被载入航空史册。

飞机的规模化形成与实际应用,是随着第一次世界大战爆发的1914年的到来而开始的,由于飞机在军事方面满足了更为广泛的战争需求,从而极大地推动了航空技术与飞机制造业的向前迈进。1919年第一次世界大战结束后,在欧洲各国政府的大力支持与民众的共同呼声中,德国民用航空业也逐步在世界范围内兴起和崭露头角,从而飞机的军事化运用带动了民用航空领域里的积极拓展,并迅速地从欧洲向北美、亚洲、拉非等国家普及,让航空之花盛开。

莱特兄弟制造的"飞行者一号"如图1-5所示。

(2)民用航空业的兴起 随着民用航空业的悄然兴起,人们也逐渐地认识到飞机在运输方面的实效,并不断地渗透到社会生活的各个领域。与陆地上运行的其他交通工具相比较而言,由于飞机不受地形、水况及各种障碍物的影响,在快捷、高效、优越化出行方面占据了无可替代的极大优势,因而一经问世便在长距离运输以及高品质出行方面,给人们的生存生活方式、交流活动、商业交际、政治交往等各个层面带来了非同一般的实效。

1919年第一次世界大战结束后,德国率先在国内开展了民用航空运输业务,于同年的8月起,英、法国家也相继在两国之间开通了定期往来的空中客运业务,自此,世界性的民用航空业的发展历程也正式拉开了骄人的帷幕,并在随后的1919～1939年的二十年间,民用航空运输业逐渐发展成为全球第一大运输产业,这一时期也被行业认定为航空运输业最早期的黄金发展阶段。在这期间最具代表性的飞行记载,一是美国生产制造的DC-3民用客机,最大载客量30人,

图1-5 "飞行者一号"

飞行速度290千米/时，航程极限是2420千米。二是1927年5月20至21日，美国籍飞行员查尔斯·奥古斯都·林德伯格（Charles Augustus Lindbergh）驾驶圣路易斯精神号飞机，从纽约市飞至巴黎，经历了空中33.5小时的飞行成功地跨越了大西洋，进一步拓展了民用航空业的空中航线，打开了国际间的航空飞行通道。

（3）全球化的民航业发展　然而，1939年第二次世界大战爆发，民用航空业前行的秩序性也遭到了毁灭性的打击，停止了发展的步伐。直到第二次世界大战结束后的1945年到1958年，世界民航业重新经历了较长时期的恢复过程和第二个新发展阶段，也使得人们开始对航空运输业有了相对统一的清醒认识，建立起了航空管制和协调机构，随即各国先后组建了自己的主管单位，民用航空运输业也因此有了较为完整与完善的管理体系，也极大地推动了国际航空业的有序进程。

后来，由于喷气式飞机的成功研制与投入使用，飞机的飞行速度加快，相应地缩短了两地间的飞行时间，也大大降低了飞行成本的支出，提高了空中运输的效率，从而使得整个民用航空系统朝着更加积极有利的方向变化与发展，也使得远距离、大众化及廉价航空等民航运输形式的开发一再成为可能。受到市场需求以及经营利润的双重效果驱使，航空公司也如雨后春笋般在世界各国茁壮发展起来，大型航空公司不断地在各国涌现。另外，航空运输业的全球化大发展，也快速地促进了飞机制造业的研发与生产，1958年，美国波音公司制造的第一架民用波音707喷气式运输客机交付使用，航程可达到12000千米，最大载客量219人。进入20世纪70年代以后，运力强大的波音747宽体客机投入使用，标志着世界性的民用航空业的高速化发展时代的完全到来。

## 未来的客舱及服务

据《环球旅游周刊》报道，被誉为航空设计界"奥斯卡"的水晶客舱奖"Crystal Cabin Awards"，评选出了"双层客舱（Dual Level Cabin）"和"云舱（CLOUD CAPSULE）"，这两款别出心裁的机舱设计。据悉"双层客舱"的设计灵感，来自设计者（21岁的西班牙学生亚历杭德罗·努涅斯·文森特）在欧洲坐飞机旅游时的一次经历——狭窄的经济舱座椅间距，让文森特的乘机体验很不美好，于是产生了设计"双层客舱"的念头。在文森特的设计中，拆除掉头顶行李舱的位置，将行李存放在座椅下方的隔间中。据其介绍，坐在下排的乘客可以把双腿舒展开，解决长腿的憋屈；上排的乘客还能享受到比较宽松的空间，不仅能伸直双腿，还可在安全的情况下，站起身来活动一下。除此之外，双层座椅还能够提供更大的倾斜角度、可调节靠背、可展开颈托，在座位上"前伸后躺"不再是奢望。双层客舱的设计，目前已用于代尔夫特理工大学正在研发的一款节能机型上，未来这款设计，还有望在波音747、空客A330等一些大型客机上实际运用。

云舱，就是将经济舱座位上方的区域开辟成"卧铺"，等飞机到达巡航高度后，旅客就可以爬到卧铺上休息，从而在经济舱中，也能享受到一个兼具私密和安静的"胶囊睡房"。这样不仅给人一种如同在商务舱的感觉，云舱里还能够自行调节和设置冷暖风,让旅客找到物超所值的乘机享受。云舱是由日本丰田旗下的"Toyota Boshoku"公司提出的新型机舱概念。根据公司的相关介绍,云舱的设计理念和产品定位,是能够"让经济舱旅行更安全、更愉快、更舒适,同时可以为航空公司创造更多收入机会"。

"水晶客舱奖"的代表——卢卡斯·卡伊斯特纳则表示,虽然"双层客舱"和"云舱"在短时间内,真正投入使用的可能性还不是很大,但这样的设计理念,会在一定程度上代表着行业的未来发展趋势及旅客的乘机风尚。无疑,在给设计师们提供良好创意空间的同时,还会带来更多高效、方便、节能、实用又极具人性化的机舱设计方案,优化飞机的内部构造,高效地利用好客舱的有限空间,为旅客提供满意和超值的乘机旅程。

而且,双层客舱的部件还能进行拆卸和拼装,眼下已经有一些航空公司对"双层客舱"的设计概念和构想理由,表现出了浓厚的兴趣,期望通过这样的飞行乘坐方式,可以吸引更多的乘机者进行飞行体验。试想,以上这两款获奖的新型飞机设计,一旦在未来的某一天正式投入使用的话,在旅客们享受高效舒适的乘机体验时,必将会改变现有的空中服务状态。

### 2. 国际航空法的出台与实施

航空运输业的兴起与发展,空中航线不断地延伸长度,航空运营服务不得不考虑国家及旅客安全的重要性,以"国际公约"为前提的航空法应运而生,国与国之间达成一致的空域放管措施,通过开放天空,代码共享,国际间的各大航空公司采取有序互利的友好竞争与运输参与方式,让天空为人类的出行和生活持续提供着便利。

1919年,《巴黎公约》(全称《空中航行管理公约》)在法国巴黎签订,规定和确立了航空主权原则,这个公约也是人类历史上第一个关于国际航空法的多边条约。1929年10月12日,在华沙签订的《统一国际航空运输某些规则的公约》(简称《华沙公约》),本公约就国际航空运输的定义、运输凭证和承运人的责任等运输条款作出了明确的规定,对机票、行李、运输合同、货运单等内容、事项制定出了统一的标准及赔偿限额。后来《华沙公约》又经过多达四次的修改,形成了后来的包括《华沙公约》《海牙议定书》《蒙特利尔议定书》《罗马公约》在内的八个文件,总称为"华沙体制"。1944年,在芝加哥签订了《芝加哥公约》(全称《国际民用航空公约》)取代先前的《巴黎公约》,《芝加哥公约》的签订至此,涉及各国间的国际民用航空关系和事务也有了现行法律的依据和基础。

20世纪50年代以来,为了有效地制止发生在飞行航空器及机场的各类犯罪活动,对扰乱秩序者或犯罪者给予必要的管制与处理办法,又先后制定与出台了一系列的国际公约或国际法规。1963年9月14日,在日本东京签订了《东京公约》,全称为《关于在航空器内犯罪和其他某些行为的公约》,明确了机长的责任与处置权地位,并标明了在航空器上航空器登记国可以依照本国法律行使刑事管辖权。1970年,国际民航组织又在该公约的基础上制定了《海牙公约》(全称《关于制止非法劫持航空器的公约》),确认劫机为国际性犯罪以及对罪犯的起诉、引渡等所采取的具体规定措施。1999年在《统一国际航空运输某些规则的公约》(简称《华沙公约》)的框架基础上又签订了《蒙特利尔公约》,其全称是《制止危害民用航空安全非法行为公约》,对于确保国际航空运输消费者的利益建立了公平赔偿的规范性体系。

另外，根据制定条款的不同，国际航空法又可分为"公法、私法与刑法"三类。《芝加哥公约》《华沙公约》《东京条约》（以及《海牙公约》和《蒙特利尔公约》）分别为"三法"代表，以达到国际民航组织所倡导的有效处理处置航空器内与地面的犯罪行为、切实维护全体乘员在运输过程中的人身与财产安全、保障旅客乘机时的利益和航空公司的合法权益的目的。

### 3.世界上第一位空姐的诞生

在民用航空业最初形成的前二十年间，世界上一些发达国家也组建起了自己的航空公司，其中航空巨头美国波音公司就属于早期拓展民用航空领域的综合性航空公司代表。就在1930年的初春时节，波音航空公司驻旧金山董事史蒂夫·斯廷普森（Steve Stimpson）在和护士艾伦·丘奇（Ellen Church）的一次闲聊中，无意地吐露出了心中的无奈：航班服务工作繁忙，旅客挑剔牢骚满腹。行程中由副驾驶承担的照料旅客的服务工作，实在难以做到应对周全，一心二用也很危险。还有人们对于坐飞机感到不如坐火车那样安全，总认为飞机在空中飞行太危险了，不如地面上的交通工具安全可靠等种种偏见。

丘奇听完这些话后，就带着好奇感建议他雇用一些懂医学护理的女服务员到飞机上工作，并且说这些女孩子懂医学，会护理，还有令人赏心悦目的效果，能够帮助旅客减轻乘坐飞机时的心理压力与负担，很好地平复旅客的烦躁情绪，消除他们对于选择乘坐飞机的顾虑与恐惧感。这番话令斯廷普森有些兴奋，他感觉很有道理，果真就把这位年轻护士丘奇对他即兴发表的建议向上级决策人物作了书面汇报。因考虑到女护士的职业专长可以给旅客提供更多的帮助，又加上她们心思细腻，善解人意，温柔体贴，年轻漂亮，不仅可以让旅客保持稳定的情绪和愉快的乘坐体验，无形中还会对人们乘坐飞机出行带来一定的感召力与影响效果，决策层就答应了这个请求，从此改写了飞机上没有专职服务人员的历史。

原来提出这个大胆而奇妙想法的护士艾伦·丘奇（图1-6）心中一直拥有飞行的梦想，并且已经考取了飞行驾照，无奈当时的航空公司不招收女飞机驾驶员，但最终经过自己的不懈努力被波音公司聘用为空中乘务人员，1930年5月15日丘奇的美丽身影出现在波音公司从奥克兰到芝加哥的航线上，丘奇终于实现了她的飞行蓝天梦想。

图1-6　艾伦·丘奇（左）

美国爱荷华州的注册护士艾伦·丘奇，成了安慰和照顾旅客的第一位空乘服务人员，是世界上诞生的第一位空姐。原来由飞机副驾驶员承担的空中对客工作的兼职任务，由此裂变出了另一个专职的空中服务工作岗位，也逐步地扭转了人们对乘坐飞机的一些偏见，减轻了旅客在航行中枯燥无聊的冷落感受，使空中旅程变得温馨与舒畅。艾伦·丘奇成了蓝天上的空中使者，世界民航史记录了丘奇的空中服务倩影。

后来，在丘奇的影响与带动下，还有另外七

位有着护理专业背景的女生也被波音公司吸收进来成为空中服务人员。这批懂医学的护理专业的空姐上机后着实让旅客赞不绝口，波音公司也因为聘用漂亮的空姐为旅客提供机上服务，很快就引来了大批旅客，取得了可喜的运营成绩，于是其他航空公司也开始纷纷效仿波音公司的这一做法。随后德国、瑞士、荷兰等国家的各大航空公司也大张旗鼓地开始招聘机上做专职服务的女性工作人员，空姐的加入无疑给民用航空运输业的兴盛发达注入了新鲜有益的活力。

但由于受当时飞机体型及人们对空中服务尚处在浅层次上的认知限制，航空公司在招聘空姐时，规定体重不超过50千克，身高1.62米以下，身材娇小可爱，必须有注册护士执照，年龄在25岁以下的未婚女性，每月飞行时间不低于100小时，目的是让空姐安心地在飞机上照顾好旅客。加入波音公司的首批空姐每月可以挣到125美元。

可以说空姐的诞生是航空公司费尽心机的运营策略，也是空中服务和安全的实际需要。进而随着民航业的不断发展与壮大，空姐这一职业化形象的规范和标准要求也在不断地完善和提升，空乘服务人才的队伍中也出现了空哥的矫健身姿，更加坚实地建立起了航班服务与安全的空中双重保障机制，乘务职业也成了新时代备受瞩目的朝阳职业。

## 中国最早的"空姐"

1930年8月1日，新组建的中国航空公司正式开航，接下来又成立了欧亚航空公司和西南航空公司。1938年之前，在这三家航空公司的运营中，因为飞机机型老，客舱小、座位少，每趟航班上只能搭乘4～10名旅客，所以当时机上没有空乘职务的配置。在此之后，中国航空公司与欧亚航空公司，先后购买引进了较大型号的客机，客舱内可以分别容纳18及15名旅客，考虑到为消除有些旅客在飞行过程中的恐惧感，照顾好机上的旅客，航空公司便开始在飞机上配备专职的服务人员。那时不能称为乘务员，而是称为随机侍应生，专门负责照管客舱内的一切事务，而且最早的侍应生是男性，后来才有女性的加入，并且制定有随机侍应生的服务规则。依据明文规定中的条款要求，一是侍应生要保持飞机上的清洁，保管好飞机上的公物；二是侍应生要随时给机上的旅客提供现有的食品、饮料；三是飞机到达航站时，收回客票交还航站；四是提醒和转告旅客严格执行航空机关颁行的机上禁令。另外，规定中还要求，侍应生必须在飞机出发前2小时到达出发站报到，并协助相关工作，按照载运日记，点收行李货物及邮件，封锁舱内，待飞机抵到达站时还要点交验收。那时当侍应生，不仅要求条件好，还要填写申请志愿书，有实保证人，并且需要缴纳一定数额的保证金。

中国第一位女飞行侍应生，名字叫鲁美音（南京金陵女子大学毕业生），当时的招聘要求是看护学校或大学毕业生，在航空公司学习几个月的航空及业务知识后上机服务。鲁美音于1940年10月29日执行航班任务时，遭到日本侵略战机的袭击，紧急降落后又因抢救儿童旅客不幸遇难，鲁美音烈士的英名已载入航空史册。1945年抗战胜利后，中国航空公司和中央航空公司，先后购买了DC-3型飞机（21～28座）及CV-240型飞机（40座）等大型客机，从此开启了招收女侍应生的历史。最早的一批

"空姐",是从1945年12月开始到1946年3月招收录取的,报考地点在上海,最后从2000多人中经过初选和复选,实录7人,结果只有六人报到上岗,她们是钟佩瑜、何淑贞、蓝惠莲、邓秀春、梁宝华、卓鹤钨,入职后,也仅限于飞国际航线。1947年中国航空公司在报上公开招收"女侍应员",随后又刊登了"随机服务员"的招收启事,开始招录第三批"空姐",至此,也把"女侍应员"改称为"随机服务员",并设置了考试科目,要求身体健康,懂国文、英语、粤语,年龄不超过25周岁。

新中国成立后,在周恩来总理的亲切关怀下,中国的民航事业才真正迎来了一个大发展时期,航空业规模不断扩展,从业人数急剧增长,可以说,由此也正式开始了中国民航业招聘空乘人员的面试之旅,真正让"空姐"走上了乘务的工作岗位,在职场上闪光增辉。

## 三、新中国民航业的发展态势

### 1. 新中国成立初期的民航业

1949年11月,在毛主席、周总理多次的关怀和批示下,中共中央政治局会议决定在人民革命军事委员会下设立民用航空局,这一决定的宣告揭开了新中国民用航空事业发展的新篇章。不过那时的民航队机十分有限,总量不超过30架。1954年更名后的中国民航总局由国务院直接领导。到1957年底中国民航拥有的各类飞机已经增加到了118架,其中绝大部分是前苏联制造的。到1965年民用飞机已增加到了355架,开通了46条国内航线。随着国家经济建设的不断好转,中国的航空事业也在向前飞跃发展。

特别是1958年北京首都机场的建成并投入使用,成了以北京为中心的民航基地,自此,随着中国民用机场建设、空中航线的开辟,机队的规模化组建,航空服务人才队伍的培养也开始走上崭新的历史舞台。不过早期的空中服务,人们普遍都没有航空服务的意识和理念,根本也谈不上服务的形式和具体内容,有点类似于今天人们乘坐普通汽车的那般待遇,工作人员身兼数职,既是司机又是检票员,同时也是清理工,当时在飞机上由副驾驶员负责对旅客的简单性服务,后来飞机上出现了男服务生。

### 2. 改革开放以来的中国民航业

新中国第一个"五年计划"实施阶段,迎来了中国民航事业的新发展,但由于受到"十年动乱"的影响,直到1978年的十一届三中全会召开,中国民航业才真正恢复了元气,大踏步地向前迈进,置身于经济飞速向好带来的航空事业可喜发展的新光环下,党和国家统领航空事业,整体布局中国国民经济的发展规划与行业经济建设,在国家改革开放总纲领、总方针和总路线的正确指导下,中国民航事业的发展建设实现了从计划经济到市场经济的历史性转折与根本性转变,从此迈入现代化成长道路。

改革开放以来,经过40多年的发展实践,我国已由"民航大国"向"民航强国"历史征程迈进,随着国内交通网络四通八达的快速建设,诸多的经济城市群的形成无疑也带动着机场群的形成,连片发展,连动出行,使得国内国际的直飞、转乘航线纵横交错,通连到达祖国的各个地方,甚至可以连接世界的每一个角落。

1996年3月颁布并实施的《中华人民共和国民用航空法》标志着我国民航业正式迈

向依法治理的成熟阶段。其后，又制定出台了一系列的民航法规和管理条例，中国民航法律体系的形成，对于市场经济下的现代中国民航事业的健康生存与安全发展意义重大。2001年我国正式加入世界贸易组织以来，民用航空业作为世界贸易中的一个重要组成部分，在参与国际竞争的过程中也为国际间的交流与合作发挥着积极作用，为维护新型的国际关系提供着有力支持。在中国政府倡导的"一带一路"沿线国家间的友好建设与交往中，中国客机空中往来穿梭的身影更是一道靓丽的风景线。

2021年是中国"十四五"规划的开局之年，也是中国共产党建党百年，中国人民在中国共产党的领导下，打赢了脱贫攻坚战，全面进入小康社会，中国建立了自己的第一个太空"空间站"等，这些巨大的经济和科技成就为中国民航业的发展提供了有力支撑。在全球新冠肺炎疫情影响下，中国民航人依然保持着积极的飞行态度，认真践行民航精神，在各地的抗疫斗争中、在接送国外留学生和滞留国外人员、运输医疗物资和救援人员等的航班上，执飞机组及乘务组人员冒着被感染的风险，圆满完成了国家交给的一个又一个运输任务。

### 3. 中国空乘人才队伍的形成与建设

自1945年12月最早的一批"空姐"开始招收后，中国早期"空姐"的招收工作也逐渐拉开了序幕。从1947年刊登在上海《申报》《大公报》上的欧亚航空公司（中央航空公司的前身）招聘信息中，可以了解到当时空姐的招聘条件：年龄在20～25岁，体貌端正；体重要求40～59千克，身高在1.5～1.7米；精通国语、粤语、英语，可以流利地读写中英文。现在也可以想象得到，在当时的社会背景及教育情况下，这些招聘条件有多么苛刻了，所以最终，欧亚航空公司才招到了6名符合要求的空中服务人员。从中国航空公司成立到1948年间，航班空姐的总人数最多也只有20人左右。

新中国成立后，空姐的招聘除了有一定的文化基础条件要求之外，其实还更加注重她们的综合素质。但那时的空姐招聘，还是严格按照空军的招收标准进行的，要求：五官端正，身体健康；身高1.6～1.68米，体重与身高比例相称；高中文化程度，会讲一门外语；年龄为17～20周岁。尽管当时受到诸多客观因素的制约，飞行条件十分艰苦，空服人员还要接受极其严格的登机前训练，但广大青年还是怀抱着对蓝天飞行的美好梦想，积极地报名应聘空服人才。

新中国成立初期，民用航空运输领域和国外比较起来，处在十分落后的状态下，时任国务院总理的周恩来同志对此十分关心和重视，并亲自指示要从北京的中学生中挑选年轻姑娘来担任空中乘务员。因为在1952年7月成立了中国人民航空公司之后，曾从其他部门的工作岗位上选调过4名男生经过短期培训担任空中乘务工作人员，但是由于工作中的各种原因，还不到一年他们都先后离开。这件事让周总理很是放心不下，就明确指示要航空公司招收女乘务员。

1955年11月，第一次空姐招聘工作在北京有序地展开。在这次挑选空乘人员的特殊行动中，有十八位姑娘幸运中榜，除了2名来自民航局的工作人员外，其余16名入选者都是来自北京各中学，在北京市教育局的配合下，中国民航局招收组织了新中国的第一代空姐，被国内业界一直称为中国空乘史上的"十八姐妹"，以出生年龄顺序排名，她们分别是：张素梅、宛月恒、寇秀荣、宋淑敏、李雅惠、陈淑华、马鸿志、李淑清、郭肇贤、康淑琴、王绍勤、朱玉芳、石秀英、王竹报、张若兰、沈伦、李淑敏、孔宪芳（图1-7）。

图 1-7　新中国第一代空乘"十八姐妹"合影

民航局对这 18 名空姐进行了半年左右的空中知识、礼仪、服饰、操作技能等一系列的强化训练，通过试飞考验后正式上机执行对客的服务工作。"十八姐妹"当时的年龄大都在 18～19 岁，最大的也只不过 22 岁，个个焕发着青春的朝气和为新中国民航事业奉献的人生理想，是中国民航史上最初的一群蓝天之星，她们亲手描绘的新中国民航客运服务的故事至今依然被大家传颂着。周总理夸奖她们很细心，很聪明。服务工作就应该这样，要善于观察，要分析研究旅客心理，把服务工作做在旅客提出要求之前。

改革开放以后，为适应中国民航事业的飞速发展，中国空姐人才队伍也在不断地发展与壮大，并于 1988 年开始招收大学生乘务人员。据 2020 年 3 月公布的《2019 年中国民航乘务员发展统计报告》，截至 2019 年底，共有 108955 名乘务员任职于我国各大航空公司。随着社会的进步与发展，人们生活水平的提高，也促使着出行条件与出行质量的提升，民航运输的飞行条件与管理制度也在优化和完善，因而吸引着一批又一批的梦想飞越蓝天的"天使们"，不断进入民航服务的事业中，承担起空中运输服务的光荣使命，这是一份来自对航空事业追求的自豪感和责任感，更是一份凝聚着中华民族进步力量的自强自信与真诚奉献。

在 21 世纪的今天，随着机场的大量兴建，空中航线的四通八达，特别是为民航运输服务提供支持的航路网的科学规划与管理，也为民航运输服务的繁荣与发展提供着各种利好因素，再加上各类私人飞机、直升机等进入民航服务领域，相信无论是国际间的还是国内的空中运输服务都会呈现出良好的发展态势。虽然经历 2020 年初爆发的新冠肺炎疫情的冲击和影响，但这只是暂时的困难与曲折，并不会改变民航运输业长期的发展。

阅读链接 1-3

## 周总理留给乘务员的人格魅力

### 一、忘我工作

"总理每次坐飞机时，总是打开那个黑色的文件包，不知疲倦地写着、画着，而总理客舱的灯光也总是亮着的。有一次警卫员高振普同志说：'今天是总理 72 岁寿辰，一夜没睡，去劝劝总理休息一下吧！'当我们轻轻地走到总理身旁，劝总理休息时，总理却说到：'不行啊，要工作。'这时在旁边的邓大姐也说：'总理说了，老了，为党工作的时间不多了，要争取多做工作，能多做一点，就多做一点。'

我们看到总理实在太累了，就削了一个苹果，请总理吃，总理说：'谢谢。'但是这个苹果在桌子上放了很长时间，总理也没有顾得上吃一口，而是一直在工作。我们乘务组几位同志都非常心疼地望着总理那消瘦的面孔，一再恳求总理'您就稍休息一会儿吧'。总理也很理解我们的心情，抬起头，朝我们笑了笑，又继续工作。"

### 二、纪律严明

"1970年7月的一天，周总理从上海返回北京时，我们知道周总理喜欢吃雪里蕻炒毛豆，乘务长李世云就把剩下的一些菜用瓶子装好，让警卫员带走，当总理知道这件事情后，就让警卫员特地给送来了一块钱。

还有一次，我们送周总理和邓大姐去广州，飞机落地后，我们知道周总理和邓大姐喜欢吃陈皮梅，就把剩下的一盒让警卫员带走。后来周总理和邓大姐知道了，就又原封不动地把陈皮梅带上了飞机。在飞机上邓大姐说：'你们太不了解总理了。'周总理说：'飞机上的东西，只能在飞机上吃，不能拿下去。'"

### 三、细心周到

"赞比亚卡翁达总统第一次访华时，周总理了解到他爱吃中国的豆腐，便嘱咐乘务组人员准备了豆腐，我们按照总理的嘱咐为客人准备了可口的餐食。当卡翁达总统得知是总理亲自为他点的菜时，非常感动，他说：'没有想到你们总理那么忙，对我爱吃的菜记得这么清楚，想得这么细，我感到非常高兴，谢谢你们的总理。'

1970年4月，周总理访问朝鲜，在飞机上，朝鲜驻中国大使玄峻极坐在总理的对面，乘务长李世云送水时，想先送给总理，因为总理的身份比大使高，可是当她刚把一杯水端到总理面前，总理马上就把这杯水接过先送给大使。总理的举动，教育了我们，使我们在服务工作中，更加注意如何通过一杯水、一杯茶来增进各国人民之间的友谊。"

### 四、以礼待客

"1972年2月，执行尼克松总统到杭州、上海参观的任务，由民航北京管理局张瑞霭局长带队，主机为216号，机长是曲延绍。民航和空军34师共派出伊尔18专机6架，子爵号飞机1架，7架专机共67名机组人员。周总理为这次的接待，提出了方针原则和执行要求：'不冷不热、不卑不亢、待之以礼、不强加于人'。体现：'新思想、新文化、新道德、新风尚'的要求，制订了详细的服务方案和客舱安全措施。机组人员做了新服装。在飞机起飞之前1个多小时，我们亲自品尝所有的餐食。每个座椅和行李架、卫生间都要进行检查。

2月26日尼克松总统在周总理的陪同下登上我们的专机。于上午10点34分从首都机场起飞，12时50分到达杭州笕桥机场。在飞机上我们准备了各种小吃、烩罐头。尼克松总统在飞机上喝了一杯龙井茶。飞机稳稳地落地后，尼克松和基辛格伸出大拇指称赞飞行员的高超技术，而乘务人员的热情周到、礼貌细微的机上服务，让代表团成员十分满意。27日尼克松总统在周总理的陪同下于9点38分离开杭州，10点18分到达上海。

尼克松总统对周总理说：'没有想到，你们的飞行员技术这么好，落地这么轻，服务非常周到，不比我们总统座机差。'周总理说：'我让总统先生乘坐中国飞机，就是要让您体验一下中国飞行员的技术和乘务员的服务嘛！感觉还不错吧！'周总理对这次执行尼克松任务的机组人员很满意，非常高兴地邀请机组人员观看上海芭蕾舞演出。"

**五、大国形象**

"在执行外国首脑专机服务中，不论大国小国都要一视同仁，周总理总是教育我们：不要有大国沙文主义，也不要强加于人。做到在服务来访的外宾时，在飞机上既让宾客享受中国特色的饮食文化，又要保持他们的民族特色。通过乘务人员的服务，展现我们大国'礼仪之邦'的文明。周总理离开我们四十多年了，但总理的谆谆教导使我们受益终生，周总理为党工作、为人民谋幸福的忘我精神，鞠躬尽瘁死而后已的伟大人格，将永远铭记在我们心中。"

——摘自《空姐的前世今生》梁秀荣讲述周总理专机故事

## 第二节　民航面试中的服务能力需求

可以用这样的言语来点赞乘务工作者：民航因乘务而精彩，因乘务而感动，因乘务而美丽。有许许多多的乘务故事在蓝天高空中演绎，在旅客们的心中荡漾，在民航服务的史册中记载，新时代背景下的民航服务，塑造与锻炼着民航乘务工作人员的新业态、新面貌，反过来这些蓝天的骄子们又在不断地推动着中国民航服务的程序更新与质量优化。在本节中，通过对服务的理解，来认识面试中的服务能力需求，用切实的服务为面试加分。

### 一、练就好服务他人的实际能力

首先，服务是一种艺术，需要精心地设计与巧妙构思。因为服务不是孤立性的个人臆想，是根据被服务对象的实际需求进而采取的有效的应对服务措施，而服务的过程必须要有适合的语言辅助、目光关切、心理关怀、操作执行等服务元素的结合，是能够让旅客看得见、摸得着的真实、细节化的服务。这样的服务需求也并不是随便的，必须严格按照航空公司制定的管理程序与服务规范、操作标准来具体执行。要想让旅客在被服务中感受到服务，就离不开事先的服务准备与服务训练，把服务融入服务者的一言一行中去。基于航班对客服务的特殊性需求，空中服务既有必然性的程序执行，也必然会带有偶然性的当场服务设想，因而服务亦充满着动态感和挑战性，更离不开乘务人员的创意创新、细腻度与应变能力，这一切都建立在乘务工作者的灵活性基础之上，提前预判服务情形，围绕着旅客可能出现的各种服务状况，设计服务需求，展开言行举止方面的服务应对，在面试中完美诠释服务。

其次，要弄清楚对客服务的真实性内涵。乘务工作就是要满足旅客各种各样的服务需求，并不能仅仅把对客服务当作是简单的一般工作来看待，同时乘务职业又涵盖有隐性方面与显性方面的多重实质内容，是一种双向的价值需求与双赢结果缔造，并需要在服务中激发乘务工作者的服务热情，用超越服务的理念和行动换来或赢得旅客的更多满意度。服务内涵示意图见图1-8。

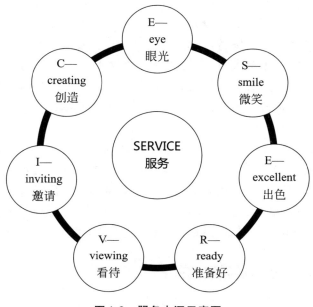

图1-8　服务内涵示意图

为了更好地理解服务内涵，下面对服务（SERVICE）字义进行必要的解读。

S—smile（微笑）：可以理解为"微笑服务"，是乘务工作者最基本的服务形态，是服务形象的代表元素。

E—excellent（出色）：可以理解为"出色执行"或"出色完成"，就是乘务人员执行好每一个服务程序，在每一个细节处都要做到出色与完美。

R—ready（准备好）：可以理解为"服务准备"或"准备好的服务"，是做好服务的前提和基础，乘务人员必须随时随地地准备好为旅客提供优质周到的服务。

V—viewing（看待）：可以理解为"旅客看待"，乘务人员应该把每一位旅客都当作亲人一般地看待，要有同理心，学会换位思考，只有这样才能做好落地的服务，把服务做到位。

I—inviting（邀请）：可以理解为"真诚邀请"，在每一段服务行程结束时，乘务人员都应该向乘坐本次航班的旅客表示出内心真诚的敬意，欢迎他们再次搭乘本次航班。

C—creating（创造）：可以理解为"服务创造"，无疑会督促每一位乘务人员"想旅客之所想，做旅客之所做，急旅客之所急"，想方设法地精心创造出使旅客们能够乐意接受的服务态度、服务行为及服务内容，为旅客营造主动热情的服务氛围。

E—eye（眼光）：可以理解为"关注眼光"或"目光关注"，以关怀的心理、热情友好的目光，时时地关注旅客，给他们以安全和温暖的乘机感受，预测旅客的服务需求，以便及时地提供真实有效的服务，使他们感受到当下的服务关心，踏实地享受空中的飞行旅程。

对于面试前的学员们来说，理解服务，掌握服务的真实内涵，才能产生出由内到外的服务体会和表现，而不能只是字面上的服务理解，这不仅是面试的需要，更是今后工作的需要。

再次，服务需要理性的克制心理，并自觉地建立起服务行为的管理手段。如果站在旅客的角度上来看，民航服务的关键是让旅客产生愉快的服务体验，进而感受到航空公司及乘务人员所提供的良好服务。然而，从航空公司的角度上看，则更需要给旅客留下美好的服务印象，打造良好的服务声誉，为自身的良性发展带来有益的支持和帮助。所以，作为一名航空公司的乘务人员，要自觉地克制浮躁的服务心理，建立起主动的服务意识，无论遇到什么样的服务难题都不会轻言放弃，有一颗为他人长久服务的恒心和决心，尊重自尊，敢于肯定自身的工作价值，对乘务工作充满自信心与自豪感，管理好服务情绪。

除此之外，乘务人员在对客服务中，还会涉及理性的服务心理、语言沟通技巧、现场处置应对、果敢机智的应变能力等多方面的综合素养。这一切对于面试中的学员们来讲，需要在专业课学习积累中，在案例的学习中总结前人的服务经验，在实操训练中提升个人的服务技能，练就好服务他人的实际能力，不断地加强自身的各方面修养，为自己将来的乘务工作打下坚实的基础，顺利通过面试，走上理想的空服工作岗位。

## 二、关注面试中的服务能力需求

在航空公司的面试环节中，往往面试考官还会特别地设计客舱服务的模拟情景，现场考查面试者对问题处理的快速反应力、服务意识、服务能力以及亲和力等综合素质，因此，对于本专业学习的同学们来讲，不仅需要清楚地了解服务，找准、找对服务的核心，还必须及早地建立起个人的服务意识，让自己进入服务的角色中来，感受与体验服务，仔细地揣摩服务的细节，才是做好温暖与柔性服务的前提，为将来的面试加油助力。

**1. 早日建立起乘务服务意识**

（1）准确地定位个人的服务角色　做好乘务工作的前提离不开对服务角色的必要确认，一定要弄清楚"消费与服务"这两者之间的关联性与区别。把握好对客服务时的服务角色定位：旅客一方是花钱购买的付费换取式的服务消费，并希望有一个使自己满意的服务结果；而乘务一方是为旅客提供有偿式的消费服务，其目的是期望自己的服务能让旅客得到极大的满足感，受到旅客的认可，为后续的服务打下基础。从这一直接关联的层面上来判断：很明显地可以看出旅客一方处于主要地位，要想做好对客服务工作，必不能主次颠倒，分不清扮演的角色，造成角色定位的混乱，也难以真正做好为他人的切实服务。

（2）理解旅客的差异化需求　客机上集聚了天南地北的旅客，他们说着不同的方言，有着不同的习俗与文化差异，对他们每个人来说，空中的飞行生活只是短暂的一次蓝天相遇，难以改变他们长期的生活习惯与对问题的认知心理，基于此，会对机上乘务服务的要求与看法不尽相同，出现这样或那样不同的服务需求或言行表现，其实都属正常，千变的旅客，不变的服务真诚。

（3）变无形渴望为有形行动　尽管旅客在认知、心理、爱好、情绪等方面都存在着较大的差别，甚至是在不同的飞行时间内或飞行区域，需要为他们提供各种各样的服务模式及服务内容，然而，正是由于旅客不同的需求表现，也为乘务人员打开了多样性的服务思维。动脑筋、想办法，仔细体察、揣摩旅客的心理活动形态，把服务做到在旅客开口之前，变无形渴望为有形行动。

（4）对旅客做到一视同仁　支付费用，享受服务。在民航服务中不能存有任何的个人偏见，不戴有色眼镜看旅客。用统一的服务水平、服务质量、服务态度对待乘机旅客；无论是何种工作、何种肤色、何种信仰的旅客在乘务人员眼中都应同等对待，人人均有同等的购票、订座、乘机权利和机会；对于哪一位旅客提出的服务需求都要依据航空公司的管理规定，提供让旅客满意的服务。

空乘人员服务形象如图1-9所示。

图1-9　空乘人员服务形象

### 2.树立好对客服务的理性观

（1）明白服务的一次性原则　严格地说航班上对客服务，具有一次性表现性质。在对客服务的过程中，假如出现了缺失性或带有缺陷性服务，旅客一方很容易在心理上产生不满，如果有不愉快的言语成分，进而会影响到他们对乘务工作的评价。服务的一次性原则就决定了服务的特殊性，并不能像其他的加工业那样，可通过对产品的最终检验，除去次品，或重新加工和塑型，即使发现了不得体、不恰当的服务言行举止，进行积极主动的弥补，也很难彻底消除不周到服务的余波。不完善的服务必然会导致不良后果的产生，甚至不给乘务人员任何弥补机会。

（2）认识服务的整体性表现　对客服务也是整个民航系统有机配合的整体联动服务，乘务工作只是整体之中的一个组成部分，乘务组可以理解为是整个系统中的一个子系统。因而作为一名乘务工作者要时刻树立起整体的服务观念和联动意识，一言一行都代表着整个航空公司，乘务工作并不是独立存在的。自觉地遵从公司的管理规定和对乘务人员的行为标准要求，做好对客服务中的任何细小环节，为广大旅客提供及时、周到、精准和高质量的服务，不留服务遗憾。

（3）清楚服务的价值性需求　实际上民航运输服务的价值，就体现在最大限度地满足旅客服务需要的民航服务宗旨之中,让旅客在享受服务的同时产生内心的愉悦感。乘务工作人员除了具备扎实的专业理论知识、岗位操作技能、言语沟通能力,还应学习与掌握一些服务心理、礼仪修养、食物营养、旅游、地理、传统文化、宗教信仰等方面的知识。在丰富自己的学识与见解,应对航空公司面试选拔的同时,为将来的乘务工作做好铺垫与积累,能够精确地服务好每一位来自不同国家和地区、不同民族、不同信仰、不同文化背景等的旅客。挖掘服务价值,让大家少走弯路。

### 三、培养好自己的关怀心理

眼中有人。服务是建立在有服务对象基础之上的,乘务员的服务对象就是航班上的每一位旅客,因而要练就好察言观色的本领。善于观察,把旅客的每一个细小举动都收获在视线之中,设身处地地为他们着想,满足不同旅客的服务期望和需求,做好细节处的服务,让旅客时时刻刻都有被关注和被重视的感觉,用关怀打动旅客的心。眼中有人,而不是视而不见。

口中有话。如春风般的温暖言语是服务中的润滑剂,对客服务还要做到口中有话,说话用心,不仅眼到,还要话到,体现出乘务工作者的主动热情和真诚服务形象。首先,对客服务中的问候语、礼貌用语必不可少,称呼"您"而不是"你",问候"您好"而不是"你好";其次,用关心的话语进行询问,"您有什么需要吗"而不是"你怎么了"。乘务人员对客服务离不开言语的关切支撑与体贴配合,口中有话,是做好关怀服务必不可少的重要步骤。

服务有温度。俗话说得好:"良言一句三冬暖,恶语伤人六月寒。"乘务工作的最高境界就是为旅客营造温馨的空中之家,让旅客找到回家的欢喜滋味,因而,乘务人员的一言一行,一举一动都要自带温度,让旅客感受到服务的温暖,收获宾至如归之感。往往旅程中还会遇到意想不到的情况发生,解决好旅客的各种服务难题,打消他们的内心顾虑,使得旅客们能够及时地获得良好周到的服务,用精湛服务技艺给旅客带来超值的服务享受。每一个微笑和目光,每一句话、每一个举止等,都要排除生硬,去掉棱角,带有柔润的美感。

另外,作为一名乘务专业的在校大学生还要深刻地意识到,在民航运输业异军突起,充满激烈竞争的当今时代,面对运输形势的新变化,面对旅客需求的日新月异,一般性的常规服务是难以满足所有旅客的服务需求的,需要个性化的创新服务理念与做法,不断地开辟新的服务尝试,在飞行条件允许的情况下,用关怀心理给旅客创造意外的服务惊喜。

### 四、打造好由内到外的尊重感

#### 1. 理解乘务工作需要的尊重感

乘务岗位,是由全力服务旅客而托起的一份靓丽职业,依靠旅客的需求帮助与服务体现完美乘务人员的职业形象,基于这一切的客观实际,则更加充分地证明了必须要尊重为我们提供乘务工作岗位的被服务者,也就是我们的服务对象——旅客。

尊重旅客,是做好乘务工作的必要条件。现实社会中我们常听到这样一句话"顾客永远是上帝",而被世人誉为"酒店管理之父"的埃尔斯沃思·密尔顿·斯塔特勒（Ellsworth Milton Statler），却提出了"客人总是对的"的精辟论断，将这两句话用到民航服务中来，可以理解为对旅客的尊重服务，尊重他们的服务需求，尊重他们的人格形象、尊重他们的心理自尊、尊重他们的社会价值等。在为旅客提供航班运输服务时，当旅客突发意外状况时，在旅客特殊情况下，作为一名乘务工作者都应当无条件地服务好旅客，照顾好旅客的正常服务需要，全面树立起全心全意为旅客着想的尊重服务理念。

**2. 把尊重体现在对客服务中**

把握住尊重服务的几个关键要素。

执行得体的服务。对客服务不是服务者想象出来的服务，而是被服务者实际需要的服务，做好以航班为载体，以现场为判断，以恰当为执行标准的得体服务。

了解旅客差异。充分意识到大时代背景下旅客出行群体的结构与变化，知道旅客在文化、素养、习惯等方面的差异性，做好有针对性的细节服务。

理解旅客的特殊需求。当乘务人员面对有特殊服务需求的旅客时，要做到充分地理解旅客的需求情况，原则上要依据航空公司制定的乘务工作规定与管理要求，尽量满足旅客当时的实际服务需要，提供正确的服务帮助，而不是故意推托与避开服务。

建立服务的同理心。对于民航运输中因天气或其他原因造成的航班延误、退票、换乘等现象，导致极个别不理性旅客出现了破坏、扰乱状况，或者故意给乘务人员出难题，有意刁难乘务人员等问题，乘务人员首先要稳住自己的情绪，不能出现与旅客强词夺理的情况，用一颗同理心理解旅客当时的急迫心情，用理性的态度和服务减少旅客的烦躁情绪，不能做有损旅客情面的事，用真诚的歉意换取旅客的谅解。

不给服务缺失找借口。面对服务中出现的差错，乘务人员绝不能为自己的失误找一些冠冕堂皇的借口，更不能有意地掩盖服务的缺失，也不要一味地与旅客讨价还价，争论不休，导致矛盾与冲突的爆发。即使能把自己的服务过失掩盖掉，虽然从乘务人员一方可以得到暂时的心理平衡，但旅客的眼睛是明亮的，好坏他们自有判断，在长期的带有缺失性的服务积累中，必然会有从量变到质变的那一天，不及时妥当地处理好，到时候是很难得到旅客的真正谅解的。

为服务缺失找借口，也是乘务人员与旅客间产生矛盾及冲突的直接源头，这不仅是在推卸责任，也是不敢担当的怯懦表现，与航空公司对乘务工作者果敢服务的要求形成鲜明的反差。这样的服务做法不可取，也不应该出现在任何乘务人员的身上，无论是现在的在校学习，还是将来走上乘务工作岗位，都应当予以及早地摒弃，否则很有可能会影响到面试的结果。

为此，要求同学们早日端正对客服务的正确态度，升起对客服务的礼敬之心，把旅客当成自己的亲人般对待，学会用细心、贴心、精心、关心等的服务元素，做到服务中的细腻入微，彰显服务魅力。只有这样，才能体现出乘务工作者应有的尊重感，让旅客感受到舒心、畅心和动心，赢得服务的回馈和赞许，收获越来越多的忠诚度，实现双赢的服务价值。

其实还应该知道，对客尊重，并不只是乘务工作的现实需要，也是对中华民族五千年文明和优秀传统文化的继承，更是民航精神的具体体现。而这里所说的尊重感，更不应该只成为应对面试的专门道具及回应措施，更应当成为为一生追求的乘务事业而自觉生成与用心设计的服务关爱，以此诠释民航服务的艺术性、智慧点、包容度和大爱观。

# 第三节　民航面试是一次充满正能量的人才展示

充满蓬勃向上的青春朝气，显示出满满的正能量，这是青年学子们所要表现出的完整形象，也是民航事业所需要的新生力量，是航空公司选拔乘务人才所要考虑的条件之一。面试者在面试中展示的正能量，首先会表现在面试者的自信心方面，敢于接受面试的挑战；其次凡事多往好处想，说正能量的话，以正能量的行为方式解决问题；最后要把关键的正能量成分，带到面试环节和面试场景中来，全面展示自己的正能量成分。

## 一、早日建立起参加面试的信心

### 1.信心是民航面试成功的前提

对于大多数学员们来说，经过几年的刻苦学习与努力训练，只期盼着有朝一日能正式走上乘务工作岗位，做一名自豪的乘务工作者，担当起机上为广大旅客服务的"天使"角色，所以对于到来的面试机会倍加珍惜，不做让自己懊悔的事，即使是一场面试也不希望自己错过。可以说，这样的学员是有正能量表现的学员，是有自信心的学员，从一开始就有坚定的职业信念，不怕任何艰难险阻，敢于在挑战中夺胜。

但也不排除个别学员，平时学习很用功，成绩也很好，可就是一听说要参加面试了，心里开始不由自主地胡思乱想，七上八下地在打鼓，拿不定真实的主意，害怕自己在面试中出现不好的状况，入不了考官的法眼，其担心和害怕的焦点往往就出在对自己不够自信，没有足够的面试信心上，这是明显的缺失面试正能量的一种表现。还未上战场，自己就先倒下了，这样应对面试的表现听起来就很沮丧，也会让别人感到可怜又心疼，是非理智的做法，更是对面试的一种误解，这样的面试行为要不得。

建议：参加面试之前，希望学员们认真地回想一下，当初走进高校的大门，选择乘务类专业，勤学苦练，到底是为了什么呢？不就是想实现自己心中当"空姐、空哥"的美好愿望吗？那么，要想最终成为一名理想的乘务工作者，就必须无条件地接受航空公司对乘务人才的面试选拔，通过所有面试环节的完整展示和考查，被录用上岗。因此，希望学员们勇敢地面对航空公司举办的各类人才选拔面试，大胆地走进面试考场，接受考官的检验，尽自己最大的努力，把个人的真才实学与充满正能量的一面彻底地展现在考官面前。

信心是民航面试成功的前提。参加民航面试是走上乘务工作岗位的必要过程和方式方法，也是每位乘务类专业学员向往已久的一件大事，是踏入社会实现职场理想的必要过程，所以要及早地建立起参加面试的自信心，不给自己找任何借口，找一丁点儿的退路，更不能用胆怯和躲避的行为去掩盖真实的愿望，而是应该坚持理想不动摇，从先前的初心找回面试的正能量。

**2. 面试信心来源于对自我的肯定**

人们常会说"台上一分钟，台下十年功"，对于即将参加面试的学员们来说，又何尝不是这样的呢？十年寒窗苦读，只为今日面试，专业知识的长期积累与综合素养的不断提高，其目的就是成为一名符合航空公司录用条件的合格的乘务人才，那么，要想使自己升起足够的面试信心，还必须要有客观的自我认知，以及对自我的必要肯定。

**一是接受面试前的自己**。接受眼前的自己，从而主动地参加面试，经历面试考核的历练，也是面试者所必要的做法，因为只有这样，才不会错过面试机会，克服面试前的胆怯心理，为自己将来成功应聘乘务工作岗位助力。

**二是多挖掘自己的长处**。当看到别的面试者比自己出众和漂亮时，千万不能一味地和别人比长相的高低，这样会打消面试积极性，严重的还会影响到面试的发挥，而应该多看到自己的长处究竟在哪里，要想着如何才能用自己的长处获得评委或考官给出的高分和赞许，为自己的面试加分。比如：自己的细腻感，自己的亲和力，自己的同理心，还有自己的韧劲和坚强等。

**三是排除心理上的负能量成分**。这一点恐怕对于参加面试的面试者来讲，就显得非常重要，不可有任何负能量的想法，还要尽力排除外界的一切负能量干扰。比如别人对自己的不客观评价，平时的成绩因素，家庭的要求因素，心中过多的压力成分等，这一切对于将要或正在参加面试的面试者来讲，都应当一一排除在心外，集中精力在完成面试环节和面试具体的表现上，抓住面试机会不放，发挥出乘务人才所需要的职业正能量。

**3. 在信心建立中做优秀的自己**

（1）客观地看待自己的优缺点　"人非圣贤，孰能无过"，要客观而理性地看待自己的优缺点，是人都有优点和缺点，但首先就是要分清优缺点所带来的利害关系，要看优点是什么优点，缺点又是哪些缺点。比如说对将来的乘务工作有帮助的优点一定要好好地利用起来，会损害形象或影响面试通过的明显缺点，也应尽早地克服掉。要下决心去除与面试要求相背离的不良行为，尽自己的最大努力把有助于将来乘务工作的优点在面试中集中利用好，展示给面试考官更优秀的表现。

其次，不要被缺点所困扰，更不能被优点所迷惑。比如可能有的学员觉得自己的身材和长相比别人胜出一筹，就一定能获得考官的青睐和好感，给自己多加分，顺利地通过面试；或者是自己的学历比别人高，学的专业知识比他人多，就可以安心地通过面试了……，其实这些被自己当成取胜的优点部分，也不一定都会满足自己的面试心愿，因为这只是民航面试的诸多条件之一，而不是人才选拔的全部考核要素。

（2）在自信中学会坚持乘务工作的理想　是否能够完全地建立起对自我的必要信心，与能否真正地实现理想的乘务工作是有密切联系的。试想连参加面试都没有信心的人，又怎么能够指望这样的人服务好旅客，维护好航班上的安全秩序呢？"前怕狼，后怕虎"的不自信心理，也难以给自己的职业理想带来任何有益的帮助，即使走上了乘务工作岗位，也不会有一个太长久的坚持。

如果学习乘务类专业确实是真心无悔的选择，就应该在自信中学会坚持乘务工作的理想，一鼓作气地完成好本职业所应有的考核程序。一是遵守航空公司对人才录用所采取的面试考核办法及规定要求，认真对待，理性面试；二是绝不抱有任何幻想或走马观花的轻视想法，既然要参加就要好好表现；三是假如自己目前的综合条件与乘务工作理想之间，可能还存在着一定的差距，就要抓紧时间弥补不足，迎头赶上，这才是正能量的理想观。

（3）迈好乘务职业自信的第一步　通过民航面试进而被航空公司录用，是学员们走向乘务职业的第一步，迈好自己关键的这一步，离不开对自我的那份信心。如果说对于参加面试的学员而言，扬长避短可以纠正缺点，发挥优点，以己之长胜人之短，那么不给自己留气馁的理由和空间，也是迈向乘务工作岗位的正能量之道。因为面试也有临场发挥好坏的因素存在，每个参加面试的学员都不可能百分之百地保证自己一定能够通过某个航空公司的面试考核，所以胜败的概率同样存在，不确定性也是面试特有的挑战性与刺激性，就像奥运夺冠一样，功在平时，比赛现场是检验。但是无论如何都不为拒绝面试找理由，不为工作而后退，坚定地迈好乘务职业第一步。

## 二、让自己的言谈举止充满正能量

中国有句老话，近朱者赤，近墨者黑，比喻接近好人能使人变好，接近坏人能使人变坏，也是指所处环境的优劣对人产生的不同影响。引用古人这句充满哲理，也不乏有着科学意味的精辟话语，针对面试正能量的建立客观地理解为如下的几层含义。

### 1. 养成良好的言语习惯

话从口中出，意从心中流。往往从一个人的言谈中就能了解他（她）的心理状况，也不难看出其自身的素质修养，而言语习惯一旦养成，改变起来也并不是那么容易，不正确的习惯性言谈或语言表达方式，不但不会给自己带来积极向上的正能量，久而久之，身陷负面语言的包围中，会不由自主地产生消极的心理。但更重要的是，如果自己稍不注意把带有负面情绪的言语带到面试中来，那就不能当成是简单的语言问题看待了，因为面试者的任何言谈都可能成为面试考官最终对面试者的总体评价和考核结果。

因此，要努力从自身养成说正能量话的交流交谈方式，养成良好的言语习惯，在日常的各种场合的言语表达中，多使用正能量的词语，减少或避开影响自己与他人心情的，甚至会产生负能量影响的用语。言如其形，修言需要先修心，也就是从心理层面上，认知到言语表达方式的重要性，不说丧气话，杜绝低素质的表达，不放任自己的言谈。

### 2. 拥有正向的行为举止

民航面试不仅要考查面试者的专业技能，还会考核面试者对某个突发问题的直接态度与处理方式，这样的场景设计会涉及面试者各方面的行为举止，不可不用心关注。从遇到实际问题处理的方式方法上，可以传递出一个人的综合素养，其中最重要的就是行为举止方面的表达方式。而待人接物的过程表现，也会自然而然地投射到其对问题的处理方式上，包括面试者的果敢度、冷静性、亲和力、包容心、关爱精神等。

因而，要求面试者在平时的生活学习中，一定要拥有一颗充满正能量的心，用正向而积极的心态和行为处理遇到的所有问题，多做有益于他人的事，而不要凡事先考虑自己的利益和得失，或者只从个人的小角度上看问题，再或者是为了给自己谋好处，采用打压别人、欺负性的手段取胜等。培养自己临危不惧的冷静心理，理智思考的能力，树立正确的人生观、价值观和世界观，自觉树立起高度的责任意识和大局眼光，站得高看得远。

### 3. 远离身边的负能量

中国民间有句古老的谚语"跟着好人学好人，跟着巫婆子跳假神"，可见身处的环境对一个人的影响也是潜移默化和巨大的。一些不良的社会环境会影响到一个人的主观意识、判断力和行为结果，如果用错误的认知观和行为方式待人接物、处理问题，显然是不能收获理想的面试结果，稍不留神还有可能给自己造成不可挽回的工作损失。

多和识大体、顾大局、敢担当、有正能量的人交友往来，避开身边不良的人为环境影响。凡事要考虑清楚怎样做才是正确的选择，如何去做得体有益的事，而不是抱着狭隘的认知观对待人和事，更不能遇到问题就出现卡壳，思前想后地打圈圈，干着急总也拿不出个大主意等，这些现象都可以看作是不利于面试的负能量，要多加注意。

总而言之，作为将来的乘务人员，一定离不开正能量的言谈举止，这是民航精神的必要体现，也是民航选拔人才关注的必要因素，从现在起做一个有正能量的人，远离负能量的人。

## 三、正能量在面试中的感染力

一个充满正能量的人不仅可以改变自己的命运，收获理想的职业愿望，还可以感染身边的其他人和事，优化团队的工作作风，严格执行公司制定的行为准则，更是会带来一个良好的精神风貌与积极向上的进步表现，可见对于乘务工作而言正能量是多么重要。

那么，面临参加面试的面试者，不但要正确地认识和理解正能量的有益性，更要把自己的正能量充分地发挥在民航面试的现场中，用满满的正能量感染他人，打动考官。有关正能量在面试中的感染力，希望面试者做到以下几点。

首先，不可忽视正能量带来的感染力。其实在面试中，不一定需要你是最漂亮的或者是最帅的那一位，但你一定要充满正能量，让考官看起来你是斗志昂扬的，带有阳光朝气，拥有正向思维方式的那一位，而不是看上去无精打采，低迷颓废，毫无生机和活力的。凡是心中存有正能量，经常说正能量的话，以正能量的行为方式解决问题的，一定会在面试中用正向的价值判断和积极的言行举止处理好面试场景中设置的疑难问题，从而打动考官的视觉与听觉神经，对面试者产生一致的好感，这就是正能量带来的感染力。

其次，要关注正能量在面试中的感染力。面试是一项人才选拔的考核过程，所有设置的选拔标准和考核要求都不会是一成不变和无限固定的，往往也会随着面试者的具体表现而改变考官对面试者的最终看法和综合考虑，显然感染力部分也是需要积极关注的加分项。但是，用感染力打动考官，满足考官的面试需求，为自己赢得好评等，这一切的面试有利因素，一定是来自学员本身的，是学员们长期的正确认知观和正向行为所积累的正能量结果。

最后，面试中的感染力不是刻意表现。想用自己的言谈举止感染考官，其实也并非一件很容易做到的事，也不是通过个人刻意表现出来的一时之法。因为，从考官的角度看，考官都是经历过长期的飞行历练，阅人无数，大都面试过一定数量的面试者，大家的一举一动都不可能逃过考官的细致观察，况且他们的专业态度严谨，考虑周全，心思细腻而不易情感表露，面试者拥有的一切乘务实力都展示在一系列的面试过程中，临时抱佛脚式的表演是不会有任何的打动效果的，一定是通过之前的努力，刻苦学习与训练积累的面试染感力。

## 第四节　如何揭开民航面试成功的神秘面纱

　　基于乘务工作本身所具有的非一般工作内涵以及航班服务的特殊性，在航空公司选拔与录用乘务类专业人才时，采取多轮制的复合面试的方式方法，涉及方方面面的知识，可谓是十分严格，也必然对将要参加面试的面试者造成一定的压力，似乎觉得自己学了几年的专业课程，在临近毕业或马上要面对面试时，却一下子找不到明确的方向了。那么，如何揭开民航面试成功的神秘面纱，使自己沉着地走向面试考场呢？通过下面的梳理，可以更好地理清自己的思路，而不至于惊慌失措，乱了阵脚。

### 一、重视专业能力的提升

#### 1.专业课程学习

　　首先，对以航空公司为单位开展的民航运输业务的全面认知，和对乘务职业的深刻理解，都离不开前期的专业课程学习，这也是奠定好乘务工作基础的必要条件；其次，专业课程学习，并不是单独的理论知识学习，还有相应的操作技能训练，通过几年的在校学习，不断地积累扎实的专业理论知识，练就对客服务的基本技能，并把两者有机地结合起来；再次，专业能力还包括上面所提到的对客服务内涵与具体的服务要求，安全意识，关爱心理，角色转变等，培养好自己各方面的优秀素质，储存好乘务人员必备的能力要素。

#### 2.行业知识拓展

　　了解国际民航业及国内民航业的发展与进步，知晓当下民航业的现状与未来发展态势，也是对乘务工作者的必然要求，做到知其然，也能知其所以然。以客观真实的心态拥抱民航业，进而才能谈及要投身到民航业中，并把自己的工作目标锁定下来，努力完成好自己的理想和心愿。所以要求同学们尽量拓展行业知识的认知面，从民航业的发展中感受民航业的前行历程与艰难脚步，不仅了解国内民航业的发展脚步，还应当了解国际民航业的发展，各国航空公司的运输状况，了解国内外的先驱们为了民航事业的发展所付出的艰辛和汗水，甚至是用自己的生命为代价，不惜一切的崇高奉献与探索精神，倍加珍惜来之不易的学习机会。

#### 3.明确未来方向

　　从入学的第一天起，甚至收到学校录取通知书的那一天起，就应该明确未来的就业方向，树立良好的职业理想，全身心地为将来的工作需要完成所有的学习课目和训练规划，完善与提升职业符合度，积累成熟的面试条件。而不是随心所欲地对待专业学习，不重视自己日积月累的进步，临到面试才惊慌失措，就是后悔也来不及了。对自己将来的就业方向有一个十分清晰的认知，也会促使自己向着职业目标不断努力，提升就业实力。

## 二、关注航空公司的人才选拔标准

当众多的航空公司摆在自己的面前时,究竟选择哪一家公司报名面试呢?也就是该如何挑选将要面试的航空公司,不妨从以下几方面入手。

### 1. 关注航空公司发布的招聘面试信息

航空公司对各类服务人才的招聘面试工作,是根据本公司运输业务的实际需要而随时展开的,比如新的航线开通,新的公司开业,新的机场运营等情况下,开始招聘相应的乘务、地面等各类航空服务工作人员。但有时也会出现较多的航空公司集中面试的时间点,比如各家航空公司的春季招聘、夏季招聘、秋季招聘,特别是每年举办的校园招聘活动,高校毕业季的火爆招聘展等,都给希望参加应聘面试的学员们提供诸多的选择和机遇。

收集和了解各个航空公司的招聘面试信息,关注面试的具体时间、地点、报名办法,以及对应聘面试者的各项要求等,做好有针对性的面试准备。信息的来源可以是航空公司的网站、知名的网络平台信息发布、学校就业办发布的具体信息等,要经常留意与关注这方面的一些面试通知、人才招聘启事或面试安排,以免错过正常的面试机会。另外对于小道消息及传闻,还有一些所谓的社会招聘、内部名额等没有核实的信息不要轻信。

### 2. 了解航空公司及其选拔人才的标准与要求

当收集到一些航空公司的面试信息时,最好对发布招聘信息的公司进行了解,比如公司背景、公司文化、公司规模、运输业务开展等情况,这样做能够给自己一个熟悉公司的热身机会,在心理认知上增加自己和面试公司之间的亲近感,就像面试考官在面对考场上的面试者时,也会事先对本轮所有面试者的报名资料逐个地进行浏览,了解基本的情况。了解航空公司,还必须了解航空公司对选拔人才设置的标准和条件,比如:专业程度、语言表达、身高、视力、政治背景、常驻工作地等。

### 3. 筛选符合自身条件的航空公司

要想提高面试效率,不浪费多过的精力和时间,就应该通过事先对航空公司及人才招聘面试条件的了解后,再进行一个系统的对比,从中筛选出符合自身条件的公司报名面试。审视自身的专业能力及客观条件,通过与航空公司所要求的标准条件进行一个合理的匹配,找到符合自身条件的航空公司,再根据面试前的报名要求进行报名,要关注到航空公司对面试人才的语种要求,是否需要相关的等级证书等一些相关条件。这样可以做到有的放矢,专心细致地应对每一场面试,不给自己造成太多不必要的分心。如果是眉毛胡子一把抓,不分青红皂白地报名、投简历,一律都想参加面试,其结果往往是吃力不讨好,虽然自己为面试付出辛苦,可最后连见到面试官的机会恐怕都没有,因为在报名筛选中就被剔除了。

航空公司选拔人才的基本条件在本书的第二章节中有具体的介绍。

空乘人才面试梳理如图1-10所示。

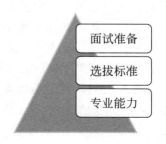

**图1-10 面试梳理示意图**

### 三、做好面试前的必要准备

1. 理性面对民航面试

可以坦诚地告诉大家：要想入职航空公司工作，实现自己从校门到职场的空乘梦想，面试这道门槛是一定要过的，而且必须过，找不到拒绝的必要理由。只有踏踏实实地做好面试前的各项准备工作，才是正确地对待面试的现实做法。

一份耕耘，一份收获，机会最偏爱有准备的人，有备无患才能赢得超常的自我发挥，不打无准备之仗，同样适合于今天的民航面试。做好面试准备，还应抱有如下认知。

一是有备而来。依据航空公司的招聘要求，做好充分而细致的各方面准备工作，丢掉应付面试的心理，这一点是毫无疑问的，也是不容怀疑的。

二是真实对待。清楚航空公司的面试流程，做好每一个环节的必要准备，面试中任何抱有投机取巧的想法都是不现实的，也是不客观的歪曲面试的心理，应该真实地对待参加的每一场面试环节，不给自己留面试遗憾，这一点非常重要。

三是理性心理。面试不仅仅是在争取一份工作，更多的是在面试一种理性的心态，严肃地对待面试，不要高估自己，也不能低看考官，诚恳地在考官面前展现个人的真才实学，才是收获一份面试好成绩的起码心态，也是有备而来的一种自信表现。

基于以上几点，建议大家不要盲目地参加面试，更不要把面试看得过于随意，学习面试，懂得面试，做好面试准备才是在面试中脱颖而出的关键之道。准备也不只是心理的准备或行动上的训练，而是有条不紊的整个面试准备程序。

2. 保持良好的面试心态

首先，不能把航空公司招聘人才，简单地理解为有人来做某项工作，而是这个岗位需要找什么样的人才会更适合，才能提升工作的品质，从而让旅客收获更多的满意度，让公司赢得更多的赞誉。从这个层面上来认知，航空公司设置的各项面试考核环节，其目的就是把一些合适的人才招聘到本公司来，具有一定的专业素养，能够担当起民航乘务工作的大任，并且具有很好的心理素质，从容地迎接挑战，不怕挑战，不惧困难，敢于承受工作中的压力，保持长久的工作热情，有一个稳定的服务状态，做好航班的基本服务。

其次，不能把航空公司面试人才，直接地看作是通常的硬性考试，而是通过现场面试的各个环节，除了对面试者硬性的条件确认以外，还能从彼此的沟通、交流、活动等互动中更加直观地了解一个人的心性、素养、内涵、潜能，还有待人接物的方式方法等，真实客观地评价某个面试者与其具体的岗位是否具有良好的匹配度。从众多的面试者中进行比较与选择，采取多轮淘汰制，无非是想千里挑一地找到那个表现出众的面试者。

再次，航空公司采用面试的人才选聘制度，是针对本行业的运输特点和工作方式所设定的，更是出于对人才本身的慎重考虑，适者上。面试不仅可以招收到高素质的人才，还会使得乘务类专业的人才更加优秀，面试是带有正向促进性的人才考核机制。

除此之外，对于面试而言，或许个别人会有这样的想法：航空公司有很多，机会在那等着，不用着急地想工作；或者说不是空乘岗位上的工作就不要去；再或者是，我现在还不想工作，家里人都不着急，我急什么啊……，由于这种自我怠慢的心念在作怪，学校或院系通知面试时，有些人就抱着应付的心理，走过场给老师看，反正自己是已经拿定了主意。其结果呢，是别人都找到了满意的工作，自己挑三拣四，耽误了大好的青春年华和工作机会。机不可失，时不我待，要把握住每一次面试机会，也是为自己争取更多的才能展示机会。

航空公司是一个庞大的职业体系，包含许多工作岗位，也会有潜在的职业发展机会，乘务工作只是整个航空工作系统中的一部分，无论现在到哪个岗位上工作都是航空公司的工作人员，将来都有可能接受岗位或职务变迁机会，比如从地勤转空乘也不是没有可能的，航空公司也有这方面的先例。不要一开始就和自己较劲，认定自己和岗位间的唯一性或固定性，因为岗位分配权的决定者是航空公司，个人只有选择权。工作一段时间后，航空公司极有可能还会根据本公司的实际情况和工作需要，综合考虑个人的工作能力和具体表现，进行岗位调整或职务升迁。所以面试民航工作还要看到未来的发展机会。

总而言之，应对面试适当地保持客观的良好心态，认真地对待面试，不放弃面试机会，还要丢掉沉重的思想包袱，坦然面对，知道功在面试之前，积累好实力，从容上阵。

有关面试准备的内容和方法，在本书的第三章中详尽地阐述。

（本章图1-2、1-4由武汉商贸职业学院提供；图1-9由南方航空提供。）

## 思考练习题

1. 如何认识与理解民航面试的现实及深远意义？
2. 航空公司对人才选拔的关注点有哪些方面？
3. 谈谈对乘务职业的认识，怎样造就好专业实力和面试信心？
4. 你对面试需要的正能量如何看待？正能量的积累从哪里开始？
5. 通过本章的学习你有哪些收获和心得体会？

# 第二章
# 民航面试的基本条件与选拔要求

**本章提要**

航空公司对人才的面试选拔，依据中国民用航空局颁布的体检标准执行，对人才的选拔条件都会有严格的限制和要求，在大的标准框架下，各个航空公司对于面试者设置的客观条件也会存在着一定的差别，但万变不离其宗。因而，了解民航面试的基本条件与具体要求，也包括面试流程、面试中的应答环节、面试考题涉及的内容以及作答的相关要求等十分必要。本章从民航面试的标准及条件、一般流程、应答环节等实际方面着手，挖掘航空公司关于面试的一些要点内容，尽量诠释民航面试过程的真实性一面，给大家介绍面试中不同环节的必要应对方法，厘清问题的来龙去脉，找到解决问题的关键，才能对症下药，参加面试也是如此，知己知彼才是正确应对面试的科学做法。

## 第一节 航空公司面试空乘人才的标准及条件

根据事先设定好的各项流程和考核标准，航空公司才能对本次所有报名应聘的人员，分批、分组进行现场考评，并通过多轮制式的考核后，最终确定录用的合格人员名单，入职公司参加岗前的各种学习和培训事项，成绩合格，持证上岗，成为航空公司的一名员工。本节主要讲述空乘人才选拔的基本条件、民航面试综合素质考评与观测和安全员体能考核测试标准等内容。

# 一、空乘人才选拔的基本条件

## 1. 人才选拔契合实际需要

优雅的体态可以给人以美感，适度的身高满足客舱要求，标准的体重平衡飞行安全需要，健康的身体以保证空中的正常服务，亲切的语言可以缓解旅客紧张的心情，得体的举止可以赢得旅客更多的满意……总之，航空公司对人才的选拔面试并不是空穴来风，所有的标准条件设计都是建立在民航运输实际需要的基础之上的，严格的面试条件背后除了对客服务及飞行安全需求外，其实从另外一个角度上看，也是民航业自身的长期发展所需。

近年来，随着我国改革开放的不断深入，综合国力的不断强盛，人民的收入水平也在不断攀升，在交通出行方面的资金支出占总收入的比值保持着较高的水平，由于客机这种出行方式体现着快捷、尊贵、高水平的服务享受，深受广大旅客的青睐，逐渐成为人们出差、旅行、探亲访友等的日常选择，特别是一些高收入群体或商务人士的出行首选。客机作为交通运输中的一个相对高层次承载工具，必然也会受到旅客对特定化服务的严格要求。俗话说花钱买享受，旅客永远是上帝，航空公司对航空服务项目内容的优化与服务水平的提升也在所难免，这种优化与提升会直接链接到对服务人才的严格选拔与条件要求上。

实际上，民航对人才的选拔面试，无论是从契合航空公司自身的实际需要，还是人才本身入职航空公司的职场渴求，其实都是机遇与竞争并存的。因为从某种意义上讲，人才与航空公司是可以互相成就的，一方面，合适的乘务人才是民航运输业有序发展的必然要素，另一方面，乘务人才的成长与发展也必然离不开航空公司的土壤，岗位提供与岗位竞争同时存在，各航空公司为了迎合新时代理念下的对客服务需要，保持经营效益的持续增长和对外树立良好的形象，对人才选择的条件、职业岗位必须具备的素质等要求上会更加理性与规范，特别是对人才自身的素质评判也必然会更加客观真实和具体化。相对来讲，相貌端正、热情大方、尊重他人、团队意识、大局观念等新时代的人才符号，会胜过以往概念意义上单纯性的面容漂亮。在讲科学，讲团队，讲素质，讲内涵的当今时代，对民航服务人才也不例外。由此也不难理解，在我国民航运输业强力发展势头下，在巨大的增量潜藏着无数的职业机会中，为何航空公司对人才的选拔面试还是如此严格甚至苛刻了。

如果从职业的有序成长上看，严格地按照航空公司设定人才面试程序，选拔到适合本公司实际岗位需要的乘务人才，不仅是对航空公司的负责与忠诚，更是对人才自身成长的尊重和理性，也是从航空公司的人才稳定与未来发展方面给予的切实考虑。深入地看，如何把空乘服务人才塑造成具有民航特殊含义与标准化代表的形象，更好地符合中国民航以及世界民航事业的进步需求，不单是学校与学生本人一直在努力的课程学习与专业训练提升，航空公司方面也在竭尽全力为人才的未来发展制定出细致化的条件与模式，希望选拔到合适的人才充实到航班乘务岗位上来，更希望招收进来的人才个个都有出色的能力表现，可想而知，也不会放松对人才的面试选拔要求。目前，国内各航空公司的空服人才选拔条件和形象考查要求，虽然在具体的细节上不尽相同，但在内容上基本相近。

### 2. 民航面试空乘人才的基本条件

① 招聘面试年龄：18～25周岁（拥有高学历的应聘者年龄会适当放宽）；

② 女生通常身高：1.63～1.75米，男生通常身高：1.72～1.85米；

③ 女性通常体重：（身高–115厘米）千克（1–10%）至（身高–115厘米）千克（1+5%），男性通常体重：（身高–105厘米）千克（1–10%）至（身高–105厘米）千克（1+10%）；

④ 五官端正、阳光朝气、心理健康、肤色好、仪表清秀、身材匀称；

⑤ 牙齿整洁，无明显异色，无口臭、腋臭、皮肤病；

⑥ 身体裸露部分无明显疤痕、斑点等，无精神病史及各类慢性病史；

⑦ 步态自如，动作协调，腿部直立无"X"形或"O"形状，走路无内外八字形；

⑧ 双眼对称，目光有神，无色盲、色弱，单眼未矫正或矫正视力均不低于C字视力表0.5（空中安全人员：单眼裸视力C字视力表0.7（含）以上）；

⑨ 听力及其他健康状况符合中国民用航空的规定要求；

⑩ 口齿清晰，无舌短、口吃现象，中文要求普通话标准，声韵母发音清楚，无明显方言语调；外语要求口语表达流利，日常交流无障碍，掌握小语种者优先；

⑪ 学历及专业要求依照各航空公司的招聘规定；

⑫ 其他条件符合民用航空招收空勤人员的审查考核标准。

注：航空公司在招收具有乘务工作经历的成熟乘务人员时，一般要求飞行时长不得少于1000小时及以上，并且年龄会有所放宽，通常是在35～42周岁。

### 3. 民航面试空乘人才的外语条件

（1）英语类

① 大学英语四级、六级（CET-4、CET-6）425分（含）以上；

② 专业英语四级、八级（TEM-4、TEM-8）60分（含）以上；

③ 托业605～650分（含）以上；

④ 雅思5.0～6.0分（含）以上；

⑤ 托福60分（含）以上；

⑥ 以上五项英语条件符合其中之一；

⑦ 英语等级类别及考试成绩要求依照各航空公司的招聘规定。

（2）小语种类

① 俄语专业四级（含）以上；

② 日语N2级（含）以上；

③ 韩语四级、五级（含）以上；

④ 泰语CUTFL良好级（含）以上；

⑤ 法语专业四级（含）以上；

⑥ 德语专业四级（含）以上；

⑦ 掌握小语种同时需要满足英语级别要求；

⑧ 小语种类别与专业等级要求依照各航空公司的招聘规定。

图2-1～图2-3为空乘人员的考核选拔及面试场景。

图2-1 空乘人员选拔

图2-2 面试外籍空乘人员

图2-3 情景面试环节

## 二、民航面试综合素质考评与观测

航空公司面试与选拔乘务人才，除了要求的硬性条件以外，还必然更多地关注应聘者应有的综合素质与整体素养，以考查被面试者各方面的能力表现，力求更大限度地满足本公司挑选乘务人员的最理想目标，更好地符合乘务工作的需要，服务好旅客，收获满意度。比如，在面试中会考查与观测应聘者的仪容仪表、气质形象、语言方面的沟通表达能力，以及对突发问题的处理与应对能力，还有协调协作能力及抗压力、团队意识和大局观念等内容。

### 1.观察优雅举止和形象气质

现实生活中，对人或事物的评价常会用到"由表及里"这个词语，也就是透过现象看本质，这种由浅入深的研究与观测方法，在航空公司面试的过程中被确切地采用。现场考官通过目测观察应聘者的外在整体表现：体态容貌、衣着装扮、肤色气质、举手投足、精神状态等，进行相关的了解与评判。航空公司面试选拔乘务人才时，在形象气质条件上的要求为：相貌端正、体型优美、仪容整洁、衣着得体、举止优雅、富有朝气。

相由心生，其实无论是从外形气质，还是从站、行、坐、手势、蹲、鞠躬、微笑等的一系列姿态表现上，以及肢体动作的连贯性上，都可以观察出每一位应试者的大致情形及总体的表现，从以上几个方面也可以间接地反映出不同的自我管控与执行力，是高还是低，进而会传达出责任心和自信度的强弱。因此，一个神态自如、笑容灿烂、行为举止得体、重视仪容仪表的应聘者，更符合航空公司的选拔要求，有机会进入下一轮的面试考核。

航空公司对乘务人员所展示出的优雅举止和形象气质，有如下几个方面的要求：

（1）形象　端庄大方，形体上下、左右协调，控制能力强、动作之间有节奏感，反应能力与表现能力到位；

（2）站姿　挺拔、优美、典雅，身体各部位协调性好，看起来柔和，不别扭；

（3）坐姿　稳重、文雅、大方，给人以安详与舒适的感觉，不显得过于吃力和生硬；

（4）走姿　步态轻盈，步伐稳健，在停顿、拐弯、侧行、侧后退步等停连结合中，能保持良好的身体姿态，给人以整体的美感；

（5）微笑　神态自如，面部表情自然，柔和含蓄，眼神中自然而然地透露出一种亲和力。

总之，空乘人员必须表现出应有的优雅气质和独特的形象魅力，而这方面的无声表达，其实就在他们的一举一动、一笑一看、一步一行中……，平时的训练功夫有多深，形体练习是否用心，有没有养成好的专业习惯等，都瞒不过面试考官一双明亮的眼睛。

### 2. 注重口语表达和沟通能力

乘务工作是与旅客近距离接触的面对面服务，随时都需要使用正确的语言服务，与旅客间进行恰当的沟通与协调，无论是航班上提供正常的告知服务、安全提示、餐食供应，还是遇到紧急状况下的特殊处置等，都离不开乘务人员的良好沟通与表达能力。因而，航空公司在选拔面试乘务人才时，会特别注重应聘者的表达沟通能力。

（1）口语表达要求　民航面试中的自我介绍、读广播词、问题应答等，都会涉及考查面试者的口语表达能力，要求做到吐字清晰流畅、发音准确无误、语速音量适中、语气温和有度，在面试者的口语表达中，关注面部表情、眼神手势、气韵姿态的配合表现。

（2）沟通能力条件

① 礼貌语言　使用礼貌语言的背后所传达的是平和友善的内心世界，一个彬彬有礼、内心成熟、气度超凡的面试者形象，不仅是航空公司在面试中所青睐的对象，同时也会满足民航运输服务所需要的乘务人才类型。

② 语言温暖　温暖的语言表达，在任何时候都会让人产生心理上的具大冲击力，乘务工作者对客服务中讲求语言表达的温度感，冷冰冰的话语没有人会喜欢和正常接受，为旅客提供服务时更值得关注。

③ 真诚热切　就是诚恳表达，不虚情假意，说出来的话让对方感受面试者的真情实意，客套话、吹嘘话、低级趣味的话，统统都不能称为是真诚热切的言语表达，只有发自表达者内心的实实在在的真切话，才能打动对方。

④ 亲和友善　沟通表达需要亲和友善的言语态度，而不是霸气凌人的压制式语言方式，这是乘务人员对客服务时要特别注意的。用亲和力的语言表达出对旅客的关爱心理，言语中自然带有热情度和亲切感，也是乘务工作者必须具备的综合素养之一。

### 3. 考查问题反应与思维能力

航空公司在招聘乘务人才的面试中，会通过应答的方式，以观察应聘者对考官提出的某个有针对性问题的反应速度和理解能力，关注对问题实质的回答，看是否抓住了该问题的重点与核心，要求回答问题时，思维敏捷、条理清晰、观点明确、见解独到，具有逻辑思维性，分析和应变能力强。因为乘务工作并非只是表面上看起来的端拿倒送，更讲求的是高质量服务和有价值内涵的服务，往往看似不经意的提问，其实每一道问题都是事先精心设计好的内容，所问的每一个问题也都是有目的性的。考官依据应聘者对所有问题的应答情况和回答内容，还有语言表达能力等方面的综合表现，最终给出客观性的评判。

### 4.关注抗压心理与应变能力

在民航面试中，为了更好地观察与测评面试者的安全意识与责任担当精神，还会特别地设计一些航班服务的场景，要求应聘者进行现场的模拟服务和问题处理。比如：对机上突发疾病旅客、特殊旅客（包括孕妇、无人陪伴儿童、身体有残疾和行动不便的旅客等）的应急处置、救护与照顾；对出现的航班延误事件、扰乱安全秩序事件的有效应对与妥当的处置措施；对破坏飞行设备、危害人身安全、出现飞行故障等事件的快速应对能力、果敢态度，以及在模拟服务、问题处置过程中的执行力与冷静心理。

面试考官通过对设置问题或要求服务的环节考查，可以客观地评判应聘者的抗压心理、应变能力和担当意识，而这些环节的考查全都基于乘务工作的实际需要。因为在航班飞行中，乘务人员时刻要把安全职责放在第一位，肩负着全体乘员的生命财产和飞行设备的安全责任，在保障飞行安全的前提下做好对客的服务工作。当面对特殊旅客的服务需要，以及航班上可能出现的突发或紧急事件时，要求乘务人员必须具备强大的心理素质、准确无误的判断力、迅速冷静的处置能力和果敢态度，不胆怯、不推卸责任，采取合理而妥善的办法处理，才能化险为夷、化危为安，最终平息扰乱事件，处置好安全问题，保障航班的正常飞行。对疑难问题的反应是否敏捷、对意外事件的处理情形是否机智、面对挫折和困难抱着排斥心理还是灵活应对的从容态度等，都决定了应聘者对乘务工作岗位的适合与否。

### 5.讲求团队观念和协作能力

从管理角度上讲，民航运输服务是一个完整的运营体系，是在严格的管理规定和管控条件下，执行规范化的运输服务程序，乘务组是一个有组织、有领导、有纪律的服务团队，需要全体成员之间的相互协作，才可以更出色地完成对客服务的各项工作，因而要求每一位乘务工作者要有大局意识、团队观念和相互协作能力，保持集体荣誉感。所以在民航面试中，航空公司还会精心地设计无领导小组讨论的面试环节，观察个体在团队中的活跃度与角色定位，是领导者还是服从者，以及成员之间是否真正地建立起了必要的信任感、尊重心理、情商高低、说服能力、沟通方式、理解程度、责任担当、合作精神、协调能力、配合意愿等。参加讨论的应试者，要懂得组员之间的互相补位，重视他人，而不是只关注自己，不能忽视团队合作的力量，考官会依据每个人在小组中的表现，给出评判结果。

讲求团队观念和协作能力，一是要有包容的心态，体谅他人，接纳别人的不同看法和意见，而不是针锋相对；二是要有坦诚的心胸，不仅在与他人的相处中做到以诚相待，友好相处，而且要敢于承认自己的缺点和错误，并通过自己的努力弥补不足；三是不计较个人的得失，处处以团队利益为荣，注重大局和团结，依靠团队的力量取得优异的工作业绩；四是要有帮助意愿，愿意帮助他人，推动团队成员共同进步……

乘务工作不是独立的个人行为，无论执行哪个航班任务，都离不开全体机组和乘务人员之间的齐心协力，共同面对，相互的理解和关照是充分合作的基础。因此，在有其他队员共同参与的团队并肩作战中，应尽可能地排除个人意识和狭隘思想，从大局出发想问题，以整体表现为准则，团队利益至上，团队意识和协作能力也是民航精神的必要体现。

### 三、民航安全员体能考核测试标准

#### 1. 安全员体能测试条件

对安全员的体能考核与测试，也是民航面试中一项常规的内容。航空公司根据航班飞行的安全保障需要，对于单独参加安全员面试或者是想同时拥有乘务员、安全员双照的应试者，在基本的面试项目基础上，还会进行体能方面的项目测试。在这项考核环节中，因面试的航空公司不同，对体能测试的内容和要求也会有一些细微的差别，但基本上包括：仰卧、俯卧撑、单杠、双杠、折返跑、3000米、100米等测试内容。下面分别列举出男、女双照人员，在体能测试项目中的一些常规性考核办法。

一般男性体能测试项目及标准，内容包括：
① 引体向上（单杠）连续3个（含）以上；
② 双杠臂屈伸5～7个；
③ 5×10米折返55秒（含）以内；
④ 60秒仰卧收腹举单腿18个（含）以上；
⑤ 3000米跑17分（含）以内；
⑥ 100米15.5秒以内；
⑦ 立定跳远2米（含）以上；
⑧ BMI指数：16～26。

一般女性体能测试项目及标准，内容包括：
① 60秒跪姿俯卧撑10个（含）以上；
② 1500米跑11分40秒以内；
③ 100米18.5秒（含）以内；
④ 60秒仰卧收腹举腿16个（含）以上；
⑤ BMI指数：16～26。

具体的男、女测试项目和标准，依据各航空公司面试安全员规定的考核要求为准。

通常情况下，航空公司对考生的体能测试考核项目都有严格的规定：其中一项不合格者视为体能测试不合格，但也有航空公司在这个环节中，会给考生一次补考的测试机会。因而在参加体能测试之前，要清楚航空公司公布的考核规则，把握好测试机会。

阅读链接2-1

## BMI指数是什么

实际上BMI值的当初设计，是用于公众健康研究的一个统计工具，而BMI指数,则是指身体质量指数,也称为体重指数,或者体质指数(英文名称为 Body Mass Index),简称 BMI。是用体重(千克数)除以身高(米数)平方得出的数字,即:体质指数(BMI)=体重(kg)÷[身高(m)的平方]。BMI 指数,也是目前国际上通用的衡量人体的胖瘦程度,对身体健康状况考查和衡量的一个参照性标准。

一般成人的 BMI 数值:低于 18.5(过轻);18.5~23.99(正常);24~28(过重);28~32(肥胖);如果 BMI 数值高于 32,过度肥胖。也有专家指出,成人最理想的体重指数是 22。另外,由于 BMI 数值存在一定的误差,所以只能作为评估体重和健康状况的标准之一。

其实,并不是每个人都适用于 BMI 指数。比如:体育运动员;正在做重量级别训练的人员;处在怀孕期或哺乳期的妇女;还有身体虚弱或久坐不动的老年人员;以及未满 18 周岁的处在青少年阶段的人员;疾病人员等。

假如通过 BMI 指数测算出来的健康结果,不能准确而有效地反映身体的状况,比如体重等问题,可以把测试出来的结果找医生进行医学分析,或对身体脂肪给予测试。

一般情况下,空乘人员的 BMI 指数测试标准,适度范围在 16~26。

### 2.应急口令

航空公司在面试考核安全员时,甚至还会涉及应急口令方面的测试内容,建议大家提前做好这方面的内容准备,以更好地应对安全员的测试考核,取得好成绩。为了让大家有一个更加直观的场景秩序,在此列举一些应急演练的口令内容。

① 示范救生衣使用方法时,乘务员将红色充气把手夹在虎口,不要用力拉动,同时大声告诉旅客:"不要在客舱内充气!"

② 如果是乘务长失能,窄体机的下一个接替者是两舱乘务员,宽体机按照号位顺序接替(A380 除外)。接替者要告诉所有机组成员(包括驾驶舱):"乘务长失能,现在由我,×号乘务员×××接替乘务长工作,请听从我的指挥(请与我联系)。"

③ 选择援助者时,维持秩序的建议指导用语:"你的任务是阻挡旅客,当听到乘务员喊解开安全带时,你站在这儿,像我这样(双手交叉,弓字步)挡住旅客,当听到乘务员喊'到这边来'时,你第一个离开飞机。明白吗?请重复一遍。"

④ 选择援助者时,打开出口的建议指导用语:"你的任务是开门,当听到'撤离'时,观察窗外,如果安全,像我这样开门。明白吗?请重复一遍。"

⑤ 选择援助者时,疏散旅客的建议指导用语。

水上:"当听到乘务员喊'到这边来'时,你从这个门上船,爬到船尾,指挥其他人迅速爬行坐好!明白吗?请重复一遍。"

陆地:"当听到乘务员喊'到这边来'时,你从这个门下飞机,站在滑梯旁边帮忙扶滑下的人。明白吗?请重复一遍。"

⑥ 选择援助者时,乘务组失能的建议指导用语(同时找两位援助者):"当听到机长发出'撤离撤离'指令后,你迅速来到这个出口。"

援助者一:"如果你发现我不能动了,帮我把安全带解开,安全带是这样解开的(示范安全带解开方式),然后把我移到旁边,等他(援助者二)把门打开后,带着我离开飞机。"

援助者二："他（援助者一）把我移开后，你观察窗外情况，如果安全，按照箭头方向打开舱门，等滑梯完全充气后，离开飞机。明白吗？请重复一遍。"

⑦ 滑行时发生火情，指挥撤离的口令是什么？"解开安全带，不要带行李，脱掉高跟鞋，到这边来，跳！坐！"

⑧ 如果在中度以上颠簸期间，有旅客大声呼唤乘务员，乘务员要保持坐姿，系好安全带，并告知旅客："等飞机平稳后，我们会尽快过去。"

⑨ 如果机长决定中断起飞，乘务员发出的口令是："低头弯腰，全身紧迫用力！"

⑩ 飞机着陆冲出跑道过程中，当听到第一声撞击声，乘务员发出的指令是："低头弯腰，全身紧迫用力！"

### 3.应急设备

在民航乘务面试中，包括对安全员的测评环节，往往还会问到机上的应急设备有哪些，还有机上存放位置，以及具体的操作方法等。一般情况下，客舱内的应急设备主要分为三大类：机上急救设备（氧气瓶、医疗箱、急救箱、防疫包）；消防设备（灭火瓶、灭火毯）；救生设备（救生衣、救生筏、氧气面罩、紧急出口）等。同时客机还自带烟雾探测器、灭火消烟设施。机上救生设备，多用于紧急迫降的情况下，了解和掌握这些救生设备的存放位置和使用方法，在飞行过程中，假如遇到紧急或危险的状况时，就可以帮助旅客安全撤离飞机，达到尽快逃生与脱险的目的，保障全体乘员的生命安全，加大航班安全运输系数。

（1）应急出口　应急出口的功能和作用，是可以确保飞机在紧急迫降时，机上全体乘员（旅客和机组人员）能够迅速而安全地撤离飞机。客舱内的应急出口处，都会有醒目的标志，紧靠出口座位的旅客一般是年轻力壮的旅客，特殊旅客不会安排在靠近应急出口的座位旁边，如果乘务人员发现这一位置上坐着的是不适合者，会马上沟通调整座位。通常根据机型不同，客舱内设有6/8/10个紧急出口，分别位于客舱的前部、后部和中部。在座位背后的口袋里存放有旅客安全须知，其中就有机上应急出口的清楚标注位置，机上广播也会具体介绍。

（2）救生衣和氧气面罩　救生衣是飞机在水面上迫降后，供旅客使用的救生器材。旅客救生衣分为成人救生衣和婴儿救生衣。头等、公务舱旅客救生衣一般在座椅扶手下方，普通舱旅客救生衣在座椅下方。一周岁以上儿童使用成人救生衣，一周岁以下儿童使用婴儿救生衣，都存放在各个舱位的第一排婴儿摇篮的座位下方处。氧气面罩是为旅客提供氧气的应急救生设施，每个座位上方都装有应急时使用的氧气面罩，如果飞机客舱失压或突然遇到缺氧的情况时，氧气面罩会自动脱落，给旅客补充氧气。旅客在登机后，乘务人员会有现场的安全演示，或播放安全演示的视频录像，向旅客讲解救生衣和氧气面罩的正确使用方法。客舱安全演练如图2-4所示。

图2-4　客舱安全演练

（3）应急滑梯和救生筏　一般大型的飞机舱门，距离地面的高度可以达到3～4m左右，为了在飞机迫降时使旅客安全而迅速地撤离，每个应急出口和机舱门都配备有应急滑梯，放在舱门上的专用箱内，使用时应急滑梯会自动充气。救生筏是当飞机迫降在水面时，旅客脱离飞机后所使用的充气艇，通常储存在机舱顶部的天花板内，需要时取出并充气使用。

（4）灭火设备　每个航班上都配备有消防用的便携式灭火瓶，以防意外险情发生。一般有干粉灭火器、水灭火器等。客机设备本身还带有火警探测和灭火系统，自动发出火情警报，安全提醒。

（5）其他应急物品　同时机上还配备有扩音喇叭、手电筒、食物和水等一些应急物品与设施……

近年来，在民航面试的测评中，考生经常会被问到应急方面的相关问题，比如应急设备的正确操作方法等，建议面试者不要忽视这方面的内容，并在专业学习中具体掌握好。

# 第二节　民航面试的一般流程

## 一、民航面试的常规做法

国内航空公司对应试者的面试，按照原中国民用航空总局颁布的CCAR-67FS体检标准（《中国民用航空人员医学标准和体检合格证管理规则》）及公司的岗位设定，选拔录用符合岗位需求的人才，各大航空公司都已经形成一套相对规范的完整面试程序。民航面试通常采取混合式的半结构化面试方法，即面试环节不是单方面由航空公司固定考题，应试人员回应或作答的被动式面试，而是采用多轮制式的，由航空公司出题测试与应试人员现场自主发挥相结合的面试形式，内容结构包含：问题应答式、情景模拟式、综合考评式等面试环节。这样的面试形式比较灵活多样，有利于应试者的才华展示与专业能力的充分体现，易于面试考官在现场的全方位观察，给出真实可靠的评判结果。

具体的面试步骤：依据航空公司发布的人才招聘信息的报名面试要求，会对报名面试的所有人员进行初步筛选，符合报名面试条件的人员会通知参加具体举办的招聘面试；在实际面试时，首先会对应试者进行形象气质、言行举止、表达能力方面的初步筛选，外形条件及口语表达能力合格的面试者进入下一轮的复式面试程序中；接下来，进行相关问题的提问应答环节的面试考核，包括情景模拟，还有综合复试的测评环节，包括英语机考部分的测试，无领导小组讨论，甚至还有心理素质的测评等；然后，进入终审的面试环节，包括面谈、体检、政治审核等，全部通过才能有幸进入乘务工作的岗位上，通过培训成为航空公司要招的那位人才。可以说面试条件苛刻，面试程序繁杂，面试过程严谨，有标准、有条件、有要求，选择与被选双方都来不得丝毫含糊。

尽管航空公司不同，所采用的面试形式及内容也有所差异，对乘务人才面试的标准和规定也不尽相同，但万变不离其宗，航空公司面试空乘人员离不开最硬性的三大要素：

形象身体合格、专业素质满意、服务能力过关。因此，经过一轮又一轮的面试环节，考官无非是通过多方面、多视角，来全面地考查与评价每一个应试者的适合度，能否担当得起乘务工作的服务重任。一切都必须以民航运输服务的实际情况和安全要求为基准点，满足乘务工作的特殊性需要，满足旅客的现实性需求，视为面试选拔乘务人才的前提。乘务人才不仅要外形身体条件合格，更要觉悟心态合格，以及专业能力和服务素质达标，能够顺利地执行航班上的对客服务，不断地为公司创造服务价值。

## 二、航空公司通常采用的应聘面试流程

国内航空公司招收面试乘务人才，通常采用如下的基本流程：

面试报名（简历投递）——资质审核——通知面试——初试——初检——综合复试——终审面试——专业体检——政治审查——入职报到——上机（实习、带飞）。

航空公司应聘面试流程及相关环节，详见表2-1。

表2-1 航空公司面试流程

| 面试报名 | 资质审核 | 面试通知 | 形象初试 | 身体初检 | 综合复试 | 终审面试 | 专业体检 | 政治审查 | 入职报到 |
|---|---|---|---|---|---|---|---|---|---|
| 网上报名<br>现场报名<br>投简历 | 收集<br>登记<br>初审<br>复审 | 短信<br>邮件<br>电话 | 形体<br>表达<br>应答<br>疤痕 | 身高<br>体重 | 口试<br>笔试<br>机考<br>情景<br>应答 | 测评<br>应答 | 内科<br>外科<br>神经精神科<br>眼科<br>耳鼻喉科 | 个人政治条件<br>家庭政治背景 | 培训<br>签约<br>上机 |
| 其他说明 | 航空公司根据实际的招聘需要，调整面试流程或面试环节中的内容与顺序 | | | | | | | | |

## （一）面试前

### 1. 面试报名

航空公司关于人才的招聘信息，一般会在本公司网站、行业内知名度较高或信誉度较好的网络平台登载，以招聘启事或人才招聘消息的形式，把本公司招聘或招收的具体岗位、人才条件、注意事项、报名要求等信息，按照先后顺序对外进行发布，告知外界，期望得到更多有意愿的人，报名响应，有时根据实际情况，高校学生的面试报名也会采取面试点或校园集中报名的形式进行。但无论是哪种形式的报名，都会要求应试者填写公司规定的个人信息资料，包括姓名、年龄、性别、出生日期、政治面貌、专业情况、实践实训经历，还有个人的兴趣爱好、特长、英语水平、性格特征、身体健康状况等内容。

面试报名时，航空公司会要求报名应试人员，网上直接下载、扫二维码下载报名登记表，按照表格的各项规定内容，填写个人的相关资料，或者现场领取报名登记表进行填写报名面试，无论是哪种情况的报名程序，都要求参加面试的人员，对报名登记表中设置的各项内容据实填写，不可缺项。有些填报信息不详实、不具体、不明确的报名人员，势必影响到面试筛选程序的正常通过，因为从报名表中的信息资料填写中，是可以初步观察到报名者是否具备了空乘人员应有的正确态度和诚恳做法。

此外，在报名时，往往有些航空公司不直接设置报名登记程序，而是要求报名者发送自己的电子简历到公司指定的邮箱；有的航空公司在现场报名时，除了要求应试者填

写面试报名登记表外，还会要求提供纸质的个人简历，因而登记表的繁简因各航空公司的要求而定。

表2-2为某航空有限公司应聘登记表。

**表2-2　××（国际）航空有限公司应聘登记表**

姓名_____　应聘岗位_____

| 姓名 | | 出生日期 | 年　月　日 | | 年龄 | | 近期一寸彩照（粘贴处） |
|---|---|---|---|---|---|---|---|
| 籍贯 | | 民族 | | | 婚否 | | |
| 政治面貌 | | 健康状况 | | | 血型 | | |
| 身高 | cm | 体重 | kg | 视力 | 左 | 右 | |
| 身份证号 | | | | 户口所在地 | | | |
| 文化程度 | | | | 毕业学校 | | | |
| 所学专业 | | | | 毕业时间 | | | |
| 学历形式 | _____（统招/自考/成考/函授） | | | | | | |
| 英语水平 | _____级（_____分） | | | 计算机水平 | | | |
| 性格特征 | | | 爱好及特长 | | | | |

| 联系方式 | 移动电话 | | 住宅电话 | |
|---|---|---|---|---|
| | 现住地址 | | | |
| | 通讯地址（邮编） | | | |
| | 电子邮箱 | | | |

| 教育经历 | 起止年月 | 学校名称（自高中开始） | 专业 |
|---|---|---|---|
| | 年　月—年　月 | | |
| | 年　月—年　月 | | |
| | 年　月—年　月 | | |

| 培训经历 | 起止年月 | 培训项目 |
|---|---|---|
| | 年　月—年　月 | |
| | 年　月—年　月 | |
| | 年　月—年　月 | |

| 实践经历 | 起止年月 | 工作单位 | 工作岗位 |
|---|---|---|---|
| | 年　月—年　月 | | |
| | 年　月—年　月 | | |
| | 年　月—年　月 | | |

| 家庭其他主要成员 | 姓名 | 关系 | 工作单位 | 职务 | 联系电话 |
|---|---|---|---|---|---|
| | | | | | |
| | | | | | |
| | | | | | |

| 自我评价 | 五寸个人生活照（粘贴处）（图像未经技术处理、无妆、全身、正面、非艺术照、整版） |
|---|---|

| 说明 | 不认真填写，将视为自动放弃面试机会，不予处理。<br>1. 本表一律用**黑色签字笔**填写。<br>2. 请应聘者**本人填写**，没有项写"无"。 |
|---|---|
| 声明 | 本人郑重声明，表中所填内容及提交的材料属实。<br>　　　　填写人签字：　　（手写签名）：　　　年　月　日 |

实际上，报名登记表虽然不能完全等同于个人简历，但就面试报名的实用性方面来看，也算是一张精简了的个人简历，只不过比起通常意义上的简历，还缺少一些必要的充实内容，一些航空公司在面试时，也会把登记表与简历合二为一，只要求填写一张简历表。

### 2. 资质审核

航空公司在规定的报名时间内，会收集到从四面八方汇聚而来的报名信息，不仅有在校生、应届毕业生，也肯定会有往届毕业生，甚至还会有符合条件的社会人员参与报名竞争，然后会对收集到的报名信息和相关资料，统一进行整理比对。一是看报名的资料信息是否完整、是否按照公司要求填写和上传的；二是看报名者本身具备的条件是否符合公司的招聘要求；三是参考以往的面试选拔情况和报名淘汰数据比例，核定面试人员数量；四是按照前面的三个条件，挑选整理出将要参加面试的报名人员名单。从中可知，那些报名信息不全或提供资料不够细致，还有不符合参加面试条件的报名人员，肯定是会被剔除出去的。

对报名资质的严格审查，不仅是要求网上报名者的，现场面试报名同样如此。其实，航空公司在面试现场还会对通知面试的应试者核实报名资料，要求面试者提供证件、证书的原件和纸质报名表、简历等原始面试材料。往往要求下载网上的报名资料，打印出来带到面试现场，和真实的证件对照相符，不得弄虚作假，更不能提供虚假的证件或证明材料，一经发现取消面试及录用资格。因此，对于报名参加招乘面试的所有人员来说，应该真实了解民航面试的严肃性与资质审核的严格性。

就资质审核的方式而言，因航空公司不同，针对资质审核的做法也会有一些实际上的区别，比如，有的航空公司就会向应试者提出，寄送个人的资质材料到航空公司的要求，提前对资质进行必要的核查，而不是选择在面试现场进行这方面的操作，以节省面试时间。

应聘者要注意的是：若是航空公司要求用中英文填写资料，千万不能马虎，如果词语表达不够准确，或者是写错语句，写错名称等，都有可能会直接影响到资质的审核。

### 3. 面试通知

到了面试通知这一步，可以说面试前的所有工作就告一段落了。对航空公司方面意味着下一步的面试工作马上就会开启，考官进行准备到场招收面试的一切所需；对于将要参加应聘面试的人来说，相信收到航空公司面试通知的那一刻，心情应该是无比激动的，因为能够参加面试，实际上也意味着实现空乘职业的理想，迈开了有序的第一步。

航空公司的面试通知，会在一个时间段内，集中发送，采取短信、电话及邮件通知面试，或者是微信群等通知面试的方式，告知具体的面试时间、地点及要求等。因而，在前期的报名阶段，肯定要求报名者提供正常使用的通信工具，手机和座机电话，并且保持畅通，航空公司能够随时联系到本人，以便正常地送达面试通知。

航空公司在向报名者发送面试通知时，还会通知面试者，现场应该携带哪些相关的证书、证件和所需要的证明材料、照片要求等，以使得面试人员能够顺利地参加面试。对于参加民航面试的所有人员来讲，报名后，应该注意接收面试通知，核实通知要求，检查相关证件和纸质资料，用心关注面试前的信息和面试现场的各项要求，绝不能因为自己的疏忽大意、考虑不周全、检查不细致，而错失一次重要的面试机会，这是会令人十分痛惜的。

## （二）初试

### 1.形象初试

初试是民航面试的第一个环节，也是极其重要的一项面试程序，只有通过了初试才能言及接下来的其他面试步骤，所以必须关注。初试主要考查应试人员的形体、气色、仪态、口语表达等基本条件，一般初试的主要内容会包括对应聘人员的形体检查、身体测量、自我介绍等项目，在现场进行初步的面试筛选。

（1）身体测量与仪态测评　形象初试，第一步就是先收取面试人员的相关资料，经核查无误后，按照秩序测量应聘者的身高、体重（在有些航空公司的面试程序中，则把测量身高、体重放在形象初试的最后环节进行），身高与体重合格的应试者会发给一个面试编号，应试人员按照编号的前后顺序排队等候，通常会要求10人一组进行面试，走到现场台前，转身面对考官。

在这个环节中，除了对身高、体重的测量，进入现场后，考官往往还会要求每一组应试人员绕场地走一圈，目测每个人的身体、步态、动作的协调性，步伐节奏感等。依照优雅仪态、亲和微笑、标准站立、自然转体、稳定行走、协调对称等形象标准，进行综合考评。

（2）中英文自我介绍　在接下来的面试环节中，考官会让每个应试人员分别用中、英文自我介绍，介绍的内容主要包括个人姓名、身高、体重、特长、爱好、英语等级水平等。其实这些资料面试官手里都有，这一环节主要是考查应聘人员的仪表形象和语言表达能力。在中英文的自我介绍中，按照航空公司对空乘人员（包括安全员）的选拔条件，要求应试者中文普通话发音准确，口齿清晰，避免带有明显的方言语调；英语表达流利，语句通畅、完整。

在作自我介绍时，要求应试者能够做到自始至终地保持微笑面容、良好的身体姿态，并配合有礼貌的问候语，以及眼神的恰当交流，轻柔的肢体语言等形象元素给予配合，并且使用正能量的语言。假如是干巴巴地在说话，无任何的表情，或者是前言不搭后语，表达不够自信，虚假夸大事实等，都有可能会被视作语言表达能力不够好，影响第一轮的面试通过。

### 2.身体初检

身体初检，主要是检查应试人员的视力（有无色盲、色弱等情况）、听力、脊柱（挺拔与否）、腿部（有无"X"或"O"、八字形）、裸露部位（有无明显疤痕），有无口臭、狐臭、皮肤病等。要注意的是，如果是兼任空中安全员一职的双照应试人员，视力检查会比较严格一些，要求视力在C字视力表0.7（含）以上。

在这一轮的面试中，会当场出结果，通过这一轮的应试人员，会被通知进入下一轮的面试。但需要知道的是，初试的淘汰率比较高，会在三分之二左右，因此也可以说，形象初试（包括身体初检）的环节，也是对应试者的心理素质和综合形象的明显挑战。如果缺乏对面试应有的理性态度，没有平时一点一滴的为此努力和正向付出，积累好过硬的前期基础，是难以通过初试的。善待面试不是一句空话，无论是身体还是形象都应该维护好。

## (三)综合复试

如果对一些航空公司的面试情况进行了解,就不难发现综合复试的二面环节,其实涵盖的项目及内容是比较多的,不同的航空公司也会根据自己的考核方式和考查要求,进而设置一系列的测评项目,其目的就是多角度、全方位地对应试者给予考评。比如:问题答疑、中英文笔试题、英语机考题、情景模拟等主要环节,甚至还包含英语口试、无领导小组讨论等项目。在这一轮的面试中,考官会把结构化的考核方式与无结构化的考核方式有机地结合起来,更多发挥应试个体间的互动参与性、主动性、认知能力等表现因素,以考查每个应试者对待问题的反应速度、逻辑思维性,团队意识,心理素质,专业能力和职业素养等。

### 1.问题答疑及英语口语测试

(1)问题答疑　问题答疑的环节,是依据航空公司事先设计好的具有针对性的实际问题,考官现场向应试人员提出其中的某些具体问题,要求及时应答。一般会涉及对面试公司的认识、岗位选择的想法、个人兴趣特长、家庭情况、服务意识、疑难问题处理方式等相关内容的问题,但也不乏生活常识类问题,比如体育方面的游泳、球类等。在这个环节,通常是考查应试人员涉及应聘职务的各方面素质,包括应变能力、观察能力、耐心、责任感、奉献精神、大局观、专业素养、安全意识、关怀心理等,以及对个人应聘职务的真实理解和认知深度。

需要提醒的是:虽然这类题目的回答灵活性比较大,基本上没有固定的标准答案,只能根据每个应试者对问题的理解与实际情况进行回答,但考官提出的这些千变万化的问题,究其核心,总是围绕着考查重视面试和胜任工作与否而精心设置的,因而要求应答者在作答时必不能离题千尺,或失去中心。如果对问题应答的原则认识不够,偏离考官希望的回答结果,无论使用多么新奇华丽的词语,都是难以获得考官的满意和认可的。

(2)英语口语测试　根据航空公司的面试内容及程序安排,通过形象初试的应试人员,会进入英语口语测试的环节。英语口语测试的内容,一般包括英语对话、读英文广播词等,这一轮面试主要是测评应试人员的英文听、说、读的能力(见图2-5)。在实际的面试安排中,有些航空公司则把这个环节放在综合笔试后,而有些航空公司会放在综合笔试前。无论先后,都是采取淘汰机制,英语口语测试通过的应试者,将进入下一轮的面试环节。

### 2.笔试题与英语机考测试

(1)笔试题测试　笔试题测试部分,涉及的领域比较宽泛,类别众多,采用卷面作答的考核方式,主要是考查应试者的知识面、综合智力、社会关注等。一般包括专业、英语、时事政治、图形搭建、思辨论证、结果比对、语文、数学、历史、地理等有关题目。笔试结束后,航空公司会以短信或电话

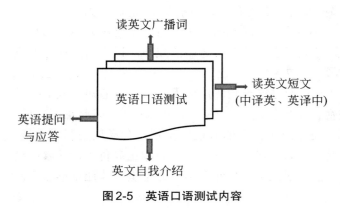

图2-5　英语口语测试内容

的方式，通知应试者是否合格，并告知下次面试的具体时间和地点。

（2）英语机考测试　在民航面试的环节中，通常还会设置英语机考部分的内容，所谓英语机考，是要求应试者在电脑上对英文考题进行作答。进入机考环节的应试人员，从头到尾都要面对着电脑屏幕，听音频、看图片、看视频、读文章等，然后根据所给的内容及要求答题。对于一些电脑操作十分熟练的应试者来说，只要英语过关，听力达到，分析理解能力不缺，机考是没有问题的，但有些人在电脑操作上不是十分熟悉的话，挑战性就会比较大。

英语机考的部分，还是应该引起足够的重视。需要应试者平时关注到这类题型，在充分理解题目的基础上，掌握机考英语题的答题方法，加强电脑操作技能，提高机考成绩。

**3. 情景模拟与面对面素质访谈**

航空公司在对乘务类人才的面试考核中，为了更进一步地视察、观测应试者的执行力、情绪稳定性、问题处置态度、应变能力、进取心、职责担当意愿、高效沟通能力、语言表达艺术、团队协作意识、礼貌礼仪等需要的服务素质，一般还会特别设计面试者之间自由互动环节，以及一对一访谈性质的面试考核等，比如情景模拟与面对面素质访谈。

（1）情景模拟　能够进入情景模拟这个面试环节，说明已经通过了前面的笔试、机考的考核，在接下来的考查中，还需要沉着冷静，认真表现。这一轮的面试，应试者被随机分成几个小组，一般是六至十人为一组，情景模拟的主要方式分为：话题讨论式、问题辩论式、角色扮演式、自由演讲式等。在情景模拟的面试环节中，主要是以应聘人员之间的自由互动、自主参与的形式，按照考官给出的一个或几个带有背景因素的问题进行小组讨论；或者设置几个连续的服务场景，要求应聘面试人员来完成；再或者是以团队中角色扮演的形式进行。

① 话题讨论式　也称为无领导小组讨论，根据考官给出的一到几个实际问题，要求应试人员在有限的时间内（通常规定一个小时左右），在既定的背景下，围绕设定的问题，展开积极而充分的讨论，做出决策。在问题讨论中，通过小组成员间的自由决策，分配或担当适合的职务，包括产生出领导者，进而依照各自的分工负责，对问题展开具体的分析，采取恰当及有效的应对措施，找到讨论中问题的妥善处理与顺利解决的方案。

② 角色扮演式　按照考官给到的服务情景，要求小组成员通过角色的恰当扮演，以考查成员对问题的处理方式。比如：对机上老年旅客服务时的模拟情景、旅客生病照顾时的模拟情景、小孩哭闹时安抚的模拟情景、机上有旅客争吵时处置的模拟情景、迎送旅客时礼貌问候的模拟情景等，都会要求有旅客和乘务人员的角色扮演，有具体的处置过程、有操作细节、有完美的解决办法和满意的处理结果等。

③ 问题辩论式　有时在面试中，考官会要求一组应试人员进行问题辩论。小组成员分成正反两方，针对现场给出的问题（比如热议的社会现象，乘务工作中可能遇到的现实问题等），进行各方的讨论，然后发表辩论意见、阐明己方的观点，对问题进行求证。持同一观点或同一方的成员之间，在辩论时配合补充、托底，不能出现冷场或接不上来的情况。辩论结束后，正反双方各推选一名成员代表，就己方观点进行总结。

④ 其他形式　比如：圆桌会谈式、酒会式、接待式等。

无论是话题讨论式，还是团队角色扮演式、问题辩论式等的情景模拟环节（图2-6），不同的情景形式，具有同样的面试考查目的，必然要求应试者作符合标准与要求的确切

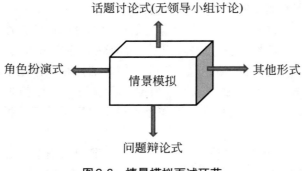

图2-6 情景模拟面试环节

回应,把个人的认知反馈、主动意愿和对现场问题的正确理解,通过恰当的言谈、表情、行为、举止,参与心理等,真实而有效地表达及展现出来,让考官收到表现信息。

(2)面对面素质访谈 航空公司对应聘面试人员会采取多重性的、多层次化的面试考核形式和考查内容,电视镜头中经常出现的一些访谈类的节目形式,也被搬到了民航面试现场,用于对空乘、安全员的考核。面试中,考官与应试者一对一地进行问题提问与回答,或者是多位考官与一组应聘人员面对面的访谈式素质考评,这样的方式,可以近距离、更直观地观察与考核每个应试者的心理状态、口语口气、面部情形,是否有担当意愿、亲和力等,从而检验是否符合本公司的人才发展理念。可知,面对面的素质访谈环节,挑战与考验着每一位应试人员的心理素质与临场反应能力。

在一对一访谈类的面试环节中,考官的问题大部分来自简历内容,另外还会有一些现实生活中的问题,以及空乘职业所面临的实际问题。但不管考官如何刨根问底地向应试者发问,问的问题内容又是什么,其实都离不开对服务决心、服务自信、能力具备、关爱心理等综合素质的考查。如果面试学员事先没有很好的准备,或者把问题的方向和核心搞错,很难获得理想的分值,在面对面的考核中,考官还会观察应急反应与灵活性等。

尽管能走到这一步的应试人员,都已经是"过五关、斩六将"的人,但也绝不能抱有一丝一毫的松懈心理,越是到后来的面试环节,越是考查应试者硬核实力的关键时刻,一定要用心地对待,也许这一面就是定夺职业的分水岭。

关于这一部分的具体内容与面试要求,在本章的第四节和第五节中进行详述。

**4.体能测试及心理素质测评**

民航面试的综合性复试环节,往往还包含心理素质测试的项目,一般会在笔试、机考、口语测试等面试环节后进行,而对于那些应聘安全员的考生或希望拥有双照(空乘、安全员)的应试人员来说,接下来还会增加一项体能测试的项目。

(1)体能测试 设置面试的航空公司,也会考虑到飞行航班空中安全的实际需要,对于单考、兼考空中安全员的应试者,除了进行正常的面试程序,还会进行单独的体能测试项目。其实,从目前的现实情况来看,在这一项面试考核中,不再像先前那样仅是男生参与,也会有女生参与。在这样的前后变化中,也会感受到空中安全保卫的重要性,同时也是执行国际民航组织所倡导的乘务员即是安全员的民航服务理念,感受大时代背景下民航安全服务与安全运营的切实规划与建设风貌,共同守护好蓝天飞行的机舱净土。有关男女体能测试的内容,以及航空公司对安全人员的体能考核标准,在前面已经讲述。

(2)心理素质测评 有些航空公司在招聘面试时,还会有心理素质测试的项目。一般都会采用提问式测试,即心理考评人员对应试者提出问题,通过应试者的回答进行测试,这种方法比较常用。但也可能会有题目测试,招飞行员时还可能涉及仪器测试。要求应试人员对问题的反映快速而灵敏,理解能力强,冷静理智。这个环节主要是考查应聘者的心理状态、性格特征、情绪稳定性等，所以，具备较强的心理素质，无疑是会给民航面试加油助力的。

对应聘者来说，平时多关注心理素质方面的强化练习是非常有必要的，不仅可以更好地应对面试，在将来面对乘务工作中可能遇到的各种各样的问题时，才不至于胆怯，而是果敢地制止与冷静地处理，用严格的管控态度和严肃的安全心理，平息各种扰乱安全秩序的现象，确保航空公司运输服务的安全性，保护好机上全体乘员人身及财产的安全，维护好航班机组及乘务组的良好形象，顺利地将每位旅客送达目的地。

## （四）终审面试与体检

进入终审面试的程序，都是在前面一系列面试过程中表现超群与优秀的应试人员，然而，尽管看起来这些人都是招聘航空公司基本锁定的目标人选了，但值得注意的是，终审面试的环节并非没有意外，根据以往航空公司的终审情况来看，被一票否决的大有人在，因此终审面试也不可掉以轻心，一定要再接再厉。

### 1.终审面试

通过初试与综合复试的应试人员，还会有一次特别的终审面试考核——面谈，实际上就是与公司领导面对面的一次直接的交流机会。终审面谈的内容大致包括：简单的自我介绍，比如姓名、年龄、所学专业等，以及对乘务职业的确切认知、选择理由，对自己将来如何做好空乘工作应有的自信心，并且表达出到本公司工作的内心渴望与真诚期待等。

终审面试之前，应试人员应该进行必要的一些准备，不仅仅是以上的内容，而且还有对应试航空公司的发展现状、过往业绩、获得荣誉等作适当的了解，因为这一面，是最终决定命运的特殊时刻，假如当领导问及对本公司的情况了解时，回答不上来或者含糊其辞，说得不清不楚的，其结果就可想而知了。

另外应试者需要用心的是，在和公司领导的面谈中始终保持应有的礼节，态度谦和，表达真诚，措辞得当。能够认真地倾听领导的说话或提问，做到话不抢先，人不缺形，并且及时而灵敏地回答领导的各种疑问，保持流畅的面谈沟通，获得认可为自己赢得工作机会。

### 2.体检

终审面试顺利通过的应试人员，还会有身体检查的程序，而这一次的体检与前面的身体初检是不同的，会十分严格，检查的项目及内容也会比较多，即使是到了体检这一步了，也不能完全就认为已经通过面试了，还需要等待体检的结果，还有后面的政审环节。

空乘人员的体检科目，基本上涵盖了对身体各个方面的全面检查，包括内科、外科、眼科及耳鼻喉科等，希望做一名乘务员，是不可谓不引起对身体的格外关心和照顾的。

身体检查的具体内容，会有如下的一系列科目。

（1）内科　包括量血压；验血、尿检和便检：血常规、尿常规、分辨细菌检查、血糖检查和血脂检查；心电图检查：静息心电图，次级量运动负荷心电图；胸透；空腹B超检查：超声（肝、胆、脾、肾）；以及神经精神系统检查等项目。辅助检查包括梅毒抗体（RPR）、艾滋病抗体（HIV）、尿毒品检测（吗啡、氯胺酮、甲基安非他明）。

（2）外科　包括测量身高、体重；文身、疤痕检查；脊柱侧弯检查；皮肤、狐臭检查等项目。

（3）眼科　包括瞳孔、眼球运动、屈光间质、眼底、色觉检查等项目。

（4）耳鼻喉科　包括外耳检查、鼓膜、耳气压机能、前庭功能、鼻窦、嗅觉、咽喉、口腔等项目。

在体检这一项中，可能被淘汰的一些身体因素有：脊柱侧弯，静脉曲张，骨盆前倾，功能不全；疤痕，文身，狐臭，斜颈；病史，家族病史，血压超标，心律不齐；色觉异常，眼底问题，角膜问题，双眼对称性不好；或听力不足，鼓膜病变，严重鼻炎等情况存在。

这一轮的体检，通常会在专业医院及航空人员体检鉴定中心进行，身体检查指标符合对空乘人员录用标准的应聘者，将进入政治审查阶段，这也是入职航空公司必要的审核程序。

## （五）政治审查

根据中国民用航空局《关于印发〈民用航空背景调查规定〉的通知》（民航发〔2014〕3号）要求，国内各航空公司对拟录用的空乘、安全员，包括飞行员等在内的所有空勤人员，都需要进行身份背景的政审调查。政治审查主要是考查应试者在思想品德与政治修养方面的表现情况，是否思想进步、品德优良、作风正派，是否有较强的组织纪律性和法制观念，以及有关亲属的政治表现等。政审条件的合格与否，也会直接关系到航空公司的最终面试考核结果，政审通过的应试者则会被航空公司所录用，办理相关的入职手续。

### 1. 政审的内容

航空公司对客舱乘务员、安全员招聘面试的拟录用人员进行政治背景调查时，会要求被调查人员如实提供本人及直系亲属等的背景调查信息及相关证明材料，对于不符合面试公司背景调查审核标准的应聘人员，将不予录用。

民航招聘面试的拟录用人员政治背景调查审核的标准内容，一般包括以下内容。

（1）拟录用乘务员、安全员本人

① 未受到收容教养或劳动教养；

② 无强制戒毒、赌博处罚等任何违法行为记录；

③ 未因违反《中华人民共和国治安管理处罚法》受过行政拘留；

④ 未参加过国家禁止的非法组织及其活动；

⑤ 近年来的现实表现良好，团结进步，品行端正；

⑥ 无可能危害民用航空安全的其他情形或其他需要特别说明的情形。

（2）拟录用乘务员、安全员直系亲属（配偶、父母或直接抚养人）

① 无犯罪记录；

② 无涉毒等违法行为；

③ 非国家禁止组织的骨干分子或正在参与其活动；

④ 无可能危害民用航空安全的其他情形或其他需要特别说明的情形。

……

具体的政审条件和要求，依照各招聘面试航空公司现行的政治审查标准，进行手续办理与提供需要的各项证明材料。

## 2. 政审的原则

航空公司通常会采取调查表的形式进行政治审查，编制有"空勤人员背景调查表"，按照表格中设置的栏目内容要求，属于个人填写项的应试者要如实填写，对于需要公安部门出具证明的填写项，依据公司的具体要求，携带户口本、身份证件去户籍所在地或常住地，由社区居委会、公安机关辖区派出所开具政审的证明并加盖公章。在政审时，通常会要求直系亲属开具无刑事犯罪记录的证明，作为必要的政审材料。

政治审查合格的应试者，才能言及接下来的入职航空公司和上机飞行，否则前面的所有努力都有可能被否定，因而，要想日后做一名合格的乘务员（安全员），一定要注重个人在思想品德方面的修养，按照国家和学校对青年人的各项要求，讲求政治学习、团结和谐、积极进步，做一名自律自强、有责任感的新时代学子，为将来迈入职场积累必要条件。

### 三、特殊情况下的视频面试

在特殊情况下，比如受到疫情等的影响，有些航空公司也主动调整了招聘面试方式，将现场初试改为别致的视频面试，由线下转为线上。不过，虽然是临时采取了线上的形象面试方法，但并不会降低面试的选择标准，依然也会有接下来现场面试的环节。

#### 1. 视频面试的程序

根据航空公司线上面试情况，以下步骤供参加视频面试的人员参考：首先要准备视频面试的资料，比如上传个人信息登记表等；其次，发送半分钟以内的中文自我介绍视频，内容包括：姓名、年龄、身高、体重、家乡，以及毕业时间、学校、专业、学历，是否获得英语及其他小语种的等级证书等；再次，视频简历被审核通过之后，航空公司对面试考生安排线上的面试部分。具体的面试程序，以各面试公司的要求为准。

#### 2. 视频简历的要求

视频简历录制时，一般会有如下几点要求：
① 着装正式；
② 露全身或半身；
③ 女生头发扎马尾或盘起，露出前额和脖子；
④ 如佩戴框架眼镜需摘取；
⑤ 面部清洁，女生淡妆；
⑥ 体态自然，语言清晰；
⑦ 其他条件依据航空公司的视频面试要求。

#### 3. 视频面试注意事项

（1）营造场景氛围　参加视频面试的应聘人员，最好关注一下视频拍摄场景的选取，营造场景气氛。不管是室内还是室外，都要讲求视频场地的环境优雅，视频背景以纯色或浅色为好，以免喧宾夺主，破坏视频应有的清晰度。建议场景布置中略带些艺术气息，可以强化场景效果，还要注意视频拍摄场地的光线充足，特别是室内拍摄时，调整好亮度，必要时添加照明器具等。

（2）重视视频质量　要求正面的拍摄角度，表情自然、面带微笑，体态不生硬，因而，在视频面试之前，有必要进行形象、体态等方面的试镜练习，熟能生巧，有利于调整面试时的状态。还要考虑视频拍摄使用的器材，否则会直接影响到视频画面或播放的效果，有条件的学员，可以使用固定手机支架、扩声设备等，尽量保证视频的画面质感和音量足够，满足面试需求。

（3）做到自然流畅　现实生活中，往往会出现这样的情况，平时讲话很自然，可是当面对镜头时，就开始紧张起来，张口忘词，或者是一边说话，一边抓耳挠腮的小动作不断，等等。这些现象都必须尽量克服，保持视频面试过程中的举止言笑自然，口语表达流畅。

另外，关注航空公司的线上面试要求与具体的内容环节，应试人员需提前做好相关的准备工作，包括得体的服饰、淡雅的妆容、整洁的发型，以及如何在镜头前保持举止形象及语言表达适宜等的自我练习。不过，线上面试要放弃使用美颜的想法，因为后来还要进行线下的面试，否则好事也会变成坏事，到身边的机会很有可能也会失去。

## 疫情下的乘机事项与航班服务

在突发疫情的特殊情况下，中国民航局要求航空公司严格按照防疫指南与疫情管理要求，采取积极的疫情防控措施，为旅客提供运输服务，保证旅客的飞行安全。对值机柜台、自助托运机器、两舱休息室、飞机客舱等重点场所，进行清洁消毒，并加强对旅客的体温、"健康码"及核酸检测报告的查验工作。要求旅客遵守疫情防控政策，配合做好防护措施。

### 一、疫情防控措施

根据中国民航局发布的《运输航空公司疫情防控技术指南（第七版）》，旅客在乘机出行时，应做好以下的疫情防控措施。

（1）登机前　航班始发地所在省、自治区、直辖市范围内有现存本土病例时，自该始发地出发的旅客应配合查验健康码。如有必要应提供核酸检测阴性证明，检测结果的有效时限依据当地有关部门的管理规定执行；旅客登机前应做好手部清洁消毒。

（2）飞行中　旅客必须全程佩戴口罩，口罩类型应选取非呼吸阀型，非必要情况下不摘口罩；减少舱内不必要的走动，非特殊情况下禁止换座；按照机上乘务员的指引有序使用盥洗室，使用时注意先关闭马桶盖再冲水，避免潜在传染性颗粒的吸入风险，使用后及时做好手部的清洁消毒；用餐前或接触舱内物体表面，尤其座椅扶手、盥洗室门把手等高频物表后，应及时做好手部的清洁消毒，未经消毒时避免接触自己的口鼻和眼部；在飞行中，若自感发热、干咳、乏力等不适症状，应立即向乘务员寻求帮助；使用过的个人废弃防护用品（如口罩、一次性手套等）不得随意丢弃，应置于防护用品专用垃圾袋内。

### 二、机上服务

（1）机上餐饮　暂停冷菜、冷荤配备；根据疫情发展情况，调减部分航班餐食配备，简化餐食选择；暂停迎宾饮品及可食用冰块配备，经济舱饮品简化为独立包装的瓶装饮用水；暂停提供餐谱，餐饮服务用具均使用一次性产品；暂停特殊餐食预订服务。

（2）机上用品　暂停毛毯、靠枕、耳机、报纸杂志等机上服务用品配备；消毒纸巾代替毛巾，机供品严格执行"一客一用"的原则要求。

**三、客舱清洁**

民航局飞行标准司相关负责人指出：飞机客舱空气每2～3分钟置换一次，每小时置换20～30次。飞机通风系统主要使空气上下流动，不是前后流动，这种循环方式可以降低病毒在飞机上扩散的可能性。疫情防控期间，在保证安全的前提下，飞行中使用最大通气量，同时增加对飞机的消毒频次，优化机上服务流程，最大限度减少疫情传播的可能性。

**四、防疫提示**

（1）旅客在出行前，务必详细了解始发地、中转地以及目的地的疫情防控政策，准备好符合要求的"健康码"、大数据行程卡、核酸检测阴性证明等材料。并在进入候机楼、办理值机手续以及登机等环节配合工作人员的查验；

（2）旅客应如实申报健康状况，千万不要采用服用降温药、止咳药物等方式隐瞒发热、干咳等症状；

（3）部分航班后部预留了机上座位，仅作为机上处置应急事件隔离区使用，旅客应该听从客舱乘务人员的指令，不能随意占用该区域座位。

相信只要广大旅客朋友们，执行好航空公司的防疫管控政策，自觉地配合疫情下特殊时期的乘机要求，做好个人疫情防护措施，齐心协力，共同抗疫，一定会取得最终胜利！

——摘自航司政策及相关报道

## 四、面试中的形象及体态测评

航空公司招聘面试及选录乘务人才，其中身高、体重是基本的硬性标准，形态、口语、英语能力是必备的素质条件，除此之外，机考成绩、心理因素、职业取向、价值追求、行为态度也是不可回避的考核点。如果把面试设置的总分值看作100分的话，那么仪表形象、体态举止等方面的条件因素，几乎可以占据50%左右的分值，甚至影响到最终的肯定或否定两个不同方向的裁决结果。所以，对于日后要参加应聘面试的学员们来说，加强课上课下的日常体态训练，保持良好的专业形象习惯十分有必要，而且非常重要。

下面列举一些形象及体态方面通常要评测的基本点及考核要素，供参考。

**1. 形象测评**

① 五官比例协调，面部轮廓清晰；
② 发色自然，发型整洁；
③ 双眼有神，左右在同一水平线上，眼球对称性好；
④ 眉毛粗细适中，眉间分明；
⑤ 鼻翼两侧对称，鼻尖不歪斜，鼻毛不外露；

⑥ 嘴形好，嘴巴宽度、嘴唇厚度适中；
⑦ 耳朵左右对称，两耳大小适中，耳垂圆润，色泽粉红。

淘汰因素：五官比例不协调，发质枯燥缺乏润泽度；眼小无神、斜视、不对称、三角眼；一字眉、断眉、眉相差；鼻翼不对称、鼻尖歪斜、朝天鼻、塌鼻；嘴唇太厚，嘴角下垂；两耳不对称，耳大，招风耳等。

### 2.体态测评

① 身体比例较好，颈部颀长，头部不歪斜；
② 两肩对称，挺胸，腰部有力；
③ 臀丰无下坠，双腿挺直，腿部线条流畅；
④ 皮肤光洁，有弹性；
⑤ 手型好，双手及手臂无明显疤痕；
⑥ 站姿、坐姿稳重、端庄、大方；
⑦ 步态优雅，动作协调，富有节奏感；
⑧ 面部表情自然，充满亲和力。

淘汰因素：身体比例差，头歪、头型不正；肩部对称性不好，腿不直；肤色差，有疤痕；步态机械、僵硬，没有节奏感，动作不协调；站、坐姿缺乏必要的造型韵味；面部表情呆滞，不自然，缺乏亲和力等。

应聘面试人员的形象、体态条件，需符合航空公司招收乘务人才的考核测试标准。

## 第三节 面试中的应答环节

空乘人员的面试过程，会始终伴随着对各类问题的应答需要。无论是从以往航空公司面试中的细节内容，还是在面试流程中直接设置的环节部分，都能看到面试人员采取的问询考核方式，被面试人员的各种应答，问询应答环节始终贯穿于整个面试流程，对问题回答的结果也直接影响着应聘者的面试考核成绩，有面试必有应答，由此也可知，应答环节在面试中的重要性。在这一节中，着重讲述航空公司在招收面试乘务人员的过程中，常见的询问问题类型，应答的基本思路、掌握的必要方式，还有一些面试中常见问题的类型等。

### 一、应答认知及出现的高频环节

#### 1.对面试应答的认知

在民航的招聘面试中，公司面试人员通常会对应聘者设置问询的环节，提出各种各样的问题请求应聘者回答，而有些问题看似不经意的提问，其实问题背后都有面试考核的相关内容，要么是来自对简历信息的情况核实，要么是职业素质方面的需要考查，要么是依据应聘者的现场面试表现提出有针对性的问题询问。每一道问题都是事先精心设计好的框架和结构，有需要具体回答的实际内容，也有需要思维组织方面的灵活内容，目的是更细致地考查与测评每一个参加面试的人员，在日常生活学习中的现实状况，对工作选择的充分理由和诚实想法，具备了怎样的专业能力等。因而在面试考核的过程中，在不同的面试环节中进行分类问题的问询和应答，根据不同面试者对某个问题回答的相关情况，进而考查每个人的求职动机、性格类型、情绪稳定性、礼貌礼仪等，客观与全面地权衡面试者的测评结果。

**2.应答在面试中出现的高频环节**

（1）形象初试环节　一般在航空公司的招聘面试中，面试人员采用中英文提问的方式，要求应聘者进行回答，但依据各家面试公司对乘务员的面试需要，也会对本公司的面试流程或本场的面试环节，设置与安排不同的秩序内容。比如：有些航空公司在形象初试的环节中，就开始了对应聘面试人员进行信息资料方面的情况询问，或提出对公司、岗位、薪酬等方面的相关问题，要求回答，包括使用中英文的方式；也有些航空公司在初试的环节中只采用中文的应答方式；或者有些航空公司干脆把应答的中英部分直接放在了综合复试的环节当中等，但通常情况下，初试的环节中或多或少都会包含应答部分的内容。初试也是淘汰率最高的环节，应聘者除了具备硬性条件以外，还需要注意自己的软实力，把握好初试中的应答细节。

（2）综合复试环节　综合复试环节，则是面试中问询最多，应答最多的高频环节，也是英文应答出现最多的环节，一方面是测试听力、语音、口语表达能力和对问题的理解能力、反应速度及思考方式，另一方面是通过被面试人所回答问题的内容串联，对他们的行为习惯、日常状态、专业水平有更深入细致的分别了解，这是航空公司对所招收人员自身素质条件具备与否而进行的实际考核项目。通过问题进行具体的测评，因而几乎每家航空公司在综合复试的环节部分都离不开应答的内容，而且问询的范围很广，应聘人员的回答也是五花八门，甚至答不上来，或者是一口回绝的情景时有发生。所以，不能轻视综合复试（素质测评、素质访谈、一对一提问等）的面试环节，往往航空公司会在综合复试的环节中，故意设置一些疑难性的问题，考查应聘人员的应变能力、心理抗压指数等，以求能够更好适应与满足乘务职业需要。

（3）终审面谈环节　再者，就是终审面试或称终审面谈的环节。面试人员（一人或多人）、公司相关领导向应聘者询问的所有问题，都是航空公司事先准备好的面试题目，所问的每一个问题也都是有目的性的，所以每一个参加面试的人员必须回答，不可错过每一个问题回答的机会，否则，就不能够给到面试公司想要的全部面试素材，面试公司如果没有可供参考的依据，就无法对应试者做出正确而客观的录用与否的审核评定结果。终审面试的考核测评环节，虽然不像形象初试、综合复试淘汰率那么高，但也并不意味着所有的人都能通过，这个环节是有难度的挑战考核，其中就包括应答的水平，有些人在终审面谈中语无伦次，或者答非所问，天马行空，思维扩散得不沾一点边，显然是不能够被看好的。

可知，应答在面试中的初试、复试、终审的一系列相关环节中，都有可能出现，只是问询的内容不同，使用的提问方式有别，不管面试方采取英文还是中文的具体方式，对于每一位应聘人员来讲，参加航空公司的应聘面试，应答环节都是必然要经历的考核内容。

## 二、问题应答的原则和方式

### 1. 应答的基本原则

掌握应答的基本原则,是为了尽量避免在面试过程中的不必要的回答失误,对面试人员提出的面试考核问题充分地理解、判断,进而作出快速灵敏的反应和准确无误的应答。下面针对面试问询中的应答需要,对应答环节部分所要掌握的基本原则进行大体上的梳理。

(1) 围绕问题的核心　面试考官在不同的面试环节中,会问到不同性质的问题,有虚有实,有难有易,但千变万化的问询形式,结构各异的问题表达,其实都离不开乘务职业能力及素质条件具备这一真实的考查核心,从而依据应聘者对问题的据实回答及应答的内容情况,来进一步考核与评判每个人的能力条件、标准符合与否;反过来,站在应聘者的角度上来思考,如果想有正确及满意的回答结果,势必不能偏离面试考官问询的问题核心,一定要围绕着应聘职业岗位所需要的各种能力、素质条件(包括性格、兴趣爱好、助人心理、担当意愿、关爱精神等)拥有程度,及时地反应、理解,并把握好语言的组织结构和内容的条理性,使得应答结果条理分明,思路清晰,易于考官听明白并做出准确的考核判断。

假如清楚了上面阐明的两层含义,也就知道了面试中应答的考核出发点和中心,以及需要做出怎样的问题反应,并对问询的必要性及问题内容有个更加直观而理性的理解,给出面试公司或面试人员想要的应答结果,而不至于抓不住问题的所问及应答核心,现场东拼西凑的应付结果,肯定是不能让面试考官满意的,也很难有一个自己想要的面试结果。

(2) 切合服务需要　乘务职业的两大基准点,一个是安全职责,另一个是服务质量,而民航运输服务的一系列管理措施和程序把控,也都是围绕着"安全和服务"这两大根本性原则而进行的标准执行、规范操作。因此,应聘乘务员包括拿双照的安全员的考生,在被问到诸如应聘职业能力类、服务情景类、安全处置类等问题时,回答的内容绝不能只是概念化的表层意思,而应该包含具体的操作步骤、处置细节、问题结果、旅客反应等要素,抓住服务需要的能力实质,大胆地讲出自己的性格优点、职业能力,以及与应聘岗位之间最大的匹配因素。如果在回答问题时,能够列举出一些实例,则会更具说服力和打动性。

关于乘务应聘考核中的安全职责与服务素质这两项服务人才的面试基础,在本书第一章的开篇中已经作了详细的阐述,在此不再过多地讲解。

(3) 体现"民航精神"　民航精神包括:忠诚担当的政治品格、团结协作的工作作风、敬业奉献的职业操守、严谨科学的专业精神(图2-7)。民航精神是民航人的前行动力,是检验工作好坏的测试标准,也是每一个民航人应该具备的严格自律条件,

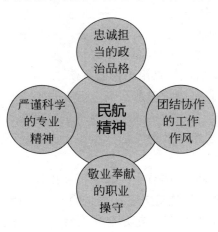

图2-7　民航精神

因此在乘务人员的招收面试中，体现民航精神内涵的问题肯定会有。往往那些后缀中带有"你该怎么办、你会如何处理、你该怎样对待"等的情景问题，以及"如何理解吃苦耐劳、怎样照顾老年旅客或小旅客、如何处理与旅客之间的矛盾冲突、和同事闹意见后怎么解决"等的问题，请应聘人员作出自己的合理判断，给出处理方式，这些也无不是在考查应聘者的政治思想觉悟、团结协作能力、敬业奉献态度及怎样的专业精神，说到底也就是民航精神在乘务面试中的具体诠释和真实要求。

作为将来进入航空公司工作，担任乘务员职务的应聘者，事先应当知道民航精神体现在哪些方面，民航精神的内涵是什么，如何对民航精神有一个全面、客观、正确的认识和理解，又怎么能把民航精神播种在自己将来的工作岗位上，并且在自己的心中生根发芽、开花结果，处处以民航精神严格要求自己，做一个讲团结、顾大局、敢于担当、勇于奉献的乘务员。这样，在问题回答中，就不会找不到内容立足的根本点和核心，也就不会出现消极的内容回答，而是积极向上的、充满正能量的、有理有据有根底的贴切应答。当然，对于即将参加民航面试的人员来讲，必须及早进行相关方面的知识学习，开拓思想境界，扩大认知范围，在学好书本上的专业知识的同时，也要掌握必要的相关知识，为参加面试作好充分的准备。

### 2. 应答的正确方式

（1）应答语言简洁明了　说到底，面试场也是考场，问询与应答环节就是招聘考试中的一个必要"考点"，只不过采取了口头的形式而已，因此，应答也要讲求语言的组织结构，表达的方式方法。回答面试中的问题时，在语言上要简洁明了，尽量口语化，条理清晰，层次要分明，突出中心意思，切中要害，把自己对问题的理解和认知说明白、讲清楚就可以了，一定不能过于长篇大论，或者是来回重复内容回答，很容易造成表达意思错乱，导致面试考官的听觉疲惫，或者是弄不明白面试者想要表达什么。而有些航空公司为了避免面试中的拖场现象，有时还会设置语言表达的时长，如果有时间方面的限制，就要注意把控好问题回答的时间，既要把心中的想法表达出来，也要掌握好表达的具体方式。

（2）应答符合自身情况　首先，面试中的问题都是具有针对性的问询或提问，回答的内容也必须符合自己的实际情况，比如考官在询问应聘人员的家庭、学习、专业、院校情况，选择理由、兴趣爱好等一些具体问题时，一是要具体、真实地回答，二是要与当初填报的面试信息相一致，三是不可随意应付面试人员。再者，有些问题在个人的面试简历或报名信息登记表中都写得清清楚楚的，好像觉得自己的信息资料面试官手里都有，还要反反复复地问自己不是多此一举吗？或者感觉有些问题不是那么重要，就可以随意回答，其实这样的想法是完全错误的。因为面试人员会根据面试过程的现场需要，而对不同面试状态下的应聘者进行相关情况的各种问询，进而了解每个人的具体现状，掌握面试需要的考核材料。另外还有面试中必问的一些问题，都需要参加应聘面试的人员进行客观而符合自身情况的回答，绝不可马虎应对。

（3）避免吹嘘和说大话　其实在面试中，实事求是的诚恳态度更容易被面试考官所接受，人们常说，语言是内心的一面镜子，对问题的回答方式也是在考验应聘者的心理成熟状况。所以在回答面试中的问题时，首先要抱着一个端正的认识心理和真实想法，其次表达用语要真切而有温度，不能是冷冰冰的语气，也不能使用一些带有消极情绪的言语，再者要避免吹嘘和说大话。在航空公司的招聘面试中，也不能完全排除极个别的应聘人员，为了给考官留下一个好的印象而不切实际地美化自己，自夸可以，但不能丢掉真实性的面试原则，不能随意胡编乱造，一旦出现了这样的面试情形，显然是不符合乘务职业要求的素质条件的。

### 三、民航面试中常见问题及答案

（1）你认为做一名优秀的空乘人员需要具备哪些品质？

首先是要热爱自己的工作岗位，积极乐观，不怕挑战，学会换位思考，体贴旅客的感受，做好周到细腻的对客服务工作。同时，要虚心向身边的上级和同事学习，加强专业素质的修养，多思考、多想办法，努力提高个人的服务水平，确保每一位旅客旅途中的安全与舒适。

（2）你对乘务工作有哪些具体的了解？

面试之前，我对乘务工作进行过充分的了解，我知道空乘人员并不像一些人想象的那样只是拥有光鲜的外表，华丽的服饰，外加收入丰厚的待遇，让众多人羡慕，其实乘务工作就是为了满足航班旅客的服务需求，做好符合航司管理规定及要求的标准服务，要有工作责任感，还需要吃苦耐劳，我会用自己的微笑和真诚服务做好乘务工作。

（3）为什么要做一名空乘人员？

做一名空乘是我从小就有的梦想，我喜欢为他人服务，我的性格开朗，尤其喜欢与别人交流和沟通，也喜欢旅游，并且不怕困难，所以当一名空乘很适合我。

（4）如果在飞机上遇到不讲理的旅客，你会怎么做？

首先要心平气和，不能急躁，然后做到以诚感人。提供服务时多征求旅客的意见，注意观察他（她）的反应，主动进行沟通，及时地了解旅客的需求，让旅客感受到乘务人员对他（她）的关心，化解矛盾。

（5）你考虑过做乘务工作的辛苦吗？如果你被我公司录取，你准备如何做一名合格的空乘人员？

做乘务工作的确很辛苦，这些我早有心理准备。如果贵公司录用我，我会树立全心全意为旅客服务的工作理念，全心全意地对旅客做到爱心、细心、耐心、热心和关心，把旅客当成自己的亲人一样看待，工作认真负责，不怕吃苦，用体贴和微笑做好让旅客满意的服务。

（6）你有哪些特长和爱好？可以展示一下你的特长吗？

我热爱音乐、舞蹈（或者其他方面），在学校多次参加表演活动，我能说一口流利的英语（或者其他语言），能够自如地和别人交流会话。

（接着展示自己的特长，适当地表演唱歌、跳舞、英语会话等。）

（7）在家里是否经常帮助父母做家务？

我在家里很喜欢帮助父母做家务，拖地、洗碗、打扫卫生，还经常帮爸妈洗衣服、做饭。

（8）在学校期间朋友多吗？

我兴趣广泛，很喜欢交友，所以在大学里我身边的朋友很多，大家在一起学习交流、互相讨论，还有旅游、看电影、唱歌跳舞，相处得十分愉快。

（9）谈谈你对本公司的了解？公司有哪些机型和航线？

贵公司是一家××性质的航空公司，成立于××年，是一家有着多年安全飞行记录的航空公司，服务口碑很好。

贵公司目前的机型有：××型飞机……

航线有：××航线……

（10）为什么应聘本公司？

贵公司有着多年的安全飞行记录，口碑很好，工作待遇也很好，社会各界对贵公司的优质服务给予了充分的肯定，这也是我选择到贵公司工作的根本原因和理由。

（11）如果有两个航空公司同时录用你，你会选择哪家？

贵公司是我第一次面试的公司，我当然希望能被贵公司录用。我也不敢奢望有两家公司同时看上我，即使有这种情况，我还是会首选贵公司的，我相信贵公司能为我提供良好的成长环境和发展平台，一定会很适合我的。

（12）你有什么优点？又有什么缺点？打算如何克服这些缺点？

我的优点是性格开朗，容易与周围的人相处，会理解人，身边有很多好朋友。缺点就是因为性格直爽，有时会得罪人。但我很热爱空乘服务工作，愿意在以后的工作中注意改正与克服自身的缺点，加强学习和专业修养，提高自控能力，一定会处理好各种关系的。

（13）飞机上有一名旅客的孩子一直哭闹不停，你将如何处理？

首先询问带小孩乘机的旅客，孩子有没有不舒服的情况或其他原因，是否需要喝水或喝奶，如果需要提供，乘务人员及时帮助提供。如果机上有儿童玩具，可以将玩具提供给小孩玩，或者请带小孩的旅客暂时先到服务间，给小孩换一个环境。如果飞机上有其他空余的座位，还可以帮助换到比较空的位置上就座，以免打扰到其他旅客的休息。

（14）飞机上突发一位病人，你将如何处理？

首先将这一情况报告乘务长，然后广播问询机上是否有医生，可请医生帮助处理。如果情况紧急应及时将情况报告机长，决定是否采取应急备降。

（15）你认为家庭与工作哪一个更重要？为什么？

我认为两者都重要。因为家庭是个人工作的动力源泉，可以让自己更加安心地从事自己喜欢的工作，而工作则是家庭生活品质的保障，两者相互促进，相得益彰。

（16）如果你没有被我公司录取，你会怎么办？

我对自己的条件和能力充满信心，并坚定自己的职业选择，如果贵公司录取我做一名乘务员，我坚信我的工作表现一定不会令公司失望。如果贵公司没有录用我，说明我身上还有一些需要完善的地方，我会继续努力，实现我心中的蓝天梦想。

（17）你对飞机上的老年旅客将如何服务？

对于独立能力较强的老年旅客，一般不需要太多的帮助，帮助太多有时会伤到老人的自尊心。对于身体不好体弱多病的老人，应给予特殊照顾，比如上飞机时帮助安排座位，主动介绍航行知识，提供餐食，介绍餐食种类等周到的服务。

（18）你在学校参加过哪些社团组织？并担任什么职务？

我在学校参加过××文学社、××活动小组……并在××文学社担任××职务、在××活动小组担任××职务……

（19）谈谈你的生活或学习中有哪些让你感兴趣的事？

我很喜欢读励志故事、名人传记和交朋友，也很热爱帮助人，还经常参加一些同学和好友组织的聚会活动，喜欢打乒乓球，也喜欢游泳……

（20）你如何看待自己的这次面试？

我很希望这次能面试上，为了这次的面试我做了很充分的准备，但是能否面试上心里确实没有底，因为大家都很优秀。如果这次能面试上，我将加倍努力工作，多向公司的同事们和同行们请教与学习，把自己所学的专业技能在工作岗位上发挥好，为公司作出应有的贡献；假如面试不上，我也不会灰心，再接再厉争取下次的面试机会。我坚信功夫不负有心人，只要我肯用心就一定能够面试成功，走上理想的工作岗位。

（21）你所取得的最大成就是什么？

我喜欢跳舞，从大二开始筹办校园里的舞蹈比赛活动，已连续举办三届都很成功，并邀请到了其他院校的师生参加，还成功争取到了两家赞助商的资金赞助。我还动员班里的几名学习成绩较好的同学，成立了一个学习互助小组，帮助大家在学习和训练中共同进步……

（22）参加面试的一组十人中，如果只挑选两名，你觉得会有你吗？

这个问题确实不是一下子就讲得很清楚的，因为我不知道贵公司选择乘务人才的确切标准都有哪些，虽然我不能说我是这十个人当中表现最优秀的，但我深信我不是最差的，因为我在学校一直担任班干部，善于沟通和交流，对自己各方面的要求都很严格，并且也曾主持过几场文艺活动，我想这对于我来说也是比较突出的一些能力。

（23）你的学习成绩如何？

我的学习成绩虽然一般，但我不会偏科，各门功课的学习都很均等，除课堂上的专业理论知识学习，以及坚持形体训练以外，我还比较喜欢了解一些航空方面的相关知识，学习文学及地理方面（或者其他方面）的知识内容，希望以后能够对空乘工作有所帮助。

（24）介绍一下学校的情况？

我就读于（或毕业于）××大学，我们学校是一所普通的高等院校，坐落于美丽的××城市××区，学校建于××年。真心希望我能够成功地走上空乘职业的工作岗位，一定不会辜负学校对我多年的培养和教育。

（25）你学的是什么专业？喜欢这个专业吗？为什么？

我在学校里学习的是××专业，说实话，我非常喜欢（或不是很喜欢）这个专业，因为……（原因）。

（26）为什么选择空乘服务专业？

空乘服务不是一般性的简单服务，而是有责任感的服务，讲求质量的服务，因而我认为这样的工作也是最有成就感和挑战性的，我喜欢这样的工作，对于我来说能在蓝天上为旅客服务是一种很荣幸的事，所以我选择了空乘服务这个专业。

（27）你在学习中遇到的最大困难是什么？

其实我的学习是挺顺利的了，没有遇到过什么特别大的困难，有时候小困难还是有一些的，比如我是南方人，普通话发音不是很准确，到学校后，经过一段时间的普通话练习和自我纠正，慢慢地掌握了普通话的准确发音。

（28）你参加过哪些航空公司的面试？

这是我第一次参加航空公司的招聘面试，非常荣幸能遇到贵公司的几位考官。

（或者）我参加过××航空公司的招聘面试。

（29）家人支持你的职业选择吗？

家人非常支持我，同意我应聘空乘职业。

或者：爸爸、妈妈都很支持我面试乘务工作，他们看好我的服务能力。

（30）请用三个词语概括一下自己的性格特点？

我的性格特点是：坚忍不拔、吃苦耐劳、与人为善。

或者：勇于担当、顾全大局、胆大心细。

再或者：精诚团结、助人为乐、亲切和蔼……

## 四、面试中问题应答的基本思路

### 1. 应答思路中的注意点

（1）不可直接否定问题　航空公司对应聘面试人员设置的所有问题都不是空穴来风，都有其背后的知晓原因，既然问到其中一个应聘者的某个问题，肯定是有哪方面的情况需要核实与了解，如果在听到面试官的应答请求时，必须马上做出回应，回答问题也是对面试官的一份应有的尊重，不回答问题、不讲话的面试参与者，肯定是得不到很好的评判结果的。因而，面试场上沉默不语不行，口头否定更不行，假如感到某个问题不知道该如何回答，或者怕回答得不得体、不合适，再或者是对问题有疑问等，可以绕个弯进行试探性的回答，也可以从侧面给予分析式的回应，但不可直接否定面试官问到的任何问题。

（2）不能拒绝回答问题　基于通常的礼貌，在日常的社会交往和生活中，拒绝他人的询问或请求回应，其实都是一种不正常的失礼现象，那么对于参加航空公司招聘面试的所有人员来说，面试中的任何问询或问题提出都必然要给予及时的回应，这不但是一种礼貌的交往需要，更是面试中考核与测评的必然要求。不可在面试现场对面试官的询问表现出不耐烦的情形，更不能使用傲慢的口气回应面试人员，当然也不能说出"这个问题我可以不回答"之类的拒绝语言。

（3）不得有抵触情绪　如果在一组应试者当中，面试官唯独对自己提问题，而且这个问题十分苛刻或回答起来有一定的难度，千万不要把面试的举动当成是故意刁难自己，说不定是面试官看好你，才想进一步考查你，从而进一步地核实及检验面试中对你的判断与测评情况，得出真实的面试结果来。假如在内心中歪曲了面试官问询的真相，对回答问题产生了不必要的抵触情绪，好事也很有可能会立刻变为坏事，面试结果就可想而知了。

（4）切忌答非所问　实际上回答问题，并非说得越多就越好，只要说到点子上，说对问题的核心，多说一句与少说一句区别也不会特别大，就怕信口开河，答非所问，偏离了问题的要义。所以听到考官的问题提问，不要立刻抢话回答，应该等考官的话音落下，稍微停顿一下，通过思维反应进行回答，害怕找不准中心点，可以多回答几点内容，尽量避免一点儿也不沾边的结果出现。

### 2. 面试中一些常见问题应答思路

（1）你对××航空公司了解多少？

思路：表示出自己对公司有所了解，最好说出对公司情况的了解内容，比如成立日期，公司标志，加入组织或协会名称，获得的荣誉奖项，公司拥有的机型、机队规模等。

（2）谈谈选择乘务工作的理由？

思路：如果自己学习的就是乘务专业，或相近的专业，这是自己当初报考这个专业的理想和心愿，就是初心，并简单谈一谈自己的爱好与工作的融合点；如果不是本专业的，可以找到相似的点，比如英语成绩好，口语表达能力强，喜欢服务他人，有亲和力等。

（3）你为什么要应聘我们公司？

思路：可以说说对公司的了解（或者对公司的过往成绩给予恰当的赞扬），希望加入贵公司的愿望，态度诚恳，语气谦和，表示出如果被录取到乘务工作岗位上的干劲和决心。

（4）你认为乘务工作最重要的是什么？

思路：针对空乘服务的特点及素质要求进行回答。比如执行力，安全职责，服务满意等。

（5）你最感兴趣的活动是什么？

思路：比如体育锻炼项目、业余爱好、兴趣，可以把这些内容带给乘务职业的正向帮助或能力增长的好处讲一讲，个人又从中收获怎样的良好效果等。

（6）如何打发自己的空闲时间？

思路：比如在空闲的时间里，看看喜欢的书、上上网、写写日记，和好友聊天，一起逛街吃饭，看看流行档的电影等。

（7）请你简单地介绍一下自己？

思路：比如姓名、年龄、家乡、学校、专业，我是一个怎样的女孩（男孩）等。一定要简明扼要，把握好重点。

（8）你在哪所学校学习？

思路：直接说出我在××大学读书或毕业于××学校。不要全盘托出专业或学习情况，因为接下来考官很有可能会接着问你这方面的相关问题，再回答也不迟。

（9）谈谈你的学习情况？

思路：实事求是地回答，成绩好也不要过于自我炫耀，成绩不好可以说出一些对知识学习的认识和想法，表现出对学习的真诚态度，千万不能因为顾面子而说假话欺骗考官。

（10）谈一谈你有哪方面的缺点？

思路：人无完人，不要把自己说得过于完美，但也不能把自己说得一无是处。可以转换一个角度，变弱点为优点，比如我是一个追求完美的人，什么事情都想做到极致；我很在意别人的感受，有时宁愿委屈自己也不愿伤害别人；我对做事方面显得有些固执，不愿轻易放弃……另外，也可以说出自己的缺点，又是如何克服这个缺点的，结果又是怎样的。

（11）谈一谈你有哪些优点？

思路：比如善于思考，领悟能力强，喜欢学习新的知识，有认真负责的态度，热情、大方，喜欢微笑，抗压力强，遇事冷静果敢，能胜任紧张的岗位工作等。

（12）你的好友如何评价你？

思路：朋友们都说我性格开朗，热情大方，乐于帮助别人，有同情心，时间观念很强，朋友聚会从不迟到，所以我的人缘很好。

（13）你认为你有哪些方面的优势？

思路：紧扣乘务员需要的综合素质和服务能力。比如沟通能力、亲和力、细节感等。

（14）你认为自己能胜任乘务工作吗？

思路：我有能力服务好每一位旅客。虽然乘务工作对我来说可能会有一定的挑战性，但我已经做好了充分的心理准备，我对自己做好乘务工作有足够的信心。

（15）你会游泳吗？

思路：会；不会，但愿意在较短的时间内很快学会；或者计划利用这个假期学习游泳。

（16）请你在三分钟内进行自我表达？

思路：把握住三分钟的时间，尽量把自己的实力表达出来，多说优点和才能，进行自我表述时要自然大方，充满自信，吐字清晰，语气柔和，态度诚恳。

（17）你喜欢和哪种人共事？

思路：我喜欢和诚实、开朗的人打交道，因为我也是这样性格的人。

（18）如果机上有旅客邀请你一起旅行，你该如何答复？

思路：谢谢您的邀请，公司有规定，不允许空乘人员随便外出。如果旅客态度坚决，留下联系方式，可以说"谢谢您，以后有机会联系您"，以表示对旅客提议的礼貌和尊重。

（19）公司为什么要录用你？

思路：把自己的优势和强项说出来，阐明自己的服务能力和素质条件，一定要显得自信。

（20）你认为工作和薪酬哪个对你更重要？

思路：我认为这两者对我都很重要。因为工作可以让自己的才能得以充分的展现，让自己更有社会地位和价值；薪酬可以满足生存的基本条件，是生活的需要。但我还是觉得刚踏上工作岗位时，要先把乘务工作做好了，至于薪酬方面公司会有合理的分配。

## 五、面试问题类型及应答须知

尽管在面试中考官通常会提出各种类型的问题，但按照题目要求回答的内容归纳起来，不外乎有情况介绍类、职业认知类、情景处理类、心理测试类、素质测评类这五大类别。所有类型的题目及包含的回答内容，将贯穿于整个面试流程与各个面试环节，在不同的测试项目中表现出来，要求应聘者必须具有良好的问题理解与反应能力、职业认知及价值认同理念，恰当的问题处理和应对方式，稳定的心理素质与情绪状态，如实真切地回答问题。

### 1.情况介绍类

面试中介绍类的问题，多是考官对应聘人员的个人条件、家庭、学业、实践等情况的相关了解。介绍类问题的特点，通常是直接、明了，没有多余的转弯抹角，因此应聘者在回答问题时也应该是爽快而简洁地把问询内容告知考官，不需要作过多的语言修饰，更不能有任何不方便回答的表现，假如让面试考官感觉到你刻意回避的表现，则说明信息不够真实，或者你在有意隐瞒自己的信息情况，这样的面试表现有可能使面试环节就此终止。

此类问题的题型结构并不复杂，在此列举一些示例，供参考。

（1）请你作个自我介绍？

或者：请你介绍一下自己；把你的情况介绍一下……

应答须知：简洁、清晰，不能结结巴巴，介绍情况的叙述中，保持微笑，并注意语气和节奏感，介绍的内容要求层次分明，条理有序。如果没有特别的要求，一般自我介绍包括：姓名、年龄、身高、体重、家乡，学校、专业、英语等级、特长等各项内容，把自己的基本信息情况介绍给面试人员，加深对你的印象。

（2）你的兴趣爱好是什么？

或者：在空闲日喜欢做什么？你有哪些业余爱好……

应答须知：首先，要明确兴趣爱好人人都会有，不能说自己没有任何兴趣和爱好，这显然不符合现实中的生活状态。比如：体育、文学、户外项目、社会活动、歌咏舞蹈等，透过应聘者个人的兴趣或业余爱好，可以真实地反映出拥有的健康观念、性格特征和怎样的生活态度等，这也是航空公司需要了解的人才招收情况。

（3）介绍一下你的优、缺点？

或者：你有哪些方面的优点和缺点；你的优点和缺点有哪些……

应答须知：不宜说自己没缺点；不宜把那些优点说成缺点；不宜说出严重影响所应聘工作的缺点；不宜说出令人不放心、不舒服的缺点；可以说出一些对于所应聘工作"无关紧要"的缺点，甚至是一些表面上看是缺点，但从工作的角度上来看或许是优点的缺点。

（4）介绍一下你的家庭情况？

或者：把你的家庭情况介绍一下；介绍一下你的家庭成员……

应答须知：把父亲、母亲的年龄、职业情况介绍一下，如果家里有哥哥、姐姐或弟弟、妹妹的也要介绍一下，最好把家人之间相处和谐、关爱的融洽气氛说出来。

（5）谈谈你的学校情况？

或者：介绍一下你的学校；你的学校情况是怎样的……

应答须知：就读或毕业学校的全称要说出来，可以说学校在哪个城市，也可以说出在哪个区，建校的时间，专业设置，个人所属的学校院系、专业的基本概况，最好能把学校擅长的教学特点、优势和文化传承，还有校风校训、学校标志等代表性符号介绍一下。

### 2. 职业认知类

职业认知类的问题，也称为职业生涯类的问题，一般这样的问题类型都会和应聘的职业岗位有一定的关联，航空公司主要是考查应聘者对乘务职业的了解，对这个工作岗位的认识。如果再细化一下，就是通过相关问题的问询及应答，考查应聘者对应聘职业的关注焦点在哪里，比如是看重薪酬，还是讲求工作舒适度；是否关注乘务工作的职业价值，还有职业的成长与发展，包括以后的职位晋升，具有哪方面突出的职业表现力等。

下面举几个职业认知类的问题例子，供学习参考。

（1）谈谈你对乘务工作的认识？

或者：你认为乘务工作是怎样的；谈一谈你对乘务职业的理解……

应答须知：首先要肯定乘务工作的服务价值和职业收获，以及应有的服务态度和职业素养，其次对乘务工作的付出给予理解，再次最好表达出对将来做好乘务工作的决心和信念。

（2）为什么要应聘××航空公司？

或者：谈谈你应聘本公司的具体理由；你是如何看待这次应聘××航空公司的……

应答须知：可以把自己对面试航空公司的相关了解谈一谈，比如公司整体形象、福利待遇、工作环境、发展势头等一些内容，并且表达出应聘本公司的意愿和期望等。

（3）为什么想成为一名乘务员？

或者：你认为自己适合做一名乘务员吗；你具有哪方面的空乘服务素质？

应答须知：可以说出自己对乘务职业的渴望，以及在性格表现方面的优点，自身具有的空乘服务素质，表达出将来如何服务好每一位旅客的真诚意愿和实际行动。

（4）如何做好对客服务？

或者：你认为怎样才能做好乘务工作；如何做好让旅客满意的服务……

应答须知：服从公司的管理规定和操作标准要求，做到爱岗敬业，奉献担当，包容有信，把旅客当成亲人般看待，用良好的空乘职业形象，完美的服务礼仪，礼貌的语言沟通技巧，做好细腻关怀、体贴周到的对客服务，把自己的笑容洒遍每一架航班，种在旅客们的心中。

（5）你认为自己有能力胜出吗？

或者：你认为自己的表现足够优秀吗；你对自己的胜出有多大把握……

应答须知：一方面对自己要有信心，肯定自己的优点，表达出做一名空乘的决心和坚持。另一方面，认为自己优秀的也不要显得过于骄傲，认为自己不够优秀的也不要显得消极，要客观地看待自己和进行中的面试，因为不到最后，胜负难定，不要放弃自己的理想和事业追求。

### 3.情景处理类

情景处理类型的问题往往会比较集中，大多是在对客服务操作及现场处理方面，问题涉及的问询与应答内容，通常是客舱服务中的一些具体现象，需要特别关注的服务场景，比如对客服务中的言语沟通、矛盾解决、关怀照顾、特殊服务等方面的现实服务状态。其实情景处理类的相关问题，是在强调服务方式、安全职责、应有的处置做法，比如有旅客不系安全带、不听劝告、餐食问题、扰乱客舱秩序等的相关问题等，要求给出现场的处理方法及解决措施。此类问题的应答具有一定的技巧性，问候语、礼貌语、致歉语必不可少，还要有恰当的提醒方式、语言沟通、处置方案、过失弥补等必要细节配合。

列举几个相关的问题题目，供学习参考。

（1）飞机上有带小孩子的旅客，你该如何做好服务？

或者：飞机上有小孩在哭闹，你会怎么处理；如何服务好带小孩的旅客……

应答须知：首先要关注到带小孩的旅客，有特别的服务语言问候；如果旅客需要，帮助家长冲奶、倒水或提供小孩喜欢的玩具，并且叮嘱家长保证孩子的旅行安静；假如出现了孩子哭闹的情形，帮助家长哄逗小孩让其停止哭闹，或者让旅客到工作间哄孩子，另外也可以根据现场的实际情况，如果有多余的空位，暂时把旅客调过去，以免影响到其他旅客。

（2）如果发现有旅客在厕所内吸烟，你会怎样处置？

或者：假如有旅客偷偷地在厕所内吸烟，你该如何处理；发现厕所内有吸烟的旅客该怎么办……

应答须知：根据航班管理规定，进行劝阻，请旅客去吸烟区。如果不听劝阻，报告乘务长按照管理程序妥善处置。

（3）发现旅客打开了电子设备，你会怎么做？

或者：有旅客不按要求开启飞行模式，你该如何处理；旅客玩手机不开启飞行模式，你应该怎样处置……

应答须知：这位女士或先生，我们的飞机马上就要起飞了（我们的飞机正在飞行途中），为了您和他人的安全，请您关闭电子设备或者开启飞行模式，谢谢您的配合，祝您旅途愉快。如果旅客不听劝阻，故意扰乱客舱安全秩序，应当按照航班管理规定执行处置程序。

（4）假如不小心把咖啡洒到了头等舱旅客身上，你该怎样做？

或者：在服务中你不小心把餐食洒到了旅客身上，该如何处置；不小心把茶水弄洒旅客一身，你该怎么办……

应答须知：首先要向旅客道歉，关心旅客有无烫伤，及时帮旅客拿湿纸巾擦去身上的污迹，马上再换一杯咖啡送来，或者根据现场情况，帮助旅客做进一步的清除处理等。

（5）航班上有两位邻座的旅客大声聊天，该怎么处理？

或者：飞机上有旅客说话声音过大影响到其他的旅客，你会如何处置；旅客大声说话不顾周围旅客的休息，你应该怎样做……

应答须知：以抱歉的语气，请两位谈话或聊天的旅客注意到周边旅客的休息，请他们说话时的声音小一点，或者飞机上后舱有空闲一些的座位，建议帮他们调换过去。

民航面试提问问题类型如图2-8所示。

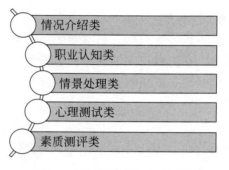

图2-8　民航面试提问问题类型

### 4.心理测试类

心理测试的问题类型，是为进一步考查应聘人员的心理状态而设置的，因为乘务人员不仅要符合基本的身体条件和职业素质要求，同时还需要具备良好的心理素质，符合空乘职业需要的性格特征、情绪状态以及心理稳定性几方面的条件要求，完善整体的服务技能，打造过硬的乘务人员形象，保证高质量的服务水平及空服队伍的良性建设。

举几个在心理测评中的常规问题，供学员们参考。

（1）有同事不配合你的工作，该怎么办？

或者：工作中有同事专挑你的毛病，会如何处理；你的同事在工作中和你闹意见，怎么办……

应答须知：首先自己的情绪要保持稳定，不能失去正常的理智，更不能发生和同事大吵大闹的情形，其次了解和找出背后的真实原因，平和谈心，解决矛盾，修复与和好关系。切记不能动不动就打小报告，或者把问题扩大化，这样你和同事之间的关系就不好处理了。

（2）男朋友不支持你的工作，你会如何解决？

或者：家人反对你当空姐，怎么办；男朋友不赞同你选择乘务工作，该如何做……

应答须知：先把男朋友或家人心里的顾虑和担心弄清楚，然后把空乘职业的优越之处说出来，用温暖的言语和内心的真实表白，打消家人或男友的担心和顾虑，成功说服。

（3）如果面试不上，你有什么想法？

或者：本次通不过，你还会参加下一场面试吗；假如通不过面试，你会怎么做……

应答须知：客观地看待面试，不能失去信心，不会气馁，更不会放弃对空乘职业的选择和坚持，表示如果本次面试不上，还会参加下一场面试，相信自己的选择和能力。

（4）在好友聚会时，通常你是先到还是后到？

或者：有朋友聚会，你希望自己先到还是后到；和好友约会时，通常是谁等谁……

应答须知：根据自己的现实情况进行回答，说出先到或后到的理由是什么。

（5）你喜欢看哪一类的书？

或者：你喜欢看哪一类电影；你喜欢看的一部电视剧……

应答须知：根据自己的实际情况回答。比如你是喜欢看伦理道德类、自然科学类，还是悬疑推理类、童话神话类，以及传统文化类、言情故事类等类型的书籍。

**5. 素质测评类**

素质测评类的问题内容比较广泛，比如理解、认知、价值观、人生观、道德品质、交往交流、社会观念、做事行为、动机选择、亲情感怀、生活态度等。在此列举几个常见的问题，供学员们参考。

（1）你认为自己有社交能力吗？

或者：你擅长社交吗；你身边的好友多吗……

应答须知：认为自己有良好的社交能力，能够和身边的每一个人友好相处，朋友很多，大家都很喜欢和自己在一起学习、交流和谈论日常的话题。

（2）你希望×航能给你带来什么？

或者：你选择×航的理由是什么；为什么要选择×航……

应答须知：选择面试×航公司，看重企业的良好形象，福利待遇，发展机会，成长平台，和谐的员工关系等。

（3）你考虑过做乘务工作的辛苦吗？

或者：你认为做乘务工作很轻松吗；空乘工作只是一份光鲜靓丽的职业吗……

应答须知：说出对乘务工作的真实理解和具体看法，有光鲜的一面，同时也需要付出自己的艰辛和汗水，肯定这份工作的辛苦，但不怕服务中的压力和挑战，相信自己能够做好乘务工作，如果能被公司录用，决心以自己的服务成绩和实际行动，回报公司的栽培和关怀。

（4）你来自哪里，介绍一下你的家乡？

或者：能介绍一下你的家乡吗；把你家乡的情况介绍一下……

应答须知：说出自己来自哪个地方，最好包含省市名称，可以把自己家乡的风土人情描绘一下，比如旅游景点、特色食品、生活习惯、趣闻轶事等，增添语言魅力，留下好印象。通过这个问题，可以了解到应聘面试人员的亲情观念，以及内心拥有的美好情怀。

（5）如何看待自己的这次面试？

或者：你对自己的本次面试抱有多大把握；你觉得自己能通过本次面试吗……

应答须知：直接作出正向的肯定或者是反向的否定都是不恰当的，不要说出觉得自己一定能通过，或者是不能通过的话，因为只有面试的航空公司才能掌握这个决定权。态度谦和、诚恳，不能过分地抬高或贬低自己，同时也要说出其他面试者都很优秀，希望考官能够给自己一个工作的机会，并表达出绝不辜负公司领导期望和在座各位老师厚爱的心情。

## 空姐故事知多少

在这个世界上,有一个最严格的人才面试筛选,职业竞争比是0.8‰,那就是飞行着的靓丽身影——中国空姐,因职业而被赋予了一个谜语般的神秘色彩。她们就像是一只只展翅空中的百灵鸟,带给人们无限的想象与渴望,她们是勤劳、聪慧的化身,是快乐、活泼、灵性、机智的象征,她们是蓝天一样的开放怀抱,充满着温暖的无限力量,她们有着世间最动听的歌喉,是人们和谐相处的友好朋友。但是她们也有着不为外人所知的背后辛酸,在泪花中绽放青春,在跌宕的思绪中成长进步,让芳心盛开出绚烂的花朵,在职场上用真诚诠释出的一颗颗爱心,续写着她们感人至深的温柔与细腻、坚强与果敢的空中服务故事。

1930年,27岁的美国护士艾伦·丘奇成为世界上第一位空姐;

1938年,6位青春年华的江南少女成功应聘,成为中国第一批空姐;

1955年,北京高中生"十八姐妹"幸运地成为新中国的第一批空姐;

1973年,上海平凉中学杨丽华、天津丁中中学王银香等成为身着中国空军制服的空姐;

1980年,中国民航第一次面向社会公开招聘,黄宗英等人走上空乘岗位;

1988年,30名"大学生空姐"被中国国际航空公司录用,从此开启了应届毕业生的招聘;

1990年以后,"空姐"这一靓丽的职业形象迅速走俏,逐渐演变成最残酷的竞争职业。

……

据中国民航局信息中心2020年发布的关于《2019年中国民航乘务员发展统计报告》中显示,截至2019年底,共有108955名乘务员任职于我国各大航空公司,比2018年底总数增加5257人。从国籍看,中国籍乘务员占我国运输航空公司乘务员总数的99.16%,其中,0.37%为港澳台同胞。截至2019年底,外籍乘务员数量占据前三位的仍然是韩国、日本和泰国,分别占外籍乘务员总数的46.08%、15.80%和7.52%。并且少数民族乘务员比例略有上升。男乘务人员逐步迈进空乘者的队伍中,至2019年与女乘务人员的比例已达1∶3,男乘务人员的加入,必定会为航班上的安全服务进一步筑牢空中防线。

## 六、民航面试中常见的一些问题

下面列举一些面试中的常见问题,供大家参考。

(1)请你作个自我介绍?

(2)为什么想做一名空乘,有何具体的想法?

(3)为什么选择我们公司?

(4)你认为空乘人员需要具备哪些方面的素质?

（5）你平时的兴趣爱好是什么？
（6）你认为什么是优质服务，请举例说明？
（7）假如有人对你产生了误会，你会怎么办？
（8）如果两名旅客在吵架，你会怎样劝阻？
（9）有小孩哭闹打扰到别的旅客，你该如何做？
（10）经济舱旅客坐在头等舱，你如何将其劝回到原来的座位上？
（11）列举你所知道的特殊旅客，会怎么帮助他们？
（12）有旅客晕机你会如何处理？
（13）对醉酒旅客怎样处置？
（14）因航班延误旅客向你提意见，该怎么办？
（15）工作中，你有哪些能预见的困难？
（16）假如有人要电话号码搭讪，你该怎么办？
（17）有旅客想邀请你结伴旅行，你会如何做？
（18）介绍一下你的家庭情况？
（19）父母对你的工作选择支持吗，他们有何看法？
（20）请介绍一下自己家乡的情况？
（21）请用三个词概括自己的性格？
（22）谈谈自己有哪方面的优缺点，如何克服缺点？
（23）认为自己是最优秀的吗？
（24）你认为怎样才能做好一名空乘？
（25）最喜欢的一本书（或者一部电影，一部电视剧），为什么？
（26）叙述一件让你感到最快乐的事？
（27）谈谈你最值得骄傲的一件事？
（28）描述一件有效利用事实说服他人的实例？
（29）讲一件你在生活学习中获得成功的例子？
（30）平时看电视吗？你最欣赏哪种类型的主持风格？
（31）希望做一名空乘最看重哪些方面？
（32）介绍一下学校里的社团组织，你参加了哪些？
（33）参加社团活动，会影响到你的学习吗？
（34）请你介绍目前就读学校的一些情况？
（35）你认为自己在学校受欢迎吗？
（36）业余时间你会做些什么？
（37）面试准备重要吗，面试前你该做哪些准备？
（38）对××航空公司的情况你了解多少？
（39）你是通过哪些渠道得到××航空公司面试信息的？
（40）你对自己的这场面试有信心吗？
（41）如果这次没有被录取，你还会参加本公司的面试吗？
（42）空乘人员都是吃青春饭的吗？
（43）对"吃苦耐劳"你是如何理解的？
（44）谈谈你对"换位思考"的理解？

（45）如何看待空乘人员的角色转变？
（46）你对空乘服务有哪些具体的认知？
（47）你认为空乘工作适合自己吗？
（48）请描述一下你印象中的××城市是什么样子的？
（49）请介绍一下你喜欢的城市、美食和名胜古迹？
（50）谈谈你对空乘服务的理解，什么是优质服务？
（51）为什么选择空乘这份职业？
（52）我们为什么要录用你？
（53）为什么想要加入×航？
（54）你希望×航能给你带来什么？
（55）你觉得作为一名优秀乘务员应该具备怎样的素质？
（56）生活中你是怎样的一个人？
（57）你身边的好朋友多吗？
（58）你平时喜欢生气吗？如果有人故意惹你生气，你该怎么办？
（59）谈谈你对本次应聘乘务工作的真实想法？
（60）飞机上有人想要两条毛毯，如果没有多余的毛毯，该怎样做？
（61）假如飞机上有旅客声音太大，影响到了周围旅客的休息，你会如何处理？
……

# 第四节　面试中的情景环节

情景环节，也是民航面试流程中比较关键的一个环节，航空公司的招聘考核几乎都不太会绕过这部分的面试内容，这个环节主要是考查应聘者的团队合作意识、思维反应、表达能力、语言组织、沟通方式、形象举止及参与意愿等素质条件。在这一节中，着重阐述情景环节中的无领导小组讨论及话题辩论两部分的内容，强化此环节中的认知要点。

## 一、情景环节中的无领导小组讨论

### 1.了解无领导小组讨论

（1）对无领导小组讨论面试的认知　情景面试环节中的无领导小组讨论，指在面试中考官根据现场人员的具体情况，把应试者组成一个临时小组（一般按照6～10人组成一个小组），讨论给出的问题，并做出最终决策。无领导小组讨论，也是使用评价技术进行人才素质测评的一种面试考核方式，不仅用于国家公务员的招考面试中，在国内外的航空公司招聘新员工的考核中也经常用到。由于这个小组是临时拼凑的，并不指定谁是负责人，目的就在于考查应试者的表现，看谁能从中脱颖而出，因而被称为无领导小组，但通过面试的人不一定就是无领导小组产生的领导者。

（2）无领导小组讨论的面试形式　无领导小组讨论的面试形式：临时小组的应试者，在面试现场围坐成一个"U"字形，在给定问题的讨论中，面试官坐在离候选人一定距离的地方，不参加任何的提问或话题讨论，只是通过默默观察和倾听，为现场的每一位考生进行评分。

（3）无领导小组讨论的面试内容　无领导小组讨论的面试内容，通常是根据一个具体的题目，面试官要求小组成员进行自由讨论。比如关于人生价值、职业选择、饮食营养、健康锻炼、社会现象、问题处置、出行旅游等的话题类型，进行分析讨论，给出小组确定的结果方案。

（4）无领导小组讨论的基本规则　无领导小组讨论的基本规则是：3分钟阅题时间，每个人1分钟自我观点陈述，5分钟讨论，最后由小组长（临时小组的领导）进行总结发言。

在这轮的面试考核环节中，值得关注的一点，就是团队成员之间的配合与协作能力。所以在座的每位应试者都是团队中的一员，切不可把同组的小伙伴当成是自己的竞争者，而应当成是并肩作战的队友，在彼此的合作中尽量把自己最好的一面展现给面试官。而到了这个面试环节，淘汰率会比之前低很多，实际上，能走到这个环节的都是非常不错的，只需要再向前努力一点点，或许梦想就可以变为现实，取得成功。

### 2.无领导小组讨论的面试角色及技法

（1）找到合适自己的角色　无领导小组讨论的面试场景（图2-9），其最大的特点就是"无领导"，也就是不指定身份角色，全靠小组成员自己商讨决定。一般无领导小组讨论的面试中有四种角色扮演：

图2-9　无领导小组讨论的面试场景

A角色是负责时间的掌握；
B角色是针对小组内的讨论进行相应的记录；
C角色是一个领导者，负责最后的总结陈述；
D角色是指其他的成员，参与问题的相关讨论。

分工明确后，大家可以针对题目提出自己的建议，并在组内进行讨论。不同的角色对能力的要求是不一样的，比如领导者需要的首先就是领导能力，这个时候，就要根据自己的性格特点，选择最适合自己的角色。其实选择好适合自己的角色，基本上也就成功了一半。因此在参加面试之前，必须要思考清楚一件事情，就是自己的优势在哪里？劣势在哪里？并不是小组中的"leader"就是最好的，大家可以根据自己的实际能力进行角色的匹配与扮演。

（2）小组讨论的面试技法

① 领导者，一般情况下是最受面试官关注的，当然也是难度最大、最具挑战性的一个角色，做得好会很出众，做不好的话又会暴露出很多缺点。如果组织领导能力确实不够，还有可能给面试官留下抢风头的不好印象，甚至会把整个小组带偏，直接被淘汰，所以，如果自己的能力不是很出众，领导者这个角色建议慎选。

② 领导者，是小组成员的核心人物，在讨论的过程中必然要多关注记录者的笔记，多注意总结大家所说的话。如果看到冷场的时候，要及时推动小组的讨论走下去，有剩余的时间要想出讨论的提议，突出组织和协调能力，时刻关注将要进行的总结性发言。

③ 在面试中往往会出现这样的现象：小组中的领导（"leader"），在最后展示总结的时候，一直低着头，讲话的声音也不大，显得很不自信；有的小组领导者，在讲话时结结巴巴，浪费机会和时间；甚至有的小组领导者在发言时面红耳赤，脸上直冒汗。其实，在小组讨论中，觉得自己发言没把握的话，不妨就把小组的总结机会让给组里表现优秀的人员，可以这样说"我觉得你的表达思路清晰，不如你来进行总结吧"。

④ 对发言者的推选，不仅显得你很诚实和大度，也是领导才能的一种表现，而且说出自己的缺点反而是个加分的地方，表现出了你能客观地认识自己的不足，不好高骛远，其实表扬他人同样展示了你有欣赏他人的能力。实际上，领导力并不代表你本身要多么优秀，而是你拥有领导者的眼光，可以看到组员有哪些优点并为你所用，既表现了你很会用人，也体现了说服力和诚恳态度。你展示出了足够的优点，面试官怎么可能不欣赏你呢。

⑤ 时间控制者，还是比较容易出彩的，在小组的作用不可小看，这个角色把控着讨论环节的时间，需要及时地提醒或者推动小组讨论的进行。在面试官给出问题及说完规则之后，你想表现得好，可以抓紧厘清整个过程大致需要几个环节，每个环节需要用时多少，然后先声夺人抢到这个角色。比如可以说："我们需要讨论的是××问题，我认为我们可以把整个讨论过程分成以下几个环节，首先大家先花三分钟思考，然后每人一分钟的时间分享自己的想法，然后我们可以用10分钟时间讨论，补充一下，得到一个大家都认可的完美的方案，最后我们留出2分钟的时间总结陈述……"在大家还没有反应过来的时候，这一番话就会很自然地把整个小组的讨论方向引导起来，领导力也立马体现出来了。需要注意的是：在讨论的过程中，一定不要忘记自己的职责，控制好时间（记得戴手表）。

### 3.讨论中的具体要求

（1）把控时间，推进环节　在小组成员进行讨论的时候，要注意事先安排好的时间，时间控制者要在面试官面前时不时地看一下表，假如讨论时长超过预定的时间，一定要果断打断进入下一个讨论环节，这样，小组的时间观念和果断执行原则，就能够很好地展现出来。

（2）作好记录，理清思路　小组中的记录者并不只是低头做笔记，如果想表现出色，在参与讨论时思维反应快速清晰，并且能够有条不紊地把小组对于问题的理解思路记录下来，还要随时记录成员们具有闪光点的一些想法，字体书写工整、流利，还能够游刃有余地用精炼的语句概括讨论思路。

（3）踊跃讨论，观点鲜明　在小组中进行讨论的其他成员，基本上都是在问题讨论中点子的贡献者，要求在表达自己的讨论观点和发表意见时，最好要做到积极踊跃，观点鲜明，表达清晰，避免重复前面大家已经说过的话，如果自己有更加深刻的观点或想法时，可以大胆地说出来，肯定也会得到大家的认可，尤其是面试官的认同。

（4）关注团队，照顾全面　因为小组成员人数比较多（接近10个人），大家讨论开始后，可能会有个别的成员插不上话，如果在这个时候你勇敢地站出来说："大家都说得很有针对性，我看这位（××号）同学还没有发表自己的观点，不如让我们来听一下他（她）的想法吧。"这样一个简单的引导，既照顾了一直插不上话的那位成员，又体现了你对于团队整体氛围的协调，也向面试官展示出了细心和高情商，会是加分的一个亮点。

（5）注意配合，共同面对　不管担任什么角色，大家不用怕风头被谁抢走了，乘务员这个岗位在航班上，是团队合作关系，互相补位，为什么很多人喜欢这个工作，大家没有太多私心和利益冲突，有困难或者突发情况，在乘务长的带领下群策群力，共同面对，面试官要考查的是团队合作精神、组织能力、随机应变能力、抗压能力、沟通能力以及情商和个人素质。

（6）言语有度，注意方式　适当保持沉默未必是坏事。可能很多人对于无领导小组面试存在一定的理解误区，认为自己说的话越多越好，所以就一直在表达自己的观点，只求说的多，却忽略了发言的质量。在无领导小组面试中，当然积极发言是必不可少的，但是如果不能保证自己的发言是有一定含金量的，那么一味地争抢发言机会只会更多地暴露缺点，甚至还可能拉低整个小组的平均成绩，连累其他人。所以，如果自己偶尔没有了比较精彩的想法，也可以适当保持沉默。

**4. 无领导小组讨论的特点**

情景面试环节中的无领导小组讨论与问题辩论等其他形式的话题的区别，就在于它的求同存异，而不是互相之间的争执。面试官考查的也不仅仅是应试人员的思维口才和激辩能力，在乎的也不仅仅是谁的观点占据主导地位，而是在整个讨论过程中，始终会关注到小组成员在举手投足之间体现出的综合素质和涵养风度。周全细腻的关怀心理和团队意识，顾全大局，举止有度的亲和力，则是面试考核的重点，不要忘了这是航空公司最看重的素质条件。

例如，在一个无领导小组讨论环节中曾经出现过的一道面试真题：各位结合刚才讲的内容，去思考一下你在无领导小组讨论考核中如何找到适合的角色，争取成功突围？从中并不难知道，就算观点跟大家不同，也不用去争个面红耳赤。一方面，这样的情况真的没必要，另一方面也会暴露出自己的低情商，虽然面试的结果很重要，但是针锋相对甚至撕破脸也大可不必，并且，如果真的有人在面试过程中一直对自己的小组成员针锋相对，那么其面试成功的概率应该不会太大。

站在应试者的角度上看，那些表现出来强势和生硬的言辞在无领导小组讨论中是绝对要忌讳的，很容易招致面试官和其他组员的反感。面试时，如果遇到有反驳的情况出现时，要知道自己的讨论内容有硬伤，就应该老实地承认，然后进行下一个话题比较好。否则死要面子活受罪，若仍然坚持错误不放，除了让别人认为你固执，再没有别的好处了。

### 5. 无领导小组讨论的评分标准

如何在无领导小组讨论的环节中实现成功突围，是每一位应聘面试人员的心愿，基于此种原因，在这里参考借鉴一下小组讨论环节中的评分标准，从面试考查中的对应考核点处，来提升自己在这个面试环节中的认知度以及必要的做法。

评分标准一：根据考生参与有效发言次数的多少进行评分。首先应试者要积极踊跃地发言，阐述自己的观点和内容，要有发言的次数作保证。坦白而言，不能只坐在座位上一言不发，如果这样就想引起面试官的注意是不大可能的，做沉默的羔羊第一个被淘汰的就是你。

可能有些人在面试刚刚开始的时候不知道说什么，或者对于讨论的话题不知如何找到切入点，即便如此，也要试着发言。假如在小组的讨论中一言不发，考官对面试者的表现无从知晓，很有可能最早被淘汰。也有面试者，生怕自己说错了给考官留下不好的印象，从头到尾就不说话，一直沉默不语，结果最先被淘汰的就是这些不吱声的人。

如果真的不知道自己应该说什么，可以先听听别人的发言内容，俗称"随大流"，认真倾听并记录下他们的表达观点，再根据他们的观点迅速思考，形成自己的表达观点。再者，可以找不足，就是在你前面发言的人一定会有一些明显的理论上的漏洞，你可以耐心、友好地指出来，面试官也一定会给你加分的。

评分标准二：敢于发表不同的意见。想在无领导小组讨论中脱颖而出，靠的不仅仅是发言次数的多少，还需要发言与别人的观点有所不同，在内容上更具有新意和说服力，能够让其他人信服，根据别人的意见不断完善自己的观点，同时懂得适可而止。考生在自由讨论过程中要敢于说出自己的观点，阐述自己的观点，列举出充分的理由来说服其他人赞同并支持自己的观点，利用别人的观点内容，不断地完善自己的观点。但是，注意不能过于固执，要关注考场形势。

不知道说什么怎么办？在其他人已经达成共识的情况下，还是一味地坚持自己的观点，这样的选择是很不明智的，最终只会让考官觉得你是一个固执、没有大局观的人，这样的人不会是用人单位想要的人。

评分标准三：倾听别人的意见、尊重别人。在无领导小组讨论的面试环节中，切忌侵犯他人发言权，因为无领导小组讨论区别于辩论和吵架，它是求同存异，因此面试考查的不仅仅是考生的口才、思维，考官在乎的也不仅仅是谁的观点占据主导地位，他们同样会关注考生举手投足之间体现出的综合素质和涵养风度。亲和力就是考核的重点。

评分标准四：语言表达能力、分析能力。概括、归纳和总结不同意见的发言能力，主动性，以及问题反应的灵敏性等，还有在无领导小组讨论的过程中，一定要注意语言的逻辑性，分析的过程要有充分的依据和参考标准。不管是个人阐述，还是自由讨论，语言内容即使存在雷同也要追求措辞上的变化。如果有人对你表现出敌意，建议考生将话题向深度进展下去。在面对不同意见时，一定要反应灵敏，根据观点进行引导。

### 6. 小组讨论的注意事项

（1）讲求言词平和　有的考生在小组讨论中，言辞过于犀利，甚至毫无根据地攻击他人，直到自己能把别人攻击得体无完肤方肯罢休。其实大可不必这样，一个人无论是在职场还是在考场，如果不懂得给别人留面子，或者是肆意陷害和攻击他人，很有可能就是首先被淘汰的那个人。因为航空公司需要的是有德才之人，在有才和有德之间，会首先考虑选择有德。

（2）应对"麦霸"行为　在无领导小组讨论中，时常也会有这种情况出现，比如"麦霸"，根本不知道要给别人机会，只顾自己滔滔不绝地说。有时会遇到这样的考生，确实他（她）的知识面广博，观点突出，逻辑清晰，但当你碰到这类的强者该怎么办呢？你就只管好好做笔记就好了，然后对他（她）的观点进行补充。当你发言的时候，如果涉及了别人谈话的内容，你可以说××同学刚才说，这样可以代表你在认真听别人说话，体现了倾听能力。

（3）寻找发言机会　在小组讨论中，很可能还会出现另外一种"麦霸"行为，就是属于无逻辑地乱说一通，毫无章法和层次，对于这样的考生可以礼貌地适当打断，给自己争取一个发言的机会。比方说"我觉得你说的有一定的道理，但是关于这个问题，我有一些其他的想法……"这样的话，既尊重别人，又表达了自己的想法，还体现了高情商。

（4）保持良好形象　在无领导小组讨论的面试环节中，还要注意个人的良好形象，避免不雅观的行为，尤其是在面试考核中，有面试考官在现场的时候，更要注意保持良好的言行举止。例如：揉眼睛、伸懒腰、挖耳朵、掏鼻孔、摆弄手指、活动手腕、用手指他人的鼻尖、双手插在衣袋里、抱着膝盖摇晃等这些举动，都会让考官感觉你在面试中心不在焉，或者抱着傲慢无礼的不屑态度。另外，说话声音过大、蛮横霸道的举止行为也要避免和克服。

（5）适度表现自己　小组讨论的问题是由考官提供的，问题内容很广泛，有社会热点问题，也有跟航空有关的问题，如劫机、恐怖袭击等。由于面试官就在旁边进行观察，所以不能表现得太过安静，也不能表现得过于强势，不能老是自己一个人在那里说，只要在讨论中突出个人的能力就好了。如果觉得自己能行，讨论好后的总结发言，如果是小组推选一个人出来发言的话，可以争取这个机会，没有把握也不要强求，弄不好反而会在考官面前暴露自己的弱点。在这个面试环节中表现好的话，考官会让你留下来问一些问题。

总之，无领导小组面试，要求每一个应试者在短时间内理清复杂的问题思路、有条理地阐明自己的想法、总结补充其他人的观点等。想要在小组讨论的过程中脱颖而出，的确也是一个不小的挑战，因此，要在这一关拿到面试的高分，平时就要有意识地去锻炼自己这些方面的能力，培养自己深入剖析问题的良好习惯，对社会现象多加关注，要有自己的认知。

无领导小组讨论的面试环节，不仅是在外航的面试中经常出现，一些内航的面试中也会时常涉及，小组讨论的项目也是民航面试中非常重要的一个环节，主要考查应试者个人的交际交往能力、合作态度，以及建立在此基础之上的性格与行为因素。所以团队合作始终是小组讨论面试中的理想基石，用人单位需要的也是一个能够进行团队合作的员工形象。

## 二、情景环节中的话题辩论

### 1. 关于话题辩论

在情景内容的面试环节中，关于话题讨论的考核方式，除了上述讲解的无领导小组讨论，还有话题辩论的情景模式。在话题辩论中，通常见到的题目比较接近现实现象，比如与应聘相关的问题，以及生活中的整容、减肥、社会现象、伦理道德等方面的话题内容。

与无领导小组讨论的情景方式有所不同，话题辩论式的情况模拟需要具有缜密的逻辑思维，态度明确，言辞尖锐。把两者归纳起来进行比较可知，不同的是，前者是统一观点，接纳意见，最后得出相同的观点结论，总结发言；而后者是双方各持己见，通过对问题的观点辩论，得出相应的己方意见与结论，持有对立观点的双方各自进行发言总结。而相同的是，都需要掌控好考核的限制时间，并且关注到每个小组成员的参与表现，都要积极而主动地发表个人的观点意见，支持己方小组成员的观点。

### 2. 话题辩论的方式

一般情景面试的环节会放在综合复试程序中，在笔试或机考前后进行，前面的面试考核都通过了，更要把握好在这一环节中的个人表现。

具体的话题辩论方式是，面试官会给出小组成员一个辩论题目，然后将小组成员一分为二，一边为正方，一边为反方，交叉进行此话题的辩论。比如对方小组成员说出个人的观点后，己方小组成员必须立即给予观点的意见反驳，依此类推，双方组员间交替进行辩驳。

此类型的面试方式，还是有一定的难度的，因为你根本不知道前一个人要说的观点和内容是什么，马上要找出自己的反驳意见，并且要有理有据。所以在对方成员发表辩论意见时，己方组员必须认真倾听，明白话语表达的内涵，迅速地领会其意并找到有力的反驳点，回击对方。

### 3. 话题辩论注意事项

在话题辩论的面试环节中，还需要注意如下几点事项。

一是关注个人在问题辩论过程中的语言表达方式，不仅表达观点鲜明，内容条理清楚，而且是要针对前一个人观点的辩论意见；

二是在表达语气上，不能显得过于生硬，好像是在和对方吵架似的，不够雅观；

三是更不能出现咄咄逼人的架势，看起来具有可怕的攻击性，有可能会伤害到对方；

四是在表达自己的观点时，只要找准对方的要害，把自己对立的观点说出来就可以了，简洁明了，论点充分，注意礼貌形象；

五是不能过多地占用面试设定的有限时间，影响到其他组员的发言机会。

其实，在这一环节的面试中，并不是话说得越多就显得能力越强，反而是言多必有失，假如说不到点子上，偏离需要的观点表达，话说得再多也没有用。而这时，面试官会在旁边观测和考评每一位应试者的言谈举止，无理取闹的表现或不正确的表达方式，都难以得到想要的肯定和高分评判。另外，还应该知道的是，能进入此环节的应试者，都是面试人员中的佼佼者，需要耐心而细致地把握好接下来的过程表现，再接再厉取得良好的面试成绩。

### 4. 话题辩论中常见的一些问题示例

举几个话题辩论中的常见问题，供练习参考。

① 你觉得年轻人应该学习西方文化吗？
② 你认为网红频出需要有法律的监管吗？
③ 小孩应该读兴趣班吗？
④ 父母应该送高中生出国留学吗？
⑤ 年轻人需要跟随时代潮流吗？
⑥ 比较实体购物和网购，哪一个更好？
⑦ 一个人的兴趣爱好是必须的吗？

⑧ 你觉得整容好还是不好？
⑨ 应该庆祝西方节日还是不应该？
⑩ 你认为大学生应该更注重实践还是书本知识？
⑪ 精神和物质方面的获得哪个更重要？
⑫ 电子图书将取代纸质书籍，或是不会取代？
⑬ 年轻人需要具有传统文化修养吗？
⑭ 选择留在大城市好还是小城市好？
⑮ 是做让自己喜欢的人，还是做让别人喜欢的人？
……

### 三、无领导小组讨论和话题辩论的关注要点

以上两个不同的面试环节，虽然都属于情景类的面试内容，但也有明显的区别之处，必须要分清各自的面试要求，掌握问题讨论中的原则和细节。因为，即使是自始至终都不会有任何面试官参与，也不会特别指派固定哪一个角色，但考官这时会一直默默地在一旁进行有目的性的考查，对每位小组成员（应试者）的综合表现，用考核的标准来丈量符合度。

其实，在这个面试环节中，考官主要是考核或者说更希望看到的是，通过随机抽取的一组应试人员，在临时组建的团体中，为了团体的荣誉需要，拉近或消除个体间的距离，快速地接纳与认可对方，有彼此间的互相配合、互相补充、互相支持、互相提醒和互相帮助等，最后通过大家的齐心协力找到圆满解决问题的答案和意见，创造出意想不到的结果和奇迹。以观察、测试应试者个体表现出来的团队协作能力、大局观、集体荣誉感、服从意愿、奉献心理，情绪稳定性、人际关系处理、说服力、以及思维反应、沟通表达能力等必要素养。

无论是小组讨论式的角色扮演，还是辩论式的情景模拟面试环节，应试者都应当关注个人在现场的姿势神态、言语表达及交流情形、非语言沟通能力（如面部表情、语速、口气、手势及情绪状态）等情况，这也是航空公司设置这一面试环节所要考查的要点，关乎是否达到航空公司对招收应聘人才的考核要求，也是面试官综合评价应试者之间的差异，哪些人更符合公司的选拔标准。通过这轮面试考核的应试人员，将进入终审面试的环节。

## 第五节　国内航空公司应聘面试了解

国内航空公司的面试流程也并非是一成不变的，同一家航空公司也可能会因为招聘人才的时间、工作地有所不同，而设置与安排不同内容或环节的面试程序，有可能增加一些具体的面试内容或改变面试中的一部分环节，使之招收的人才符合公司需要，满足岗位工作需要。

为了更客观地阐述民航面试，关注面试环节，在此介绍一些国内航空公司应聘面试

情况，供学习参考，具体的应聘面试条件及相关要求，以各航空公司当时发布的招聘信息为准。

# 一、国内航空公司介绍

## （一）中国国际航空股份有限公司

### 1. 国航介绍

图2-10　中国国际航空公司航徽

中国国际航空股份有限公司（简称"国航"），英文名称为："Air China Limited"，简称"Air China"，成立于1988年，IATA代码为CA，公司标志为凤凰（图2-10），总部在中国首都北京。国航是中国唯一载国旗飞行的民用航空公司以及世界最大的航空联盟——星空联盟（Star Alliance）成员。国航现拥有近7000人的空中乘务队伍，其中还有日籍、韩籍、德籍等外籍人员，国内外的空乘人员汇聚国航，为旅客提供放心、顺心、舒心、动心的和谐旅程服务，截至2020年12月，"凤凰知音"会员已达6817.66万人。同时，国航承担着国家领导人出国访问的专机任务，也承担着许多外国元首和政府首脑在国内的专包机任务。2020年国航连续第14年被世界品牌实验室评为"世界品牌500强"，是中国民航唯一一家进入"世界品牌500强"的企业。同时，连续14年获得了"中国品牌年度大奖NO.1（航空服务行业）"和"中国年度文化品牌大奖"。国航客机如图2-11所示。

图2-11　国航客机

### 2. 应聘关注

国航总部位于中华人民共和国首都北京，这里也是全国的政治与文化中心，是党中央和中央人民政府的办公所在地，北京是中国四大文明古都之一，有着无比深厚的文化底蕴和传统积淀，散发着厚重与承载，包容与蓄纳的自然韵味，因此属地的国航乘务员也有着雅静的气质条件和端庄大方的形象魅力，与国航的服务品质及蜚声赞誉相得益彰。

通常情况下，国航每年大约发布1～2次招聘信息，为春季和秋季招聘，应聘人员投递简历之前，必须认真、仔细地填写报名信息，提交后不得再修改。国航是中国民航运输业的第一品牌，参加国航面试的人员比较多，每次在500人左右，因而竞争也会十分激烈，面试条件与选拔标准比较严格。如果有应聘国航的想法，建议及早做好各方面的面试准备。应聘国航的在校生，应、往届毕业生，还应关注如下几点事项。

（1）校园招聘报名，选取一类职位提交一次简历即可，国航根据应聘者的基本情况、面试表现以及公司岗位需求，对新招入职人员统一进行调剂与分配。

（2）新员工入职后，将接受国航安排的入职培训，并且有专门的带教导师进行相关的指导训练，内容包括对公司的发展历史、文化理念和价值观的了解，掌握合格的职业技能。

（3）通常情况下，新入职员工会在国航有一年左右的轮岗、锻炼见习期，在第一年的岗位见习期结束后，再确定新员工的岗位聘用。

### 3. 国航系相关公司

深圳航空有限责任公司、山东航空集团有限公司、大连航空有限责任公司、西藏航空有限公司、北京航空有限责任公司、澳门航空股份有限公司、中国国际航空内蒙古有限公司，以及天津、浙江、重庆、上海、湖北、贵州、西南分公司等。

## （二）中国东方航空集团有限公司

### 1. 东航介绍

中国东方航空集团有限公司（简称"东航"），英文名称为"China Eastern Airlines"，成立于1988年，IATA代码为MU，天合联盟（SKYTEAM）成员，公司标志为燕子（图2-12），总部在上海。东航是中国三大国有骨干航空公司之一，是首家在纽约、香港、上海三地挂牌上市的中国航企。目前，东航的航线网络通达全球170多个国家和地区，每年运输全球旅客超过1.3亿人次，旅客运输量位列全球前十。截至2020年底东航机队规模达730余架，是全球规模航企中最年轻的机队之一，并拥有中国规模最大、商

图2-12　东航航徽

业和技术模式领先的互联网宽体机队。东航连续9年获评全球品牌传播集团WPP"最具价值中国品牌"前100强，连续4年入选英国著名品牌评级机构Brand Finance "全球最具价值品牌500强"；连续2年获评中国企业海外形象高峰论坛"中国企业海外形象20强"。东航客机如图2-13所示。

图2-13　东航客机

### 2.应聘关注

东航总部位于中国共产党的诞生地——上海,其也是中国首批沿海开放城市、国家历史文化名城,上海被人们称为"东方巴黎",东航乘务员也有着知性大方、优雅靓丽的形象气质。通常情况下,东航会有春季、夏季、秋季和校园招聘,应聘东航应注意如下事项。

(1)全日制(已毕业、未毕业)与非全日制应聘者的学历、学籍不同要求的资质材料,以及各类英语等级证书。按面试中的规格要求携带苹果耳机。

(2)未按通知要求参加体检、培训的人员,公司将视为应聘者本人自动放弃,不予录用。

(3)入职东航的人员,通常需要接受三个月左右的培训学习,经培训考核合格后,获得岗位所需要的相关证照,由东航统一分配。

### 3.东航系相关公司

上海航空股份有限公司、中国联合航空有限公司、中国东方航空云南有限公司、中国东方航空江苏有限公司、中国东方航空公司武汉有限责任公司等。

## (三)中国南方航空股份有限公司

### 1.南航介绍

图2-14 南航航徽

中国南方航空股份有限公司(简称"南航"),英文名称为"China Southern Airlines",成立于1995年,IATA代码为CZ,公司标志为红色木棉花(图2-14),总部设在广东省广州市。南航是中国运输飞机最多、航线网络最发达、年客运量最大的航空公司,在新加坡、纽约、巴黎等地设有54个境外营业部。2020年南航年旅客运输量居亚洲第一、世界第二,截至2019年12月,南航运营客货运输飞机超过860架,是全球首批运营空客A380的航空公司。2019年和2020年,南航旅客运输量分别为1.52亿人次和0.97亿人次,连续多年居国内各航空公司之首。2020年,南航获评Brand Finance"全球最有价值的50个航空公司"第7名,2019年中央广播电视总台中国品牌强国盛典"榜样100品牌"。

### 2.应聘关注

南航公司总部位于海上丝绸之路的起点——广州市,也是国家中心城市和超大城市,广州被国务院定位为国际大都市及国际商贸中心,南航空姐也来自四面八方,其中有不少外籍人员,分别来自法国、荷兰、澳大利亚、马来西亚等国家的外籍空乘,相信南航中国乘务员的热情大方和甜美微笑也会感染到每一位来穗城的外国宾客。南航有社会招聘、校园招聘,普通乘务员及明珠乘务员的招聘,应聘南航注意以下事项。

(1)英语及小语种类的专业成绩与等级要求。

(2)在报名时务必准确地填写信息,有利于简历的审核通过;英语等级信息真实有效,对于信息不实的应聘人员,公司将不予录用。

（3）男生一般需要获得双照，通过乘务员面试和安全员体能考核测试。体能考核其中一项不达标者总成绩不及格，测试不及格者可以补考一次。

（4）新乘入职南航，需要接受为期2～3个月的岗前培训，其中还包括游泳训练考核课程，如果之前没有游泳基础的人员，应聘南航建议提前学习游泳。

（5）面试方式：网上报名、资质审核、通知面试（邮件、短信）、形象初试、复试（素质测评、答疑、英语口语测试等）、考试（机考英语）等一些环节。

图2-15为南航空乘人员。

### 3.南航系相关公司

图2-15　南航空乘人员

厦门航空有限公司、珠海航空有限公司、中国南方航空（集团）贵州航空有限责任公司、重庆航空有限责任公司、中国南方航空河南航空有限公司、中国南方航空新疆分公司、中国南方航空股份有限公司北方分公司、中国南方航空股份有限公司北京分公司等。

## （四）海南航空控股股份有限公司

### 1.海南航空介绍

海南航空控股股份有限公司（简称"海航"），英文名称为"Hainan Airlines"，成立于1993年，IATA代码为HU，标志为"大鹏金翅鸟"化形（图2-16），总部设在海南省海口市。2020年海南航空及旗下控股子公司共运营国内

图2-16　海南航空航徽

外航线近1800条，其中国内航线1500余条（含港澳台航线14条），国际航线266条，航线覆盖亚洲、欧洲、北美洲、南美洲和大洋洲，通航境外86个城市。海南航空连续十年蝉联"SKYTRAX五星航空公司"荣誉并保持全球十佳航空公司排名第七，成为中国内地唯一入围并蝉联该项荣誉的航空公司。

### 2.应聘关注

海航总部位于国家"一带一路"战略支点城市海口，海口属于北部湾城市群中心城市，拥有"中国魅力城市"的美誉，海口的椰汁甜蜜，椰风迷人，相信随着国家大力推进"海南自贸区"建设以及众多落地政策的实施，海航的空乘人员同样会以姣美的面容和秀雅的气质，迎接到海南旅游、贸易的国内外宾客，为椰城增光添彩。应聘海航应关注如下事项。

（1）毕业证、学位证要求，境外学历须提供教育部留学服务中心的认证件。

（2）应聘者参与面试初选，一年内每人不得超过3次。

（3）现场投递简历时须上传电子版证件照。

（4）成熟乘务人员及海航集团地转空人员无须参加初选和复选，直接进入终选。

（5）面试方式：通过预报名、投简历（现场扫码）、初选、初检、英语测试、复选、终选、体检、政审、资质核查等一系列的环节程序。

图2-17为海航面试场景。

图2-17　海航面试场景

### 3.海航系相关公司

北京首都航空有限公司、天津航空有限责任公司、福州航空有限责任公司、香港航空有限公司、云南祥鹏航空有限责任公司、西部航空有限责任公司、长安航空有限责任公司、金鹏航空股份有限公司、广西北部湾航空有限责任公司、乌鲁木齐航空有限责任公司、桂林航空有限公司等。

## 二、国内其他航空公司

国内其他航空公司有：河北航空有限公司、江西航空投资有限公司、湖南航空股份有限公司、华夏航空股份有限公司、青岛航空股份有限公司、春秋航空股份有限公司、昆明航空有限公司、中国联合航空有限公司、多彩贵州航空有限公司、云南红土航空股份有限公司、奥凯航空有限公司、东海航空有限公司、浙江长龙航空有限公司、幸福航空有限责任公司、九元航空有限公司、瑞丽航空有限公司、重庆航空有限责任公司、上海吉祥航空股份有限公司……

## 向英雄机长致敬

2018年5月14日，川航3U8633航班6时27分从重庆江北国际机场起飞，机长刘传健执飞重庆-拉萨班次，当航班升到9800米高度，在成都地区巡航阶段，机组发现飞机右侧内挡玻璃出现裂纹，随后右风挡玻璃破裂。马上就会面临着失压、缺氧、强气流、极低温、部分仪器仪表失灵等复杂情况，十分危险。这时在机长刘传健的负责和指挥下，采取正确的处置方法，全手动操纵飞机飞越高原、险山地形，最终在全体机组人员（包括乘务组）临危不乱与有序配合下，飞机于07:46分安全备降成都双流国际机场。由于当时飞机上噪音大，无法建立与地面的无线电联系，机组用应答机发出特情代码7700，表示"飞机在空中出现紧急状况"。同时，机组立即按照相关处置程序，下降高度，减速，客舱内氧气面罩脱落，机上全体乘员戴上氧气面罩，乘务组进行广播和安抚客舱秩序。机上119名旅客和9名机组人员的生命安全得到了安全保障，同时也创造了航空史上的一项惊人奇迹，被载入民航史册。

刘传健表示："我能够成功处置，离不开平时严苛的训练和我们民航管理体系这么多年来对我的培养，让我在这个体系里逐渐成长，让我逐渐具备应对这种特情的处置能力……"据他介绍："我的成长过程，就是从一名学员到一名副驾驶，从一名机长到一名飞行教员。"刘传健还说，可能有人会这样认为：飞行员穿着制服，提着飞行箱，每天在飞机巡航以后，一边喝着咖啡、喝着茶就到达目的地了。其实不然，作为一名飞行员，有一句话这样说，"飞行员飞行一辈子，学习一辈子，被考核一辈子"，飞行员每年都在接受各种考核和培训，比如副驾驶的升级、机长的升级、教员的考试等。

2018年9月30日，中共中央总书记、国家主席、中央军委主席习近平，专门邀请四川航空"中国民航英雄机组"全体成员参加庆祝中华人民共和国成立69周年招待会；2019年2月18日，刘传健获得"感动中国2018年度人物"荣誉；2019年10月1日，乘坐"英模代表"花车，参加了庆祝中华人民共和国成立70周年庆祝活动……英雄机长刘传健的感人故事还被拍成了电影《中国机长》（The Captain），英雄形象将永远成为感动记忆。

——摘自中宣部英雄机长座谈会及相关报道

## 三、国内航空公司面试关注环节

### （一）面试环节关注

#### 1. 形象初试

形象初试的环节也是整个面试流程中最为关键的一步，一招失误则全局皆败，然而能够通过初试海选这一关的应聘人员，不仅自身拥有符合的招收条件，而且更需要在面试中的突出表现，还有良好的水平发挥。在形象初试的环节要做好如下的关注内容。

（1）关注面试航空公司的形象初试规则　一般10人一组进行面试，通常情况下，航空公司在面试现场会有一些提示或要求，比如初试的内容安排以及自我介绍的时间、介绍内容设定等。而国内有的航空公司在形象初试的面试环节中，还有换装的步骤和英文提问等。

（2）关注自我介绍时的表达方式　面试中的自我介绍，会依照号码牌上的先后顺序和介绍内容的要求进行。国内有的航空公司要求应试人员在作自我介绍时，要求隐去姓名，用组号、牌号代替，而有的航空公司会指定介绍的内容，如果在面试介绍的环节没有特别的要求，一般应该有：姓名、年龄、身高、体重、家乡、学校、专业、外语条件等基本的信息内容。并关注自我介绍时的状态表现，神情放松、面带微笑、语言流畅。

（3）关注形象气质条件的测评　一般在初试的形象测评中，面试官往往会要求应试人员绕场地左右走半圈，或者在面试考官的主持台前绕"U"型圈，并且还会有向左或向右转、后转，站立后保持双脚脚尖、脚跟并拢，双腿紧贴等一系列的动作要求。目的就是，考官要对应聘人员的站姿、走姿、行姿、面部表情等形体、步态、形象气质条件进行细致的考评。而有的航空公司，还有现场查验应试者双手及手臂上的疤痕以及肤色等情况的环节。

在这一面试环节中，应聘人员要尽可能展示出自己优雅的气质形象，保持自然大方的微笑，步态优雅、稳重、站坐姿身体协调，不能过于拘谨。站立时目光始终朝向面试官所在的前方，不能左右扫视，更不能低头垂目，也不能两眼一直盯着考官，要有良好的精神状态。

（4）关注面试考官的询问  在形象初试的面试环节，有些航空公司还会对应试人员的相关信息资料、职业认知等方面的情况，进行有针对性的提问，应聘人员要及时地给予反应与回答。比如学历、专业、英语等级、职业选择、公司了解、乘务认知、航班上可能遇到的一些问题处理、特殊旅客服务、客舱安全秩序维护等问题，要事先作好充分的准备。

（5）关注英语表达  有一些面试公司在初试的环节内容中，除了有英文的自我介绍，还会特别安排考生读一段英语短文，面试考官甚至会根据短文的内容进行提问，要求应试者给予及时的回答。这一环节主要是考查应聘人员的英语口语水平，语言组织与沟通能力。要注意英语的发音和语句结构，英语口语表达清晰、朗读流利通畅、表情亲和、自信稳定。

**2. 面试测评**

国内大多数的航空公司，会把测评的面试内容放在综合复试的环节来进行。面试测评的内容，通常会包括：中英文笔试考题测评、英语机考测评、英语提问测评、情景模拟测评、心理素质测评、综合素质测评等。

（1）英语测评  包括机考题目、笔试题目、提问题目、自我表达等。比如英语机考部分的内容，一般包含原文阅读、听力判断、理解选择等几种类型，题目为系统随机抽取，机考时间在40～60分钟（有的航空公司规定，机考时长以计算机倒计时为准）。有一些航空公司会设置英语笔试题、英文自我介绍、读英文广播词、英文即兴演讲等相关的英语考核部分，但也并不是每场面试都会把这些项目全部进行，而是根据面试情况有选择地进行英语测试方案。

（2）中文测评  通常包括中文笔试题考核，中文问询、中文作文等。一般中文笔试题测试部分属于综合类型的考核方式，涉及范围与包含的信息量都比较大，比如常识类、推理类、逻辑类、分配类等题型结构，内容包括文学、地理、社会、经济、法律及航空等知识。同时还会有中文提问与中文应答，根据题目写作短文等考查的环节内容，其中也不能完全排除心理方面的问题测试。在中文测评的环节中，主要是考核应试者的中文口语表达是否清晰、普通话发音是否准确，以及对测试或问询问题的理解及反应情况等。中文测评方面，特别要关注到对题目的理解充分、答题速度快、准确率高、符合要求。

（3）问题答疑  通常是考查应聘人员的综合素质。有时面试考官会同时使用中、英文的提问方式，考核应试者的快速反应能力。比如生活、价值、社会、乘务、性格、心理等方面的内容，以便测评应聘者的应变能力、心理状态、问题处置、礼貌语言、礼仪服务等基本素养。

另外，还有的航空公司在问题答疑中，要求应试人员进行自我的评价与陈述；对面试公司的了解与评价；选择面试本公司的理由；对面试通过的把握程度等相关的问题内容。而有的航空公司的面试官，则会要求考生必须在规定的时间内（大概半分钟左右），并且从具体的几个方面，对上述内容的问题给予适当的评价或介绍。

**3. 综合面谈**

也可称为综合评议，都属于终审的面试环节。通常会是公司高管、分管领导一人或几人，有时也会包括面试官在内的多位人员，一般采取面试公司与应聘者一对一、多对一，或多对多等形式的面谈或询问考核方式，对通过初选和复试的应聘面试人员，进行整体形象，成熟心态、仪容礼仪、尊重言行、得体举止等综合素质进行最终的考核。

认知类、职业类、心理类、素质类、情景处理类的相关问题，以及生活现象、社会问题评价类等的一些内容问题，在综合面谈中都有可能会涉及。全面考核应聘人员的认知心理、关怀行为、诚实态度、服从意识、应聘缘由等因素，假如是一组人员进行的综合面试，切记在回答公司人员的相关问询时，不要千篇一律或重复别人，要突出鲜明的自我。

综合面谈关注要点：紧扣乘务素质、关爱意识、同理心、正能量、认同感、果敢行为等。同时还应关注个人的仪容仪表整洁、形态自然、微笑亲和、礼貌谦逊、态度诚恳、表达真切。

国内有些航空公司在终审面谈后，还会有换装、介绍、发言、问题回答、拍摄等一些具体的环节内容。这里需要关注的是，这一环节的自我介绍要求会更严格一些，必须按照面试公司的提示和要求来做，不需要说出的部分一定要略去，把控好发言的时间。

## （二）英语能力关注

能进入民航面试英语测试环节的应试人员，也都是非常幸运的了。到了这一步，应聘人员应关注到英语发音、英文表达，英文题目的理解，包括通常面试中的英文自我介绍、朗读英文广播词、英语话题讨论、英语短文写作、中英互译等各方面的英语能力考核内容。因为乘务人员具备的英语能力，对于将来的岗位工作需要来说还是比较重要的，无论是应答测评中采用的问题提问还是计算机答题等方式，应聘人员都应当保持冷静理智的心态，真实而确切地回答问题，并掌握好答题时间。

## （三）面试着装及仪容仪表关注

通常情况下，航空公司对参加面试人员的着装、仪容仪表会有规定，不仅要求穿着正装到场参加面试，对妆容、发型也会有具体的标准，详情如下。

（1）女生　要求穿着黑色中跟或高跟皮鞋、白色短袖或长袖衬衫、及膝盖（上下三厘米）黑色裙装，不要穿着连裤袜、长筒丝袜；将头发盘起、露出额头和耳朵；化淡妆，不允许配戴假睫毛、美瞳隐形眼镜；还有公司规定不允许戴耳饰、项链、手镯、戒指等装饰品。

（2）男生　着正装、浅色或白色衬衫、深色长裤、黑色皮鞋、穿深色袜子、打领带；头发不允许遮盖耳朵，露出前额；不允许佩戴框架及隐形眼镜。

（3）服装表面干净，熨烫平整；男生领带的颜色及图案以简洁为好，不要过于杂乱。

（4）如果面试着装是新衣服，要注意把边角、袖口、领口、底摆上露出的线头剪去。

（5）参加体能测试的考生还需要自带运动服装、运动鞋等。

其他关于服饰方面，还可以了解以下乘务人员的全部服饰组成元素。

（1）女生　背心、丝巾、帽子、长袖衬衫、外套、裤子、裙子、大衣、黑皮鞋。女生还要注意发胶、头饰的使用，还有丝巾的打法。

（2）男生　帽子、长袖、马夹外套、长裤、大衣、领带、黑皮鞋。男生还要注意腰带、领带的搭配。

（3）手表要求　戴钢带手表，不要戴黑皮带表。

## 岗前培训早知道

通过了航空公司的面试与体检关，并非就意味着可以上机当空乘了，后面还要接受航空公司一系列的入职培训，时间大约为2～3个月。培训的基本内容，一般包括：形体礼仪，安全演示，运行规则，特殊旅客服务，危险品运输，航线知识，机型实操，医疗救助，应急处置，以及游泳等课程。边学习边考核，各门功课及实操训练经培训考核合格后，获得岗位所需要的相关证照，航线、机型再由航空公司统一分配。具体内容如下。

（1）文化理念及公司背景　各家航空公司都会有本公司独特的企业文化、管理理念、发展背景，招收进来的新员工，在入职公司到岗位工作之前，不仅要接受公司的业务培训，持证上岗，还需要了解与熟悉公司文化，熟知企业的成长经历，管理程序、运营理念、人才制度、未来规划等。要求新员工尽快融入集体和团队中，找到自己的前途和价值。

（2）机型理论及实操训练　学习公司现有的各种机型，包括设备结构，飞行理论，客舱设施、操作要领等一些必要的基本知识。并对各类机型的开关门指令，安全应急口令，以及迎送旅客的机舱位置，标准姿态等，进行实操训练，并熟悉运用和掌握。

（3）机上急救与应急处理　在航空公司新员工的实际培训中，还会学习各种常用的机上急救知识，救助设备的使用，包括应急药物，包扎、人工呼吸等医护知识等，以应对航班上旅客突发疾病等状况。有的航空公司入职培训项目中会有游泳，比如南航的游泳考核标准：穿救生衣反蛙泳150米，7分钟内完成（含7分钟）为合格。如果之前没有游泳基础或达不到游泳考核标准的人员，建议提前学习游泳。还有陆地、水上撤离的执行程序演练，跳滑梯训练、舱门管理、援助者选择及安全示范，在岗前培训考核中，航空公司的培训教员还会制造一些突发状况，测试每个人的应急反应能力和心理状态。

（4）礼仪训练和英语学习　除了上述学习项目，还会设置服务礼仪的相关培训项目，包括涉外服务礼仪、宗教禁忌、特殊餐食供应等一些内容；并且会有化妆、盘发、心理方面的课程。同时，在上岗之前还有民航常用英语学习和口语训练、地理知识等具体科目。

常言道："磨刀不误砍柴工。"对于新入职的员工来讲，学好了才能做得更好，更符合标准要求，所以千万不能认为这是耽误工作，实则是非常必要和特别重要的一个环节。认知到位，理解到位，掌握到位，还要用到位，发挥出应有的良好作用来，这是硬道理。

# 第六节　境外航空公司对空乘人才的选拔要求

随着中国改革开放的不断推进和经济实力的日益强大，特别是在"一带一路"的倡议与友好合作关系下，中国与世界各国之间的国际交流更加频繁，相应地中国的民航事业及民航需要的各类服务人员也在更广阔的世界舞台上展现英姿。不但国内的各个航空公司招收越来越多的外籍空乘人员，众多国外的航空公司也在积极地招收中国的乘务人员，满足本国通往中国各条航线的客机服务需求，同时也为广大在校学员带来更多的就业机会。

另外，很多空乘专业的学员向往到外航工作，在看重薪酬待遇和工作经历的同时，更渴望到世界各地环游，感受不同的人文风情，学习与吸纳其他国家的文化，增长知识，丰富个人阅历。所以在这一节中，介绍一些外航招收面试乘务人员的条件和标准要求，供参考。

## 一、外航招收中国籍空乘的基本条件

（1）年龄：18～28周岁（也有外航招聘年龄规定不超过30周岁）。
（2）女生身高：1.58～1.65米，男生身高：1.70～1.85米（也有外航规定不低于1.65米）。
（3）牙齿整洁、体态均称、皮肤状态良好，不得有暴露在外的文身。
（4）良好的中、英文沟通（书写）及口语表达能力，掌握其他语种者优先。
（5）乐观向上，热情开朗，有服务意识，具有团队精神及良好的人际交往能力。
（6）身体健康状况符合外航对空乘人员的招聘标准。
（7）大专及以上学历（具体以外航招聘时的要求为准）。
（8）英语等级符合外航录用空乘人员的条件要求。
（9）游泳25～50米（也有外航对游泳无特别要求）。
（10）能正常办理出国签证，护照有效期1～2年（具体以外航招聘要求为准）。
（11）其他条件符合外航招聘空乘人员的各项标准要求。
（12）有乘务工作经历者优先录用。

## 二、外航公司招聘面试了解

### 1. 德国汉莎航空公司

德国汉莎航空公司招聘乘务人员的基本面试流程,包括初选(中、英文简历,问询)、终选(笔试、素质考评、情景模拟)、体检等环节,具体以公司的面试要求执行。

(1)初选面试　在面试初选环节,首先要填写中、英文履历表,然后面试会由德国汉莎航空公司与外航服务机构(北京FASCO)共同进行,通常是由两名汉莎的面试官和一名FASCO面试官参与初选的面试考核,或者由一名公司面试官和一名外航服务机构的面试人员执行初选的程序。一般面试时间为3～5分钟。初选的面试内容,多是问询与应答的提问环节,比如:为什么会选汉莎公司?是否有过空乘工作经历?你之前了解过德国吗?为什么想成为一名空乘?以及服务中的问题处置等。初选当天出结果,并通知第二次的面试时间。

有时会根据公司的面试安排需要,初选环节可能会包括英语笔试的考核部分。

(2)终选面试　终选面试环节,通常会包含英语笔试题作答、英文问题答疑、情景模拟等几个部分的相关内容,其中的英文笔试题作答部分,由选择题构成,题型难度相当于大学英语四级水平。

汉莎公司对乘务人员的素质要求,特别是心理素质的要求相当严格,在素质考评的应答环节,面试考评人员的组成中会有一名德国的心理学家参与,另外有两名公司面试人员和一名汉莎中国籍乘务员,组成四人面试考查小组,共同面试应聘人员,主要是使用英语提问和回答。素质考评的问题类型基本上和初选时相似,重点会考核应聘者的心理素质、空乘服务认知、交往沟通能力、问题处理技巧等空乘素养,同时也会问到生活方面的一些现实问题。

在情景模拟的考核环节中,一般会采用角色扮演的方式进行,由汉莎公司的面试人员扮演成旅客或同事,应试者扮演乘务人员,对航班上发生过的一些问题现象进行场景模拟。比如:对旅客在洗手间抽烟问题的处置、对带小孩子旅客的服务、餐食矛盾处理、旅客扰乱客舱安全秩序的处置、对于旅客投诉反映的问题如何解决等。这一轮的面试环节,主要是考查应试者的思维反应速度、沟通应变能力、解决矛盾与处理问题的方式方法等。

(3)面试体检　通过前面初选和终选的应聘人员,将参加公司体检。

图2-18为外航空乘培训场景。

图2-18　外航空乘培训场景

### 2. 新加坡航空公司

新加坡航空公司(以下简称"新航")招聘空乘人员的面试流程:初选(资料提交、英语口试)、复试(问询与应答、心理素质考查)、形象终选(形体、试装)、游泳、茶歇(终审面试)、体检等一些基本的环节。

（1）初选面试

① 提交中、英文简历。

② 面试现场，应聘者会接到工作人员分发的一篇英文广播词。

③ 分组进行面试，应聘人员分别朗读手里的广播词。

④ 广播词读完后，当场出结果，考官会宣布哪些人进入复试。

⑤ 通过初试的人员，要提交个人履历表和学历证书。

在初选的面试环节中，考官主要是观察应聘者的口齿是否清晰，英语口语表达能力如何，还有说话的声音是否柔和、细腻，富有亲和力等。

目前应聘新加坡航空公司的初选面试采用视频的方式进行，通过外航服务公司（FASCO）的网站进行报名，在线投递简历，经审查合格的报名人员会取得一个报名号，依次参加视频初选。另外，据最近发布的新航招聘资料中显示：应聘者踮足双手同时摸高不能低于207厘米，双脚距离墙面20厘米以上，摸高不合格者不能参加面试。

（2）复选面试　在复试的环节中，会有两位新加坡航空公司的主管进行面试，分别向每一位应试人员提问，问询的内容包括行为习惯、生活方式、服务意识，以及对空乘工作的理解与认知等，比如：对新航的了解、家乡介绍、新开航线城市推荐、美食风景介绍等。往往为了考查应试者的心理素质，面试官甚至还可能问到一些刁难性的问题，比如：用犀利或苛刻的言辞对应聘者的衣着打扮、面试表现进行评价，而这些问题听起来很容易使人情绪不安，难以接受，其实，面试官是在故意考查应试者的心理承受能力、情绪稳定性、特殊情况下的应变能力。

在这一轮的面试环节中，有可能还会设置话题讨论的内容，采取小组讨论或问题辩论的方式进行，比如早婚好还是晚婚好、公共场所是否应该一律戒烟、男性是否需要化妆，以及对国际民航史上曾经出现过的事故现象进行讨论等。

（3）终选面试　复试通过的考生，将收到终选面试的通知。终选面试中会由四位考官对一名应试人员进行面试，类似于面对面的素质访谈，以聊天的方式进行。通过前面考查的应试人员，到更衣室换上新加坡航空公司的制服，然后按照考官要求在场地转一圈，以观察应试者的体形线条是否优美，姿态动作是否协调，是否符合公司的招聘条件要求。

（4）游泳测评　在新航的游泳考核中，在救生衣的辅助下能够游泳，连续距离为50米，泳姿不受限制，通常会在有条件的酒店进行这个项目的考查。为了提升面试效率，近年来新航公司将游泳测试项目设置在新加坡进行，安排在新乘入职后。

（5）茶歇面谈　这个环节曾是新航的终审面试程序，已被取消。其面试内容是：四位面试考官以下午茶的方式和应聘人员进行聊天式的交流，餐桌上有茶点、饮料供应试人员享用。虽然与前面的面试情况比较起来，此时的面试气氛显得很轻松，会谈的时间也相对较长，但处在面试考核的环节中，考生必不能掉以轻心，也不可以不拘礼节，或者不注意自己的言行。而在茶歇交流中应聘人员可以向考官提出自己的问题，这样的做法也是考官希望的。面试目的是考查应试人员的举止形象是否得体，是否具有团队精神，与其他人交流及相处的能力如何。

### 3.卡塔尔航空公司

卡塔尔航空公司（以下简称"卡航"）招收面试空乘人员的基本流程：初选（问询、

形象展示）、复试（笔试、即兴演讲、应答、情景模拟、摸高）、终选（面谈、在线申请、照片提交）等基本程序。

（1）初选面试　由外航服务机构（北京FASCO）进行组织初选的面试程序，目前采用视频面试的方式来完成，应聘者通过外航服务机构网站入口报名，网上报名筛选后获得一个报名号（在手机或平板上下载安装视频会议软件参加初选面试）。初选面试一般会有2～3名面试官参与面试考核，问题考查的内容包括：自我介绍、公司了解、选择理由、空乘职业认知、面试或工作经历等，面试官向应聘人员提出这些方面的问题，以测评考生的问题反应、回答结果，以及视频形象展示、口语表达方面的综合表现条件，进行初选人员的考核评判。

在初选环节中的问询中，考官所问的英文问题内容基本上和国内航空公司面试的问题类似，通常会遇到这些类型的题目：Please give me a self-introduction、Why do you want to join Qatar Airways、Why do you want to be a cabin crew、Is this your first time to join the QR Open Day、Do your parents support you live in Doha……

初选面试环节通过的应试者会收到"FASCO"方面的邮件通知，告知复试的准确时间和地点，并按照要求准备好中、英文简历和照片，以及面试着装等相关事宜。

（2）复选面试　考生到达复试地点后，需提前一天向卡航工作人员递交面试简历和照片。卡航的复试环节，由两名卡航的人力资源主管作为面试官，分别拥有不同的国籍，复试的内容通常包括英文笔试题作答、发表即兴演讲、问询及应答、小组讨论与话题辩论等一些环节。

① 英文笔试题作答　笔试英语题目不少于100道，时间在40分钟左右。包括：阅读题、单选题、完形填空、对比换算题、英语作文题等几大部分的题型类别。只要考生掌握住基本的英语语法、固定搭配、句子结构，具备一定的分析与理解能力，完成答题并不困难，需要说明的是英语作文题一般会有字数的范围要求，应该关注到这方面的细节。例　如：a story of my life、Share a mistake that you committed at work. What did you learn from this experience、A good customer service you experienced recently、Qatar Airways、Tell something about decision making、Tell something about cultural sensitivity……

另外，在笔试题的作答过程中，一定要认真听从现场考官的安排，有一个安静的答题状态，不能和周边的其他考生交头接耳，或者做出一些影响形象的小动作，保持卷面整洁，并按要求作答，题目作答完成后及时向考官交卷，要有礼貌，给考官留下好的印象。

② 演讲与应答　在卡航即兴演讲、应答的面试考核环节中，考生先按照规定要求抽取纸条，然后再根据纸条上面给到的单词（或者是一句英文、一个英文问题），内容涉及的面比较广泛，包括生活、家庭、气候、专业、工作、历史、旅游、活动、兴趣、爱好等，要求应试者用英文演讲的方式展开个人的描述，时长大约一分钟。比如单词部分：Weather、professional、anticipation、Hometown、Difficult Customer、study、money、colleague、history……

卡塔尔航空公司问询与应答的面试考查环节，通常是两名考官面试一个应聘考生，进行英文互动问、答的面试内容。比如：Have you meet some difficulties before、Please talk about your family、What do you think of cabin crew、What is the most embarrassing situation you have faced、How do you handle pressure、what do you think of five-star service、How to exceed customers' expectation……

在即兴演讲与问询应答的环节中，要认真地倾听面试官所问的问题，并做出及时的回应。在问题应答或即兴演讲之前，可以稍作思考再进行，使自己沉着从容，表达时要流利、自如、通畅，语气、语速适中，发音标准，声音不能过大也不能过小，要让考官听清楚表达内容，并关注肢体语言的配合，面部表情自然，精神状态良好，控制好发言时间。

③ 小组讨论及话题辩论　在卡航的小组讨论、话题辩论的面试环节中，一般会按照现场的考生人数分成8～10人一个小组进行面试。小组讨论或话题辩论的面试方式，考官会有给定的问题，比如：请给第一次到中国旅游的×国夫妇安排行程，推荐1～2个城市、陆地紧急撤离时，应该携带什么物品离开飞机，依次排序并说出几条理由、给多哈到北京的商务舱客人，制定一份餐单……整容好还是不好、女性结婚后应该工作还是做全职主妇、公交车上有两个人在大声吵架，应不应该制止……在规定的时间内给出解决方案并发言，或者辩论双方发言。

在这两部分的面试环节中，首先要关注到个人在小组中的发言表现，不能只做沉默者，也不能过长时间的发言，同时还要适当地鼓励小组中的其他成员讲话，以显示出自己的团队精神。其次，在话题辩论过程中，要控制好个人的言行和态度，不能措辞激烈地反驳对方的观点，而是态度和蔼，有理有据，清晰表达，发言要有礼貌，不能影响到他人的情绪，引起对方的反感。并注意个人在小组中的举止行为，观点鲜明，表达自然，语气、语速适度。

卡航的复试环节，因为应聘人员是第一次遇到公司考官，进行现场而不是视频中的面试，所以还会对考生进行现场的"摸高"考查。按照考官要求，依次到测试间双手同时摸高测试，双脚距离墙面20～30厘米，摸高时不能出现"芭蕾脚"，也不可以身体贴墙面（根据2019年卡航发布的招聘要求"女生踮足摸高至212厘米，男生非踮足摸高至212厘米"）。摸高面试注意：整理好自己的妆容和服装，保持发型整齐，在等待过程中，保持安静秩序，待考官给出序号通知，敲门进入测试间，脱掉鞋子后，注意将鞋子摆放整齐，露出自然大方的神情，不必过于紧张，对面试官的称呼及与其交流中，要注意礼貌。

摸高测试中，考官还会问身上暴露部位有无疤痕、胎记以及文身之类的问题，要诚实地回答这些问题，而不能掩盖，因为卡航很注重皮肤状况，要求良好。对于有文身、文眉者不予接受，脸上有异状（比如长痘、过敏）现象，可在医治或调理好后再参加面试，假如身上有胎记、疤痕，但只要不暴露在穿制服的裸露部位也是允许的。摸高环节中，两名考官在现场严格把关，达不到摸高标准要求的应试人员，则会被淘汰。

（3）终选面试　到了终选环节人数会越来越少，复选中被淘汰了一部分考生。但终选面试会比复试的环节轻松一些，面试官基本上会围绕应聘者简历上的资料信息，进行了解式的询问，每人5～15分钟。比如：Are you the only child in your family、Have you meet any difficult customer before、Could you give me an example when you solve a difficult situation、Do you like your current job、Have you ever been abroad……在终选面试的环节中，应试人员应始终保持自然放松的身心状态，认真倾听面试官问询的问题，在回答时要表现得从容、肯定，回答内容符合事实，避免套路式的大话及客套话，表情不能过于严肃，目光中流露出真诚的善意，并关注到和面试官之间的恰当眼神交流，克服掉不雅的其他小动作。

通过终选面试考核的应试人员，在卡航网站线上提交个人的应聘申请，并上传照片（按照卡航对服装仪表的要求，提前准备好自己的照片，不戴眼镜），带着自信和微笑。

### 4. 阿联酋航空公司

阿联酋航空公司（以下简称"阿航"）的面试程序，一般包括初试（摸高、形象、应答）、复选（情景环节、看图作文、笔试、团体手工）、终试（英语提问与应答）等几大环节。其中初试的环节由外航服务公司（FASCO）组织面试，复选及终试的环节均由阿航公司自行组织面试考核。

（1）初选面试　在阿航的面试初选环节中，通常有摸高、形体观测、英语问答等几个部分的基本内容，其中，参照阿航公司2019年发布的招聘资料显示，踮足摸高时手指触及高度不低于212厘米。面试中，考官会依照现场面试人员的人数情况，进行分组考查，一般情况下是10人一组进行面试，有时也会一对一进行考核。英语提问与应答的常见内容，和国内航空公司面试中的题目有些类似，包括自我介绍、公司选择、学习经历、兴趣特长、生活中遇到的困难等一些问题，比如：遇到的最大困难是什么、谈谈成长经历、有团队精神吗、是家中的独生子女吗、父母支持空乘工作吗、之前有过国外生活的经历吗……

阿联酋航空公司的初选面试一般会当日出结果，假如应试人数比较多，也会等全部面试结束后，进行统一的复试通知，包括要求，通过初选的考生进入复试的环节。

（2）复选面试　阿航的复选面试环节比较多，比如情景讨论、笔试、英语作文、手工操作等，但也不是在每场的复试中都全部采用，比如笔试与手工操作的部分内容，近年来的复试中都很少见到，也不能完全排除以后会被重新采取的可能。另外，阿航非常注重面试中的情景模拟环节，设置的环节内容如：小组讨论与创意联想，角色体验与问题处理等的环节内容，以考查应聘人员的团队精神，协作能力，认知理解，思维反应，创意性，参与意愿等综合素质条件。

① 角色体验　一般十人一组，随机抽取题板，按照题板上设置的内容要求，在特定的背景下，进行职业角色的体验与理解，通常内容是职业角色在工作中遇到的突发难题或临时性安排，如何在职权范围内给予合理的解决与处理。比如：假设你是餐厅经理，有客人反映饭菜分量少，怎么办？如果你是酒店经理，客房超额预订如何处理？假如你是超市经理，如何解决优惠商品卖完、仍有顾客持优惠券排队购买的问题……在这个环节中，主要是考查应聘者的应急反应能力，心理与情绪状态，解决与处理问题的方式方法等，从中测评所需的服务技能。

② 小组讨论　小组讨论的环节并非只是本小组的讨论与总结发言，而是采取小组成员讨论加上与分组之间轮流互动的形式进行。第一轮环节：应试人员被划分为三人小组，每组成员按照顺序抽取题板上设定的职业类别，小组成员讨论出该职业的特点和三个关键词；将本小组总结出来的描述该职业类型的三个特定关键词提供给其他小组的成员；接受关键词提供的组员依据职业描述的特点，猜测出是哪个类型的职业，依此类推，各小组间轮流进行。比如：画家、农夫、演员、宇航员、打字员、钢琴家、医生等。第二轮环节：每个小组再抽取题板，而这一轮是物品类别，看起来与第一轮的职业描述好像是关系不大，但要求应试人员必须创意性地使用该物品，并且能够帮助上述职业者更好

地完成工作内容,物品比如:水杯、气球、咖啡豆、雨伞、车子、眼镜、高跟鞋、口红等,通过小组成员的讨论与第一轮的职业进行联想,提供有价值且合乎常理的工作帮助。例如:前面描述的职业是画家,此轮抽到的物品是咖啡豆,两者之间的联想可以是:将咖啡豆研磨后作颜料、利用咖啡豆镶嵌作画等,避免非创意性的简单关联,不可想象成"用咖啡豆冲泡咖啡"之类的答案,这样的结果不会得分。

③ 看图作文　类似于英语笔试题中的作文题,小组成员根据抽到的图片内容,分析、讨论,然后用英文作答。或者是单个的应试人员抽取图片,并依照图片中的内容及规定要求,说出完整答案。

④ 笔试考评　常见的笔试题类型:单选题、多选题、填空题、图片题、作文题等。由阿联酋航空公司自主出题,分为A卷和B卷,题目难度相当于大学英语四、六级水平。

⑤ 团体手工　团体手工制作以小组为单位,面试官会给每组发放纸、订书机等物品,要求在规定的时间内(大概20分钟),做出飞机、塔、桥等之类的手工制品。在每个小组成员参与探讨、共同制作的一系列过程中,面试官会在旁边一直观察着每个应试者的具体表现,还有小组成员间的协调与配合效果,以测评考生的团队精神、动手能力、参与意愿、集体荣誉感等。

在阿联酋航空公司的复试考核中,每个环节结束之后,会当场通知面试结果。

(3) 终选面试　终选的面试环节,一般为一对一的询问式考核,即一名航空公司的考官对一名应试人员,进行英文问题的应答,询问内容多来自应聘简历中的相关信息,面试时间在60分钟左右。要求应试者根据个人的实际情况进行问题的回答,往往面试官还会依据回答的内容进行相应的引申提问,以考核应聘人员的心理素质、性格特征、人际交往能力、处理问题的能力、服务意识,特别是考查是否具备必要的英语口语表达与沟通能力,以及状态表现等。

**5. 全日空航空公司**

全日空航空公司(简称"ANA")招收中国籍空乘的面试流程环节,包括形象面测(自我介绍、形象举止)、面试考核(应答、笔试、小组讨论)、终审面谈(提问、应答)、体检等部分,有时会因面试的实际情况不同调整其中的部分环节,但"三面"结构的面试程序是必然要过的,面试合格的应试者才能参加体检环节,体检合格后前往日本进行培训。全日空航空公司的岗前培训内容,包括安全操作、应急处理、客舱服务、急救措施、航班日语会话等。

面试环节中的形象面测由上海对外劳务经贸合作有限公司(以下简称"上海外劳公司")组织进行,面试考核环节则由全日空航空公司组织进行,终审面谈的环节一般会由日本面试官与中国面试官共同进行测评。

(1) 形象面测　通过上海外劳公司的网站或公众号报名,报名完成并经筛选合格者,被邀请参加形象测试,面试现场,根据参加测试人数的情况进行分组(10～15人一组)。在第一面的形象面测环节中,要求考生使用英语做简单的自我介绍(每人1～2分钟),面试官会用英语读一段情景内容,再进行相关的问题提问,要求应试人员作答。如果事先有所准备,也不要过于紧张,通常问题不会太难,但必须听清楚问题内容,否则很可能答不上来。其实在形象面测的环节中,并非只是考查英语能力如何,主要测试内容还会包含行为举止、表达能力、气质形象。所以,切记不能大意,特别是在自我介绍时,语速不能太快，语气不能过重，言语表达清晰，要让考官听明白介绍内容，并注意面试中的礼仪。

（2）面试考核　面试考核的环节内容一般包括：英文笔试题作答、英文问题提问、小组讨论等。笔试题型包括原文阅读、听力、选择、判断等，在之前的面试中也曾出现过日语题的考核项目。据ANA最近发布的招聘资料中显示：在应聘条件中，要求具有良好的英语水平（相当于CET-4级以上的水平），同时拥有日语能力者则会更佳。

在英文问题提问的环节中，日本面试官会对应试人员进行英语提问，问题内容通常包括：自我介绍、性格描述、问题处置、工作经历、职业认知、公司了解等。比如：请作个自我介绍、为什么会选择ANA、谈一谈对ANA的了解、描述一下你的性格、你认为和同事的相处中什么是最重要的、你印象中最深刻的一件事是什么，为什么、在日本，你体验过的最棒服务是什么、谈谈你之前的生活（学习）经历……，以考查应试者的选择动机，吃苦耐劳精神、性格特征、心理状况、应试态度、薪酬待遇期望值等。

小组讨论的面试环节内容：考生按照面试官分配的题目及现场要求，由小组成员共同参与讨论（每组8~10人），并得出具体的答案或结论，然后进行总结式回答。要关注到：个人在小组中的参与度，让面试官看到你为小组解决问题所贡献的能力和计策，不能沉默不语，更不能抢尽风头，注意个人涵养，知道关心组员，说话时的声音不能过大。

针对这一轮的面试考核，建议大家在回答日本面试官的问题之前，先认真倾听其他面试人员的回答方式，在表达的过程中要注意面部表情的恰当配合，以及与面试官之间的目光交流，不能留下呆板的印象。

（3）终审面谈　终审面谈，由两名来自日本的考官和一名中国考官，或者是两名日本面试官和两名中国面试官，共同与一名应试人员进行面谈交流。针对简历信息、生活适应、薪酬福利、应聘考虑等方面的相关问题进行提问。在终审面谈之前，考生应该注意个人的仪容仪表整洁，调整好身心状态，进入面试间要对考官表示应有的礼貌礼仪，形象亲切大方，保持微笑。

全日空航空公司是日本最大的航空公司之一，目前中国籍的在职空乘累计人数已达到450人以上，如果考生有应聘面试意愿，建议在参加ANA的面试之前，适当地了解一下日本的民俗习惯，饮食及服饰文化，这样在和面试官的交流及应答中会融洽许多。假如遇到诸如薪酬、福利、跳槽、工作时间等方面的疑难问题，不知如何回答时，可从侧面试探式地回应，千万不能考官问什么都点头说"没问题"，这样面试官会觉得应聘者是一个缺乏原则的人，在处理问题时也会拿不定主意的，无法满足空乘需要的素质条件。

（4）体检环节　通过前面三轮面试的应聘人员，会被通知进行身体检查，体检合格者前往日本，参加由ANA组织的空乘岗前培训项目的学习与训练，达标后方可上机飞行。主要服务对象为往返于中国-日本间的航班旅客，也会被安排在其他国家航线上，执行航班的对客服务工作。

## 三、应聘外航注意事项

只要个人的条件符合，特别是英语的听、说、读、写能力达到外航公司的面试要求，其实应聘外航也不是一件遥不可及的事情，有人可能也会问这样的问题：面试外航应该怎么做？需要注意哪些问题？

### 1. 报名面试

应聘面试国外航空公司，首先从国内的外航服务公司（FASCO）或对外劳务经贸合作公司的官网入口报名。接下来会有两种形式的面试：一是初选、复选、终选都在国内进行（面试地点通常会选择酒店内），外航公司面试官参与考核测评的全部过程或复选及以后的面试环节；二是初选在国内进行（现场、视频面试），复选和终选在国外进行，基本上是第一种情况比较常见。

### 2. 学历证明

外航招聘中国籍乘务员，认可中方教育文凭，国外学历应聘者，须提供教育部留学服务中心的国外学历学位证明材料，以证明应聘者在国外的学历等同于国内的相同教育水平，比如大专、本科及以上学历。

### 3. 面试资料

注意面试所需的资料：一般包括中、英文简历、护照原件及复印件、护照照片、最高学历证书原件及复印件、近期全身正装彩色照片等，穿着正装参加面试。

### 4. 视频面试

如果是视频面试，则需要注意：面试环境整洁、优雅，灯光条件充足，无其他干扰声音；确保视频网络处于良好通畅的状态；应试者的面部妆容精致、含蓄，发型、眉型、眼影、口红颜色搭配协调；着得体正装；为了提升视频面试的效果，应试人员可提前进行录屏模拟面试，对镜练习英文口语表达，注意语速、语气，找到面试感觉，这样可以更好地消除面试过程中的紧张情绪，增强自信心，保持面试中的自然大方状态。

### 5. 面试要求

外航会特别注重员工的团队协作精神，因而在面试中要关注到别人的反应，不能只顾着自己说话，更不能表现出眼中无人很傲慢的情形。比如在外航公司面试中的交流、讨论、辩论、面谈、茶歇等一些环节，要随时关注对方或周围人群的感受，照顾到同一面试小组成员的表达机会，保持成熟大度的姿态和微笑，言行举止显得谦和而有礼貌。

### 6. 印象加分

一般终选的环节，航空公司的主管或领导会对应聘人员进行一次面谈（集中或个人），有的外航在这个环节内容中，还会播放一段公司介绍的视频或制作的面试PPT（包括航空公司的历史背景、价值理念、企业文化、入职培训、薪酬结构、福利待遇等内容），同时会提出一些相关的问题，类似于初试、复试时的问题内容。这一轮的面试表现也非常关键，因为是终选的环节，胜负一举定局，所以一定要显得沉着、理智，不能紧张，以免影响公司高层人员的评判。还需要注意的是，在有部门主管或公司领导作自我介绍的情况下，最好细心地记下每个人的名字、职务以及国籍，这样在面谈交流中可以使用带职务和名字的称谓，给面试官或公司上层留下一个良好的印象，为自己争取到更多的加分机会。

### 7. 安全保障

在异国的外航工作，应当尊重当地的法律法规及民风习俗；注意个人的财产和人身安全，保护自己的合法权益；涉及个人的资金汇兑要通过正规银行；另外千万要记住，中国驻外大使馆或领事馆是在国外务工人员的"家"，伟大的祖国永远都是中华儿女的坚强后盾。

## 四、外航对空乘人才的选拔概况

在全球一体化的持续进程中，国际间的交流与合作也在不断向前推进，不仅极大地促进了世界民航业的发展与服务质量的提升，相应地，乘务人员的国际化就业趋势也在不断上升，中国需要其他国籍的乘务员，同时其他国家必然也需要中国籍的乘务员，从另外一个方面，也彰显了日益强大起来的中国与世界各国间的友好往来关系。服务不分国界，职业需求也不分国界，了解别国对乘务人才的选拔要求，会提高大家对国际民航业发展态势的认知，开阔眼界，拓宽思路，突破思维界线，为将来就业航空公司提供必要的一些帮助。

除了上述介绍的招收条件、环节程序、面试方法及注意事项之外，下面再对外航选拔空乘人才的基本概况简单梳理一下，供学员们对外航招聘多一些客观上的认识与了解。

1. 年龄与身高

一些外航对招录空乘人才的年龄条件要求比较宽松。比如欧洲一些国家更喜欢年龄偏大的乘务员，有的航空公司只规定招聘年龄的下线，通常要求18周岁以上、20周岁以上，或者21周岁以上等，并没有明确的上线要求；亚洲一些国家虽然会设定年龄范围，比如招聘资料中把年龄上线设定为26周岁、27周岁或者是28周岁等，但对有经验的成熟乘务人员依然比较青睐，年龄条件也会放宽至40岁左右；而大部分的境外航空公司还会招收30岁以下仍处于"零经验"的乘务人才。甚至有些外航会偏向于招聘"空嫂"，更看重她们的人生阅历，成熟态度，服务经验，同理心，危机处理能力，以及带给职业岗位需要的人才稳定性等。

境外的航空公司，普遍对身高条件的要求会低一些。比如在部分外航的招聘资料中显示，身高：1.58米以上、1.60米以上、1.62米以上，甚至个别航司出现1.56米以上的身高要求；而有些外航在招聘时只规定非踮足或踮足摸高至207厘米以上、212厘米以上、217厘米以上等。对应聘者的身高、双手摸高条件的标准规定，实际上是与方便操作机上的应急设备为前提依据的，也是与航班安全和服务需要有关联的，这是乘务工作者的岗位职能所需。

2. 语言水平

通过前面的介绍不难知道，外航对应聘面试人员的英语考核很严格，要求具备英文方面的听、说、读、写的基本能力，在面试中不仅考查应试者的英文笔试题的作答水平，还会特别测试英语口语的表达是否流利，能否使用英语进行正常的交流与沟通，以便在招聘国适应正常的生活，服务好机上的旅客。而现实情况中，大部分的中国籍考生可能更擅长卷面答题，口语表达与会话交流会显得弱一些，就必然要求有应聘外航需求的考生，在英语表达与会话方面的能力上多下一些硬功夫，这样可以更好地把握在外航面试中对英语水平的考查。

对于计划应聘外航的考生来讲，虽然英语是外航面试中的通用语言，但掌握小语种者则会更胜一筹。有些外航也会很看重小语种能力的，在外航的招聘资料中经常见到：掌握×语者更佳、会×语的优先录用，或要求×语达到×级等，所以想报考外航公司，可及早学习他国的语言知识，特别要掌握听、说的能力，会大大提升面试通过的概率。

### 3. 疤痕与文身

对于疤痕的考查要求，境外航空公司一般规定在穿上公司制服时，裸露部位不能有明显的疤痕。但也会因各外航公司制服的款式不同而有各自不同的考查要求，对于应试者而言，需要关注报名面试公司的具体情况。假如身上有明显的疤痕，担心面试通不过，建议提早进行医学处理，祛除疤痕，恢复皮肤状况，然后再参加应聘面试为好。

文身是近年来一部分青年人的时尚追求与个性表达，但要想将来成为一名空乘的话，还是建议尽量不要去文身。尽管外航公司对文身没有明确的禁止，但也会在实际的面试过程中产生负面影响，所以不能因为一时的喜好去文身，要考虑到工作环境。

对于疤痕与文身方面的考查，外航更希望考生拥有诚信的态度，实事求是。所以在面试官问到身上有无疤痕及文身、具体大小、部位时，必须如实回答，切不可隐瞒真相，否则在体检时，如果发现有不允许的疤痕或文身时，很可能因为诚信问题失去入职机会。

### 4. 游泳能力

游泳能力，也是空乘人员必备的技能之一，假如在飞行中遇到突发状况时，可以紧急应对并保证机上乘员的生命安全。近年来，不仅是外航把游泳技能作为招收面试乘务人才的考核要点，国内部分航空公司也设置了游泳项目的考核，一些外航公司规定在依靠或不依靠救生设施的情况下，连续游泳距离须达到25米以上、50米以上。因而建议不会游泳或者感觉游泳水平不能达标的考生，要尽早学习并加强这方面能力的训练，以顺利通过考核。

### 5. 学历要求

据外航公司发布的招聘资料可知，在招收中国籍空乘人才的条件规定中，对学历的要求通常是：具有大专及以上学历、全日制大专及以上学历，有些外航公司则规定不招收未毕业的在校生，或者还有一些学历方面的其他特殊要求等。但也有一些外航公司在招聘资料中要求的学历：高中及以上水平，实际上在面试中，很少有高中毕业生能面试成功，因为知识结构、素质条件、专业技能的竞争比较大，学历条件自然也会在水涨船高的比较选择内。

其他还要说明的是，固然长相外形条件可以博得航空公司面试官的眼球，但也并非是面试成功的唯一法宝，因为审美观不同，选拔条件会有差异。所以，应试者还必须具备相应的综合实力才行。英文水平、表达能力、团队意识以及必要的自信心与文化修养、价值理念等条件符合才是出色应聘外航的王道。国内外航空公司都会认同有良好的服务素养，沟通能力强，身材比例协调、五官端正及微笑亲和的考生，而不是只看相貌，要想顺利地通过面试，还要从自身的能力条件方面多找差距，弥补不足，丢掉以长相判定面试结果的想法。

（本章图2-1、图2-4由武汉商贸职业学院提供；图2-2、图2-3、图2-5、图2-9、图2-15、图2-18由南方航空提供。）

### 思考练习题

1. 国内航空公司对乘务人才的选拔条件有哪些?
2. 应聘安全员的考核标准是什么?
3. 民航面试的基本流程以及其中的考核环节是怎样的?
4. 你对国内各航空公司的基本情况有哪些了解?
5. 面试中的应答环节有哪些关注点?答题类型和基本思路是怎样的?
6. 谈谈你对无领导小组讨论面试环节的认识?
7. 外航公司对乘务员的招聘条件和选拔要求是怎样的?

# 第三章
# 民航面试的准备与临场发挥

**本章提要**

民航面试,无疑是在寻找航空公司与人才选拔之间的平衡点。一方面航空公司为了满足航班运输过程中的安全与服务的实际需要,对空乘人才在年龄、身高、形象、沟通、表达、操作等各方面的条件与标准,进行一轮又一轮的面试考核,精挑细选,严格把关;另一方面希望成为空乘人才队伍中一员的学员,也必然要针对航空公司在空乘人才选择中所设定的条件、标准及面试要求,做好精心而细致的各项准备,其中包含课堂上的专业课程学习与素质条件训练,课堂下的习惯保持、刻苦努力与自觉进取,更需要对面试以及面试程序的充分理解与具体把握。就面试而言,势必会要求能把拥有的综合能力最大限度地在航空公司的招录面试中得到良好的发挥,与民航面试的标准相匹配,通过学习面试,进而能把握住面试的正常做法,有效地提升面试通过率,是当下空乘人才培养必须要面对的现实问题。

在本章中,对民航面试礼仪、面试形象设计、面试状态调整、临场发挥、乘务修养与储能,以及面试中的相关问题应对等一些具体事宜进行阐述,期望有助于学员们在面试中有一个良性发挥,能够客观与真实地对待将要参加的空乘面试,并且做好必要的相关准备。

# 第一节　掌握好面试礼仪

面试少不了必要的面试礼仪，恰当地掌握好面试礼仪的分寸，可以在面试中起到无声胜有声的面试效果，为面试增光添彩。在这一节中，着重介绍面试中需要配合的微笑表情、优雅举止、肢体语言、礼貌表达、形态展现等面试礼仪。

## 一、保持自然大方的微笑

面部表情中的自然大方微笑，可以令人产生愉悦的感觉，起到缩短人与人之间的心理距离的神奇效果，为接下来的沟通与交流创造出温馨和谐的气氛来。民航运输业亦属于服务行业的范畴，微笑服务是航空公司对空乘人员的最基本要求，因此在面试时，面试官同样也会要求应聘者有自然真诚的微笑，而应聘者的面试加分中更离不开自然真诚的微笑因素。

### 1.面试微笑的重要作用

（1）微笑有助于展现应聘者的自信心　面带微笑，表明应聘者对自己的能力有充分的信心，以和蔼大方的态度面对航空公司的面试官，可以使人产生信任感，容易被人接受。

（2）微笑有助于表现应聘者的良好心态　面露平和欢愉的微笑，说明心情快乐，充实满足，乐观向上，善待人生，这样的人才会产生吸引别人的魅力。

（3）微笑有助于表现应聘者真诚友善的态度　微笑反映自己的心底坦荡，善良友好，待人真心实意，而非虚情假意，使人在与其交往中自然轻松，不知不觉缩短了之间的距离。

（4）微笑有助于表达应聘者训练有素的形象　保持自然大方的微笑，是面试需要，更是行为习惯的表达，这样的亲和表情代表着日常对专业形象的良好维护，不是临时应付。

（5）微笑有助于表现应聘者的乐业敬业　面试官会认为保持微笑说明你热爱乘务工作，定会恪尽职守。微笑能够创造和谐融洽的气氛，能够让旅客备感温馨和愉悦。

总之，面试所需的真正微笑应是发自内心的，表里如一的，自觉产生的。笑容是所有肢体语言中最直接的一种，也是最有效果的一种，应该好好地利用。空乘最重要的标准之一就是："将你完美的微笑留给乘飞机的每一位旅客。"空乘微笑礼仪如图3-1所示。

### 2.面试微笑的标准

（1）面部表情和蔼可亲，伴随微笑自然地露出6～8颗牙齿，嘴角微微上翘；微笑

图3-1　空乘微笑礼仪

注重"微"字，笑的幅度不宜过大。

（2）微笑时真诚、甜美、亲切、善意、充满爱心。

（3）口眼结合，嘴唇、眼神含笑。

### 3. 微笑练习的方式

自然真诚的微笑可以在日常练习中获得。在微笑练习过程当中，必须做到口、鼻、眼、眉、肌的有机结合，才能真笑。

（1）对镜微笑练习法　这是一种常见、有效和最具形象趣味的训练方法。对着镜子，开始微笑，如此反复多次，增强美感和自信，保持青春的活力，养成良好的微笑表情。

（2）情绪诱导法　情绪诱导是设法寻求外界的诱导、刺激，以求引起情绪的愉悦和兴奋，从而唤起微笑的方法。比如，可以回忆过去美好的事情、听轻松的音乐、听搞笑的相声等。捕捉笑点，形成自然与习惯性的笑容，保持经常的微笑状态。

（3）含箸法　选择一根干净的圆柱形木筷子横放在嘴中，把嘴角对准筷子两边翘起，用牙齿轻轻咬住，观察嘴唇两端是否与筷子在同一水平线上。抽去筷子时，可依然在保持此状态的情况下，进行微笑练习。但此法不易显示与观察双唇轻闭时的微笑状态。

（4）当众练习法　平时在众人前多讲话，并保持讲话时的面部笑容，请同伴给予评议，帮助矫正。

### 4. 微笑练习的基本步骤

（1）肌肉放松　练习嘴唇周围肌肉的放松运动，也被称为"哆来咪"练习法。即按照发音顺序反复训练，把每个音节从低到高，分别大声地进行多次发音训练。

（2）增加弹性　通过多次练习嘴唇肌肉的收缩与伸张，可以有效地增加嘴唇周围肌肉的弹性，使得嘴角的移动变得更加自然协调，避免肌肉松弛与缺乏生机，嘴角动作富有弹性。

① 进行张嘴、合嘴练习。合上嘴时，注意保持嘴唇水平与嘴角两侧处于紧拉状态。

② 在嘴角紧拉的状态下，再慢慢地将嘴唇向中间聚拢，形成一个圆圈。

③ 如此反复地练习前面的动作。

（3）微笑状态　通过各种方式方法和相关步骤的训练，逐渐形成面部表情和谐的微笑状态。并关注自己在微笑时的嘴角不要歪斜，笑容自然，笑姿饱满。

（4）微笑坚持　熟能生巧，在微笑练习中找到并形成适合自己的笑容状态，并刻意地经常保持这样的微笑姿态，形成自然的面部表情动作，长期坚持。

（5）笑姿修复　微笑训练与笑姿保持，也是一个不断地纠正与修复的过程，在反复的练习中，一点一滴地圆满自己的笑容，最终使得微笑达到满意，具有感染力的效果。用心微笑，用情微笑，笑出自然亲和的面部表情，而不仅仅是一张"面具"笑脸而已。

都说微笑是天使，微笑的魅力不可阻挡。在日常的生活学习与交流交往活动中，请不要吝啬自己的微笑，常保微笑姿态，这是起码的专业觉悟。如果做到了微笑在先，语言跟随，甜美的一声"您好"，相信无论你身在何处，都会让听者和观者的心里感受到一份美好。同样，当你站在面试官眼前时，你自然大方的笑容姿态立刻就会战胜那些刻意装出微笑的应试者。因为民航服务就是微笑服务，没有微笑是很难做好以后的乘务工作的，微笑是面试中的礼仪之道，也是航空公司选拔空乘人才的一项确切指标。

## 二、体现出优雅的气质

一个人的优雅气质，可以体现在他（她）的言行举止、行为态度、待人接物等的活动方式中，面试中更是离不开应试人员的优雅气质体现，要完美地演绎在站姿、坐姿、行姿、蹲姿及语言表达等面试动作中，让考官从一举一动、一言一行中关注到应试者的与众不同。

### 1. 站姿挺拔

站姿是人的一种本能，是一个人站立的姿势，它是人们平时所采用的一种静态的身体造型，同时又是其他动态身体造型的基础和起点。常言道："站如松，坐如钟。"这是中国传统的关于形象的标准。人们在描述一个人生机勃勃充满活力的时候，经常使用"身姿挺拔"这类词语。站姿是衡量一个人外表乃至精神的重要标准，优美的站姿是保持良好体型的秘诀。从一个人的站姿体现，可以看出有怎样的精神状态、品质和修养及健康状况。

（1）站姿标准

① 头正　两眼平视前方，嘴微闭，收颌梗颈，表情自然，稍带微笑。

② 肩平　两肩平正，微微放松，稍向后下沉。

③ 臂垂　女性站立时，两臂放松，自然下垂，双手交叉放于肚脐位置上（女性四指并拢，虎口张开，将右手搭在左手上，拇指叉开）。男性站立时两肩平整，两臂自然下垂，中指对准裤缝，或双手相握于身后（一只手握住另一只手腕）。

④ 躯挺　胸部挺起、腹部往里收，腰部正直，臀部向内向上收紧。

另外，女性站立时，两脚跟相靠，成"V"字形，脚尖展开45°～60°，身体重心主要支撑于脚掌、脚弓之上。男性站立时，双脚分开，与肩同宽。空乘站姿礼仪如图3-2所示。

（2）站姿练习　好的站姿能通过学习和训练获得。利用每天空闲的时间练习20分钟左右，效果将会非常明显。

① 贴墙直立　背着墙站直，全身背部紧贴墙壁，然后后脑勺、双肩、臀部、小腿及脚后跟与墙壁紧贴，这样做的目的是让头、肩、臀、腿之间纵向练成直线。

② 头顶书本　也就是把书放在头顶上行走，不要让它掉下来。这样，很自然地就会挺直脖子，收紧下巴，挺胸挺腰。

要拥有优美的站姿，就必须养成良好的习惯，长期坚持。站姿优美，身体才会得到舒展，且有助于健康；若看起来有精神、有气质，那么别人就能感觉到应试者的自重和对别人的尊重；并容易引起别人的注意和好

图3-2　空乘站姿礼仪

感，给考官留下美好的面试印象。

**2. 坐姿优美**

坐的姿势，一般称为坐姿。它所指的是，人在就座以后身体所保持的一种姿势。坐姿是体态美的主要内容之一。对坐姿的要求是"坐如钟"，即坐相要像钟那样端正稳重，不能身子歪斜或来回乱动。端正优美的坐姿，会给人以文雅稳重、自然大方的美感。

（1）坐姿标准

① 入座时要轻、稳、缓。走到座位前，从座位的左侧入座，转身后把右脚后退半步，然后轻稳地坐下，再把右脚与左脚并齐，坐在椅上。如果椅子位置不合适，需要挪动椅子的位置，应当先把椅子移至欲就座处，然后入座。女性如果是衣着裙装，应当于坐下之前用手将裙子稍稍整理一下，不要坐下后再拉拽衣裙，那样动作不够优雅。

② 坐在椅子上，上体自然挺直，头正，表情自然亲切，目光柔和平视，嘴微闭，两肩打开，微微下沉，两臂自然弯曲放在膝上，也可以放在椅子或沙发扶手上，掌心向下，两脚平落地面，起身时，右脚先向后退半步然后站起，从座位的左侧离开。

③ 就座时，男性两腿之间可有一拳的距离，女性两腿并拢无空隙。两腿自然弯曲，两脚平落地面，不宜前伸。

④ 就座时，一般应坐在椅子的三分之二处，不可坐满椅子，也不要坐在椅子边上过分前倾；如果是坐沙发，应坐在沙发的二分之一处。

⑤ 如果是侧坐，应该上半身与腿同时转向一侧，面部仍是正对正前方，双肩保持平衡。

（2）坐姿练习

① 入座时动作要轻而稳。

② 在高低不同的椅子、沙发上练习坐姿。

③ 女性可以用一张小纸片夹在双膝间，做到起坐时不掉下。

空乘坐姿礼仪如图3-3所示。

图3-3　空乘坐姿礼仪

女士入座后，腿位与脚位的放置有所讲究，以下三种坐姿可供参考。

① 双腿垂直式　小腿垂直于地面，左脚跟靠定于右脚内侧的中部，双脚之间形成45°左右的夹角，但双脚的脚跟和双膝都应并拢在一起。这种坐姿给人以诚恳的印象。

② 双腿斜放式　双腿并拢后，双脚同时向右侧或左侧斜放，并与地面形成45°左右的夹角，适用于较低的座椅。

③ 双腿叠放式　双膝并拢，小腿前后交叉叠放在一起，自上而下不分开，脚尖不宜跷起。双脚的置放视座椅高矮而定，可以垂放，亦可与地面呈45°角斜放。采用此种坐姿，切勿双手抱膝，穿超短裙者慎用。

### 3.行姿稳健

行姿是站姿的延续，也是对客服务中的举止动作之一，是一种动态中的美感，乘务人员端庄、文雅的行姿、楚楚动人的穿梭身影，无疑也是客舱服务中的一道靓丽风景。而在航空公司的面试中，考官为了测评应试人员的形象气质条件，通常还会要求行姿方面的展现，比如：绕面试场地行走，情景中的动作展示，模拟服务场景中的形态举止表现等，都需要配合一定的行姿动作。因而在应聘空乘的面试时，还要及时地关注行姿方面的标准与练习。

（1）行姿标准

① 保持上身挺拔，双肩平稳。

② 行走时，大腿带动小腿，脚跟先着地。

③ 步伐均匀、流畅，节奏感强，身体不可歪斜。

④ 步态自然轻柔，幅度不宜过大。

（2）行姿练习

① 直身、挺胸，背部、腰部及膝盖部位不能弯曲。

② 全身成一条直线前行，不能左右摇摆。

③ 脚尖向前伸出，不得朝向内、外。

④ 不可摇头、晃肩，保持身体重心稳定。

⑤ 动作协调、优雅，并配合手势与面部表情。

### 4.蹲姿大方

乘务人员的蹲姿是一种动静结合处散发出来的特殊美感，大方自然的蹲姿给人一种和蔼可亲的关怀感，放低服务中的身姿可以赢得旅客尊重的目光，收获崇高的服务回馈和赞誉。特别是在航班上服务老人、孩子、突发疾病旅客时，服务中常常会出现乘务人员的蹲姿动作，使得对客服务立刻增添无言中的关爱色彩，把内心的温暖通过肢体动作传达给服务对象。而应试人员根据面试场景中的要求所展现出来的沉着、柔和、稳重的蹲姿，不仅仅是一种美感和服务享受，更能体现出乘务工作所需要的细腻和体贴，迎来场上面试官的赞许目光。

（1）蹲姿标准

① 动作轻缓，柔和，得体，不过于扭捏。

② 下蹲时，两腿合力支撑住身体，保持平衡。

③ 保持头、胸、臀在一条直线上。

④ 将两腿贴紧，臀部向下，形态自然。

注意：在面试中考官没有要求下蹲形态时，可以不做这方面的动作，因为假如表现得不雅观，或者动作不到位，还不如不进行展现，否则会影响考官对应试者的综合评价。

（2）蹲姿练习

① 交叉式蹲姿　下蹲时右脚在前，左脚在后，右小腿垂直地面，全脚着地，左膝由后再伸向右侧，左脚跟抬起，脚掌着地，臀部向下，身体稍微前倾。

② 高低式蹲姿　下蹲时，右脚在前，左脚在后，两腿紧靠。右脚着地，小腿基本垂直于地面，右脚脚跟抬起，脚掌着地。左膝低于右膝，左膝内侧靠于右小腿内侧，两腿贴紧。男生双腿与肩平行，等宽分开，臀部向下，以左腿支撑住身体，保持稳定状态。

③ 半跪式蹲姿　左脚平放在地上，左腿自然弯曲，右脚脚尖着地，右脚跟翘起，将臀部重心落在右脚跟上，右膝向下向右打开。两手平放在大腿上，指尖与膝盖取齐，两肘紧贴两肋，上身挺直，目视前方，保持面部表情自然。

图3-4　空乘蹲姿礼仪

在服务中，通常采取高低式蹲姿或半跪式蹲姿，集体合影时可采用交叉式蹲姿。在练习蹲姿时，要保持标准的下蹲姿势，不要有换腿动作，切不可上身晃动，左右歪斜。

空乘蹲姿礼仪如图3-4所示。

**5. 语言彬彬有礼**

除了站坐有度，还要关注到语言表达有礼，在与面试官的交流沟通中或回答问题时，要把控好说话时的语音标准，并调整好音量与语速的高低快慢，保持适中，配合恰当的情态。

（1）语音标准　发音标准、规范，吐词清晰，不能含混不清，发错音，念错字，能够很容易地听清楚考场上面试学员所说的话，所讲的内容，流利标准的普通话是航空公司对应聘者的最基本要求。

（2）音量适度　声音过大会令人感觉不适，声音过小则难以听清楚，音量的大小要根据面试现场的情况而定。一般情况下，如果面试时距离较近则声音不宜过大，群体面试时，声音不宜过小。声音适度，音量以面试考官能听清楚为宜。

（3）语速适中　语速是指在讲话时声音的快慢。人在说话时同时是心理、感情和态度的流露，其中，语速的快慢与缓急直接反映出说话人的心理状态。语速太快，表明应聘者内心紧张，语速太慢，说明应聘者内心不够自信。

（4）情态配合　航空公司在面试学员时，还会关注到学员们在表达时的情态配合，比如面试表情、手势动作、眼神流露、身体姿势等无声语言，这是乘务工作需要的心理语言沟通。假如在进行口语表达时，没有任何可以观察到的形态和表情流露，犹如面前放了一只会发声的喇叭，即使应聘者的穿戴妆容都无比整齐，也难以让人产生出应有的好感来。

（5）态度平和　在与面试考官进行交流时，说话的态度一定要诚实、肯定，多用正向词语，避免影响情绪的语言，保持自信和自然的微笑。一方面可以帮助你放松心情，令面试的气氛变得更融洽愉快；另一方面，可令考官认为你充满自信，能面对压力。

总之，面试中的语言表达方式必是不可轻视的，要加强平时的语言练习，保持说话时的语气平和，神情自然，这样才能在面试中消除紧张成分，把个人的语言文采与诚恳朴实的表达方式有效地结合在一起，在面试官面前显示个人的优雅形象气质及彬彬有礼的魅力。

### 6. 仪态文雅

气质方面的风度与修养在仪态方面的体现，包括体态、手势、面部各种器官的动作表情等。如果没有良好的气质，即使应聘者穿戴周正，也难以取得较好的面试效果。假如应聘者仪表堂堂，但在面试官面前做出了不文雅的动作，也会让面试官对其印象大打折扣。

（1）小动作不断　有的应聘者在面试答题时，表情木然，神情紧张或过于严肃，目光虚弱散乱；行为举止不当，过分谦恭，弯腰躬背，两手下意识地揉搓，点头哈腰，吐舌头、翻白眼；回答问题时辅助性的手势很零碎，频率过高，让人觉得滑稽可笑；坐姿不正，出现摇头晃脑、抖腿、跷二郎腿等下意识的动作。这些习惯性的毛病经常会让应聘者本来优异的表现大打折扣。

（2）克服小动作　一些面试中无意识的小动作，应试人员应该有意识地去克服和改正，争取在考官面前展现出自己的素养和完美仪态，为自己的形象和表现加分。

① 自己独处的时候对着镜子练习，在心理上多给自己暗示，提高自己对于这些不良小动作的注意，有意识地避免。

② 与同学合作练习，相互监督，改正不良的手势语。

③ 让家人和朋友充当考官，指出你经常性的小动作，有针对性地加以改正，在练习的时候，最好能与家人、朋友保持"陌生"，这样更有效果。

④ 为自己制造心理阴影，一做小动作就惩罚自己，加深自己的印象，提高注意力。

### 7. 修炼好气质

气质是综合的面试要素，在专业知识与训练修学、完善的基础上，自然也离不开个人对良好气质的有意关注，在日常的各种场所保持应有的气质与专业形象，并注意持之以恒。

（1）快乐的心态　有怎样的心态就决定了会有怎样的情绪结果，如果每一天都能让自己调整好心情，保持快乐的心态，好的情绪也会随之而来，而情绪最终可以直接影响一个人的气质表达。试想：假如整天看什么都不顺眼，生活中出现一点点的小事就跟自己过不去，整天愁眉苦脸的，是不会有任何好的形象气质的。快乐的心态，首先是提升气质的开启方法。

（2）正向的思考　凡事要从积极的方面去考虑，用正向的思考方式解决问题，而不要遇到一点难题就乱了主意，更不能总是唉声叹气，或者逢人便倒苦水，一个劲儿地唠叨个人的不满情绪。而应该多说正能量的话，显示出自己的沉稳、大度，在与他人交往时，照顾到别人的感受和反应。正向的思考方法，是提升气质的基本元素。

（3）学会帮助他人　在帮助别人的同时，也会让自己的内心充满快乐感，更能展现出自己良好的气质修养与风度形象，在他人的赞许中提升气质需要的自信，在自我的肯定中发现气质元素，从而清除或减少不必要的负面情绪。学会帮助他人，也是提升个人形象气质的必要方法。

（4）养成良好的习惯　有句话说得好"习惯成自然"，拥有良好的形象气质，并非一朝一夕的功夫，需要长期的坚持，发现有影响个人气质的不利因素主动改正。多与他人保持交往、交流、沟通的好习惯，并注意个人的言行举止表现，面带微笑，流露出内心的真诚，避免反驳式的谈话口气。

（5）自我的鼓励　气质的提升必然离不开个人心底的那股气韵，如果处在情绪低谷的人，再怎么想在人前表现出好的气质来，也是无稽之谈。其实人生在世免不了生活中的磕磕碰碰，在大事小情中总有这样或那样的不如意出现，比如遇到学习中的难题，和他人吵嘴、斗气，生活或工作中出现了一些问题等，这些都可以看作是常态事，关键是要有勇气去面对，多鼓励自己，以正确的处理方式解决问题，而不是垂头丧气，消磨掉必要的气韵支持，难以有足够的自身表现魅力。另外，在平时的强化训练中完善好个人的气质，让仪态举止符合面试要求。

### 三、用好礼貌用语

尊礼崇义向来都是中华民族恪守的交往之道，在五千多年的文明史延续过程中，讲求礼仪礼节已经成为中国人民在社会生活与交往中的约定俗成，显然说好文明话，用好礼貌用语，也是交往中的礼仪要求，而面试礼仪则是中华大礼仪之中的一个具体表现形态。应试者在面试中的举手投足，一言一行都离不开所需的礼仪成分，礼貌语言的良好运用，则会彰显出应试者本身所具有的优秀传统美德和文明涵养。

#### 1.礼貌用语的尊重成分

在面试现场和考官碰面时、回答考官的提问时，还有与考官面对面交流时，起码不能丢掉"您好""谢谢"的常用礼貌语言。假如有问题要向考官请求时，可以用"面试官您好，我可以再重新说一遍吗"，得到应许后，应该先表示感谢然后再接着说；如果有疑问要向面试官请教时，可以用"尊敬的面试官，我想请教您一个问题"……使用礼貌用语也是出于应试者对面试官的必要尊重，虽然表面上看起来这些考官都是航空公司派遣来的，但在实际的面试操作中必然也包含着他们每个人的良苦用心和辛勤劳动，尊重考官也是面试礼仪所需。

#### 2.礼貌用语的亲和成分

"见面三分礼""礼多人不怪"，这是人和人交往的心理写照，从中也不难知道，礼貌用语的恰当运用，可以有效地缩短人和人之间的心理距离，进而快速地产生出彼此之间的亲和力，使对方感受到面试者传达过来的那份愉悦和快乐，能够接纳面试者的表现。所以礼貌用语的亲和成分必不可被忽视，想要面试官对面试者有好感，首先就要把自己对面试官的亲切感通过礼貌语言表达出来，并且带着友好、真诚与温度，而不是客套话。

#### 3.礼貌用语缓和紧张感

往往在面试中会不自觉地产生出一些紧张感来，特别当面对陌生的考官时，很容易有种凝重的气氛，这时如果能够在回答面试官的问询时，轻声柔和地说一句"您好，面试官"或者"面试官您好"，对方一定也会给予面试者礼貌的点头或微笑示意。相信面试官的友好回应，也可以让面试者缓解现场紧张的气氛感，接着把自己想说的话表达出来，而不至于在面试官面前不敢开口，或者过于紧张可能事先准备好的许多内容一时也表达不出来。

另外，无论使用怎样的礼貌言语，都请保持面容的亲切微笑，或许表达不一定能够得到面试官的赞同，但是甜蜜微笑和礼貌言语相信面试官一定不会拒绝的。服务应该是低姿态的，不能高高在上，凌驾于旅客之上，同样在面试中也要学着用谦和的姿态，尊重面试官，不要吝啬礼貌用语，或许面试者的一些良好用心，说不定也会带来意外的好结果呢。

## 四、恰当运用肢体语言

在民航面试中，适当地运用好自身的肢体语言，透过肢体语言无声地传达出个人内心的温柔敦厚和谦恭礼让的姿态和素养，会带给人一种成熟的魅力感，而这些也是空乘需要的，定会赢得面试官更多赏识的目光。不过运用时也要注意其中的细节，做到恰如其分。在这里，着重讲述在面试中如何运用好目光交流，怎样让倾听变得让人喜欢和接受等内容。

### 1. 柔和的目光关注

人们常说"眼睛是心灵的窗户"，透过一个人的目光就可以观察其内心世界的活动，而这样的事实早已被人类证实和普遍运用于现实生活中。比如形容一个人对事物的看法就有"目光远大"和"目光短浅"之说；而形容一个人的表现就有"目中无人"或"目光如炬"之语；再比如形容一个人的机敏就用"眼观六路"之词等。由此可见，目光对于一个人行事的重要价值与作用，掌握了目光的巧妙运用，不但能获得对方的分外好感，为自己赢得不少的尊荣，甚至有可能还会为自己带来意想不到的好运气，收获心中的惊喜。

（1）关于目光关注　在面试中，如何与台上或面前的面试官做到融洽地沟通与交流，让他们直接接收到你此时此刻最真实和最想表达的信息，除了语言表达就是肢体动作。而肢体动作中最好用和最有魅力的利器就是面试者眼睛里发射出来的那束充满神奇魔力的目光。如何做到用目光关注台上或面前的主考官，打动掌管着面试者求职就业命运大权的每一位都不可忽视的核心人物，这的确是件值得面试者认真领会和必须思考的问题。

目光关注不是挤眉弄眼，更不是为了讨好他人有意的暗送秋波，当然也不会是显示自信装作的视若无睹，目光关注其实就是用目光和别人平和友好地打招呼，就像平时见面时人们习惯上所说的"您好"一样自然亲切，双方都感觉舒服，不别扭，甚至会有一种和蔼、和睦、和善、和气、和合、和弦的意思在其中，让面试官觉得你是在尽心尽力地展示自己，愿意配合做好面试中的每一个程式，能感受到踏实与真诚。当面试者微笑着的目光投向面试官的一刹那，细腻周到和礼貌尊重都已经不动声色地全部表达出来，这样的状态是无法用语言来描绘的，所以说目光交流是交流中的最高境界。

（2）目光关注的方法　那么明确了目光交流的重要性，如何正确地使用和利用好目光这一交流法宝，和面试中的考官进行有益的沟通呢？

首先，无论是初试还是终试，尽可能让自己温暖大方的目光关注到每一位考官。但切记不可像摄像机似的进行扫视，而是短时的注目，礼节性地和他们不出声地打招呼，加深他们的印象。

其次，目光关注由心而发。目光是最掺不得假的，它展现的是你内心真实的世界，需要真诚，切记在关注他人时眼珠转动，或左右上下飘移，似乎怀有什么目的和想法。

最后，在介绍自己或回答问题之前，先不要接过来就说，最好适当地关注一下提问的面试官，有个简单的目光交流，再作回答。这样一是显得认真，二是很尊敬对方。

### 2. 倾听的魅力

在面试中还有一点值得大家用心领会，那就是倾听的魅力。倾听的过程实际上就是对问题理解和分析的过程，而从面试者和面试官之间互动的角度上看，倾听显得尤为重要。想想看，平时伙伴们在一起谈心或者聊天，最不喜欢别人的是什么，无非就是你和他（她）说话时，对方的心不在焉，让你觉得不够重视你说的话，心里产生了他（她）对你不尊重的感觉，同样在面试中也需要注意这方面的情况，绝不能给面试官留下心猿意马的不好印象。

（1）倾听的原则　倾听不仅是听到了面试官所问，而且还是如何去听其所问的问题。当面试官向面试者发问时，面试者的眼睛要看向面试官的方位，注意力集中，微笑着接受这个问题，然后回答好。

（2）倾听的状态　倾听的表现其实就是一种和谐的状态。是对这个问题和所问问题的人给予的一种心理及行为上的尊重，当全神贯注地在倾听面试官的每一句话，每一层含义，不同语态背后的重点强调或轻重程度的同时，神情一定显得很专注、很投入、很用心，这就是给予面试官本人的劳动付出的价值肯定及回报，也是在给自己增添力量。

大家知道，在面试中每个人或多或少都会有一些复杂的心理因素存在，加之有时也会受到外围因素的干扰，控制不好很可能就会出现思想难以集中的状况，这时千万不能走神，要沉住气，强迫自己镇静。因为要想让面试官更多地接受自己，抬高面试分值，就要尽力表现出洗耳恭听的神态来，学会倾听，并懂得倾听带来的魅力所在。

## 五、了解空乘规范用语

依据航空公司制定的客舱管理要求，乘务人员在对客服务中一定要使用礼貌用语，在语言表达时还要产生出亲切感来，能让旅客乐意接受自己的语言服务，获得满足心理，其实做到这一点也并不容易。必须掌握好言语使用的轻重缓急，不该说的话一定要切记慎用，说出不当的话要及时挽救言语失误所造成的影响，说话时要关注到旅客的当下需要和内心反应，充分把握好语言在对客服务中的使用分寸与用好礼貌用语。

### 1. 空乘服务语言的规范运用

（1）使用规范性的职业化称呼　对男女旅客使用"先生、女士"，对年轻女旅客称呼"小姐"，对年长一些的男女旅客称呼"大爷、大妈"，对婴儿及小孩称呼"小宝贝、小朋友"等，在统一的称谓上使用"您"来尊称对方。使用规范性的职业化称呼有四点含义。

一是乘务工作的职业化需要。

二是对外交流时的通用称呼语言。

三是让对方感受到尊重。

四是增强对客的服务意识。

因此，在民航运输的对客服务中，良好的职业形象建立是从语言形象开始的，掌握与使用好规范性的职业化交往尊称，是打开乘务员与旅客之间沟通的第一道心灵闸门。

（2）使用规范性的问候语言　在迎送旅客服务及飞行途中的对客服务时，要使用规范性的问候语言，比如：您好、欢迎登机、早上好、再见、欢迎再次乘坐本架航班……在使用问候言语时，一定要注意以下几点。

一是在语言表达时流露出的诚恳和谦逊的态度。

二是语言中带有亲切感的元素。

三是问候时语气不能硬邦邦地。

四是问候语在表达时要带有微笑的面部表情。

如果问候语言中不是带着温度从心底说出来的，旅客是感受不到友好和真诚的。

（3）使用礼貌性的服务语言　在客机上的航程服务中，乘务员需要根据现场的实际情况，给旅客提供及时周到的各项服务，那么在提供服务时的礼貌性语言运用也非常重要。应做到："请"字当先，"您"字在前，迎客"您好"，送别"再见"，"谢谢"常用，失礼道歉"对不起"。

比如：对不起；请您稍候；让您久等了；很抱歉，现在没有多余的毛毯了；请问，我能为您提供什么帮助呢；对不起，是我送错餐食了，我马上给您调换一份；请问，您需要喝点什么饮料吗；您好女士，这是您点的××咖啡……

（4）特殊情况下的服务语言使用　当航班遇到延误、颠簸、起飞、下降等的特殊情况下，对客服务中语言运用就更加必要。

比如：非常抱歉，航班由于气候原因延误了，请您耐心等候，我们会及时提供航班的最新消息；对不起，飞机遇到气流影响正在颠簸中，厕所暂时停止使用；对不起，飞机马上就要下降了，请您收起小桌板；您好，飞机很快就要起飞了，请您系好安全带；对不起先生，客舱中严禁使用电子设备……

（5）对疾病旅客的特别服务用语　遇到疾病中的旅客或旅客途中突发疾病的状况，特别要注意现场语言的恰当使用。

比如：您哪里不舒服呢；喝杯热水，您现在感觉好点了吗；您还有什么需要的吗；您是在什么时候感觉到不舒服的呢；我帮您调整下座椅好吗，这样也许会好点；我们已经做好了急救准备工作，请您不要太紧张；机长已决定航班备降××机场，请您配合我们的救助工作，不要大喊大叫；请您一定要坚持住，飞机很快就要着陆了……另外，乘务人员对靠窗位置的旅客说话时，只能站在过道一侧而不能越过别的客人，也不能较长时间停留在过道中间位置，以免影响其他旅客通行，否则就是一种失礼的行为，这是服务中的禁忌。

**2.空乘服务语言的使用禁忌**

（1）严禁使用指责性语言服务。

比如：你怎么这样啊；你怎么搞的；真不懂规矩……

（2）严禁使用随意性语言服务。

比如：我就是这样的；有本事，你告去好了；没有了就是没有了；就是办不了；现在没空，一会儿再说；你问我，我问谁啊；真不知好歹……

（3）严禁使用不礼貌性语言服务。

比如：你等会儿；你没听见我说的话吗；这是你的饮料；这样不行；把你的安全带系上；把你的小桌板收起来……

（4）严禁使用带有质疑性语言服务。

比如：你刚才不是说……；不是你那是谁；明明听见你说过……；告诉你几遍了，怎么还听不明白呢……

（5）严禁使用带有情绪性语言服务。

比如：面无表情，没有温度，尽管使用礼貌语言也显示说话生硬，再比如旅客一问三不答，连声"谢谢""您好"都不愿说。

（6）严禁使用土语、俚语服务。

比如：使用网络语言，难懂的土语，以及讽刺性语言。

（7）严禁使用带有歧视性语言服务。

比如：种族歧视言语，宗教禁忌用语。

（8）严禁使用歪曲事实的语言服务。

比如：怕麻烦，不想提供服务，有意回避旅客。

（9）严禁使用隐瞒真相的语言服务。

比如：掩盖当下航班上的真实状况，搪塞旅客。

（10）严禁使用伤害性质的语言服务。

比如在航班起飞、下降、颠簸的情况下，要细心地安慰旅客系好安全带，扣起小桌板，在座位上坐好，防止不安全的危险状况发生，而不是粗暴地说"没听到广播吗""真是不要命了"等恐吓的言语，这样会严重伤害旅客的情感，使旅客在心理上不能接受，产生本能的抗拒性，轻者发生言语争执，重者还有可能会受到旅客的投诉。

**3.处理旅客异议时的语言方式**

客舱中集聚了来自四面八方的旅客，除了机组人员以外，乘务员每天要面对的几乎都是陌生的面孔，有时在航班上难免会遇到个别旅客反映的各种问题，处理的方式或语言表达不恰当时，甚至遭到情绪激烈旅客的不同投诉。那么，该如何使用机智巧妙的服务语言化解客舱中的矛盾，减少不必要的冲突，把问题解决在投诉之前呢？

（1）当旅客提出一些航班上难以做到或者不符合航班安全规定的其他事情时，乘务员在回应旅客的要求时就要注意语言的使用方法，表达委婉，态度平和。

比如：对不起，先生，今天的午餐已全部发完了，如果您还有需要的话，我给您下一碗面送来，您看可以吗；您提出的这个问题，我帮您向机组人员请示一下；您好，在飞机下降时这样做十分危险；您先别着急，我给您倒杯水来，您反映的××问题我会向上级领导汇报的；您好，您提出的这个建议，让我先请示一下机组（乘务组）好吗……

（2）对于旅客提出的各种异议问题，乘务员不可使用过激或直接拒绝的语言。

比如：在座位上坐好了，是安全重要还上厕所重要；跟你说过好几遍了，不行就是不行；我怎么能和你一起外出呢，真是可笑；飞机又不是酒店，你想干什么就干什么……

其实大部分情况下，语言是解开旅客心结的一把万能钥匙，但表达不正确的话也会好心办坏事，增加反向的作用力，达不到想要的沟通效果。甚至，很有可能还会有损旅客的情面或者激化旅客的不良情绪，导致矛盾性质的升级，造成问题难以处理。如果转一下弯，变换一种回应的言语方式，给旅客留一个缓冲的台阶会比较好。

教育家、作家、美术评论家、翻译家及中国民主促进会缔造者之一的傅雷先生有句名言："有了真诚，才会有虚心，有了虚心，才肯丢开自己去了解别人。"其实对于乘务职业而言，真诚服务，何尝不是那份时刻了解旅客真实需要的正常服务状态呢？在任何情况下，都要始终保持谦逊的态度，知礼达仪，尊重善待，换位思考，把握好语言表达及礼貌用语的巧妙运用，用得体恰当的行为举止，用无声胜有声的肢体语言，用细心表现赢得面试官和旅客的信任及赞许，才能当好一名空乘人员，在今后的工作中诠释出旅客所需要的"真诚"来。

## 第二节　了解面试中的涉外服务礼仪

随着中国改革开放的脚步不断向前迈进，中国的民航运输事业也进入了蒸蒸日上的大发展和大建设进程中，同时，国际航线的拓展及开通，也必然会推动中国与国际间更多友好交往与合作共建，航班就是连接中国与世界的桥梁与纽带。航班其实不仅仅是运送旅客的空中交通工具，更是中国对外展示大国风范的一个形象窗口。无论是哪个国家来华的友好人员，也不论他们是来中国旅游、访问、探亲、会议、交流、政治活动等的一切事务，都有可能最先接触到中国的民航服务，那么，作为一名乘务人员就是要守护好这扇窗口的对外形象。

因此，乘务人员本身具备的服务素质、操作能力、思想涵养、知识修学，包括涉外的基本服务礼仪等高超能力，都是十分必要的，也是不可被忽略的。另外，面试外航也需要关注一些最常用的涉外礼义，以便得到外航面试官的更多肯定与认可。本节介绍一些涉外的服务礼仪，期望能够通过这部分内容的学习，提升乘务职业技能。

### 一、关于涉外礼仪

#### 1. 涉外礼仪的概念

涉外礼仪是对一切涉外交往、商务活动礼仪等的统称或简称，是指中国人在对外交往合作中，用以维护自身形象和向交往对象表达尊敬与友好的约定俗成的习惯做法，并按照国际惯例行使交往中的涉外礼仪规则。这里所说的国际交往惯例，是指在参与国际交往时必须真实了解，并予以遵守的国际通行的常规做法。中国人讲"一里不同俗，十里改规矩"，更何况是跨国的交往呢？因国家背景、文化、理念、信仰等存在着多重性的差异化叠加因素，一般情况下，在与外国人打交道时，如果对他国的风俗民情不够了解，或者缺乏国际交往经验，要想使得自己的举止得当，表现得恰如其分，唯一且必要的正确做法就是遵守国际交往惯例。

其实说句大白话，国际交往惯例就像是中国通用的普通话，而各国的国情民风、生活礼节与交往习俗就犹如中国各地的方言，虽然各不相同，但普通话是统一的国内标准语言。《中华人民共和国民法典》中，有这样的规定："中华人民共和国法律和中华人民共和国缔结或者参加的国际条约没有规定的，可以适用国际惯例。"通常在国际交往中，由于涉及的认知面比较广，相应的国际交往惯例的规则内容也较丰富，应很好地了解与掌握。

### 2. 涉外礼仪的重要性

"有朋自远方来，不亦乐乎"，中国自古以来就是一个热情友好的礼仪之邦，新中国成立后，以毛泽东主席、周恩来总理为首的第一代新中国领导人开辟了影响世界的中国外交风范，给国际社会带来一股清新靓丽的大国外交形象。特别是改革开放以来，中国与各国之间的互信友好往来日益频繁，以及在"一带一路"合作倡议实施下，中国与周边国家之间的合作领域不断拓展，涉外礼仪也在今天中国的大外交舞台上，扮演着越来越重要的角色，其内涵与影响真正地走上了一个更深、更广泛的价值层面。

邓小平同志曾经明确指出：中国的外交以国家利益为最高准则。因此，在与外籍人士交往或应酬时，必须始终关注两个方面的问题：第一是要向外方表达出中方应有的尊重与友好；第二是要在对方面前维护好我方的国格与人格，保护好国家利益不受损害。中国在当今世界经济发展中的地位与亮度，已经令国际社会及各国人士刮目相看，同样，中国的涉外工作必须在抢眼的强国发展和建设中照亮全世界，服务好全人类。与以往任何时候比较起来看，当今的中国才是真正迈入国际社会中的一员，中国的涉外人员也应该具有真实开阔的国际视野。中国的涉外工作要努力促进世界的和平发展与合作共赢，促进国际社会的繁荣与稳定，共同建设好人类命运共同体，让世界人民受益。

举一个近期轰动全球的新闻人物——孟晚舟女士的例子。2021年9月25日，华为公司首席财政官孟晚舟女士乘坐中国政府包机（国航）在被迫与祖国分离三年后终于回来了。时间追溯到2018年12月1日，华为公司首席财务官孟晚舟在加拿大温哥华过境转机时，遭加方任意拘押，经历了漫长的1028天。据相关新闻报道，这是一起由美国策划操控、加拿大协助实施的针对中国公民的阴谋迫害事件。美国对孟晚舟所谓"欺诈"的指控纯属无端捏造，目的是打压中国的高技术企业，进而阻挠中国尖端科技的发展。习近平主席对这件事亲自过问，中国政府想方设法地帮助孟晚舟女士完成回国心愿，在经过两年多的不懈努力下，孟晚舟女士也终于平安地回到祖国，与家人团圆。在核心利益问题的外交上，中国表现得不卑不亢，据理力争，中国政府坚定不移地维护中国人民的利益。

在孟晚舟女士走下悬梯的简短发言中，有一句话"如果信仰有颜色，那一定是中国红"立刻刷屏，登上了2021年国庆热语榜首。其实，孟晚舟女士回国这件事无论从哪个方面看，都是中国政府在外交史上的一次伟大胜利，也是中华人民共和国涉外交往中很有分量的杰作。就像当年以钱学森为代表的爱国科学人士的回国一样，无不彰显着涉外交往的重要作用，中国政府和人民团结一致的力量，共同维护好国家在国际舞台上的平等交往权力的重要性。

中国政府和人民一贯遵守和平交往的外交政策，在平等互利的基础上建立新型的对外交往关系，发展同世界各国人民之间的友谊。在涉外交往中的平等权利，还具体体现在：当中国企业与华商在境外遭到歧视时，中国政府会立即出面给予积极支持与帮助；当中国公民在境外遇到意外伤害或遭到武力劫持时，中国政府会不遗余力地对其进行营救；当中国公民在境外受到不公正的对待时，中国最高领导人直接出面与有关国家进行交涉，从中体现出中国政府对人权的高度重视，对中国涉外公民的真实保护，以人民为中心的治国理念。

毋庸置疑，乘务人员更应该学习好涉外服务礼仪，处处体现出大国的形象气质，体现出中国民航人应该拥有的大服务心胸，以求同存异，服务好所有的中外旅客。以不损害世界人民与别国人民的根本利益为前提，以自觉地保护好本国利益不受伤害为宗旨，在任何情况下，都要遵守国际交往的原则，体现中国应有的涉外形象。

### 3.涉外礼仪的基本规则

涉外礼仪的规则，是指中国人在与外国人接触时应该遵守的涉外礼仪的基本原则，在涉外交往中的每一位中国公民，对原则内容都必须了解及加以实际运用。在民航运输业国际化的今天，乘务人员的服务对象也呈现国际化的态势，航班乘员中会有越来越多的外籍旅客，工作中还会有不同肤色的外籍同事，不了解与掌握涉外交往的规则，就难以做好旅客需要的服务，也很有可能在涉外交往中出现失礼的窘态，甚至还会导致旅客投诉的严重后果。

（1）关注形象，不卑不亢　首先，在国际交往中，讲究仪容仪表的整洁，个人形象的良好，身心洋溢着应有的精神风貌，所以，在一切涉外活动中，都要关注个人形象，并且维护好国家形象、集体形象、企业形象。一是穿着得体，二是举止适度，三是谈吐大方，四是态度平和，五是体现大国气质风范，在正式的外交场合中，给外籍友人留下美好的第一印象。

其次，应该意识到个人形象是国家和企业形象的代表，也代表着中华56个民族，以及拥有960万平方公里的土地、14亿人口的东方大国。因而在涉外场合，要讲究言行得体，表达从容，既不应该表现得畏惧自卑，低三下四，也不能表现得狂傲自大，气焰嚣张，而是拥有堂堂正正、不卑不亢的平等外交态度。周恩来总理曾经要求中国的涉外工作人员："具备高度的社会主义觉悟。坚定的政治立场和严格的组织纪律，在任何复杂艰险的情况下，对祖国赤胆忠心，为维护国家利益和民族尊严，甚至不惜牺牲个人一切。"无论面对怎样艰难的外交形势与复杂多变的国际情况，中国涉外工作人员都应该维护好国家和民族的根本利益和尊严，始终忠于祖国，坚持正确的外交原则不动摇。

（2）求同存异，信守约定　国际交往，是跨民族、跨国家、跨文化、跨习俗、跨心理的一场融合与对接，其中可以在交流往来中产生出耀眼的光芒和火花，也难免会生出一些对碰中的纠结与认知差异，但只要本着求同存异的原则，是可以妥善地处理好涉外交往中的一切问题的。对于双方在礼仪与习俗方面的差异必须予以承认，并进行必要的了解，要排除评判是非或鉴定优劣的认知观。所谓求同存异，是指在涉外交往中为了减少麻烦，避免不必要的误会，既对交往对象所在国的礼仪与习俗有所了解并予以尊重，更要认真遵守与执行好国际上通行的礼仪惯例。

在一切正式的国际交往中，双方都必须认真而严格地遵守约定的所有承诺，尤其是对于双方约定好的会谈时间要恪守不怠。在涉外交往中，真正地做到信守约定，说话务必要算数，承诺一定要兑现，约会必须如约而至。因此，在涉外人际交往中，必须谨慎许诺，对已经作出的约定，要严格而认真地遵守，不可马虎对待。由于难以抗拒的因素致使有约难赴，应及早向有关各方进行通报并如实解释，还要郑重地向约定方致以歉意，并且按照双方的规定及惯例，因此给对方所造成的某些物质方面的损失主动承担起来。

（3）以右为尊，女士优先　依照国际惯例，在进行人员排列时，要遵照右高左低，即以右为尊的原则。无论是政治磋商、商务交往、文化交流，还是私人会面、社交应酬等，都要关注到这一点。

女士优先的交往原则，是指在一切社交场合中，成年男子都有义务并且主动自觉地尊重和体谅妇女，照顾和关心妇女，尽心尽力地保护好妇女，为她们排忧解难，并且一视同仁。

（4）尊重隐私，热情有度　在涉外交往中讲求尊重隐私，不该问的个人隐私问题一律不要问。通常在国际交往中，收入、年龄、婚姻、家庭、健康、经历、信仰、政见等，都属于个人隐私，在与对方的交流谈话中，要尊重外籍人士的隐私权，不要主动涉及以上这些方面的问题。

在参与外事活动中或者在涉外工作中，还要掌握好热情有度的原则。一方面要表现出中国人热情待人、友好往来的诚恳意愿；但另一方面也不要在对方面前，过分地表现出个人的好奇心理，或者是故意向对方献媚。一定要把握好热情有度的分寸，否则，很可能导致事与愿违，或者过犹不及的结果来。保持热情待人的友好距离，言语有度，举止有度，文明礼貌，谦和作风，不应刻意地恭维对方，或者做出一些出格的热情动作。

（5）不宜先为，不必过谦　在一切涉外交往中，面对自己一时难以应付或举棋不定，不知道到底如何做才好的情况时，明智的做法是尽量不要急于采取行动或急于抢先，冒昧行事。最好是先按兵不动，静观一下周围人群的所言所作，然后采取一致的行动。随同绝大多数人的行动或意见。

如果涉及对自我的评价时，应做到实事求是，客观公平，不自吹自擂，明显地抬高自己，但是也绝对不要自我贬低，妄自菲薄，轻视自己，不让对方产生虚假的感觉。

（6）尊重习俗，爱护环境　尊重习俗也是涉外礼仪的基本原则之一。在涉外交往中要真正做到尊重交往对象，首先就必须尊重对方所独有的风俗习惯，不能有讽刺的语言或表情。尊重外籍人士或他国的民俗风情，其实更容易增进彼此之间的理解及沟通，有助于交往的顺利开展，增进友谊互信。

自觉地对身边的环境加以爱惜和保护，也是涉外交往中的一项基本原则。人类共同生存的地球环境，必须共同而积极地给予保护。在当今的国际舞台上，环境问题不仅仅是每一个国家关注的现实问题，也已经成为舆论倍加关注的人类生存生活的焦点问题之一。不损害自然环境、不虐待动物、不损坏公物、不乱堆乱挂私人物品、不乱扔乱丢废弃物品等，是我国公民的文明公德，更是国际交往中的原则和共识，也是人类文明进步的必然要求。

### 4.空乘涉外礼仪掌握要点

乘务人员在工作场合，不管是服务外籍旅客，还是在与身边的外籍同事相处的过程中，都必须掌握好必要的涉外礼仪，在一切的外事活动及与外籍人士的交往中都应该遵守他国人民的宗教信仰、遵守国际惯例，在着装礼仪、餐酒礼仪、以右为尊、女士优先、正确行拥抱礼或亲吻礼、尊重隐私等方面与国际惯例接轨。空乘涉外礼仪应做好如下几点。

（1）在航班服务中，要真实地了解旅客的宗教信仰，执行好涉外服务礼仪。对外籍旅客的餐食需要、语言禁忌等，做到关心有度，把握好分寸，不破坏服务中的礼仪红线。

（2）在与外籍人士的交流谈话中，注意回避个人的隐私，做到：不问年龄、不问婚姻、不问性别、不问收入、不问健康、不问生活经历及家庭情况等。

（3）出差或出境旅游时，经过海关的通关验证，切记不可随意拍照和录音，并且要主动配合官方人员的正常检查程序，还要特别留意个别国家对微信有哪些限制内容。

（4）在公共场合中，应把手机设置为静音模式，或者把音量调低；不要对别人隔空喊话或大声喧哗，需要与他人交流沟通时，说话的声音以谈话双方能听见为宜；在公共交通工具上需要通电话时，尽量压低声音，避免大声说话，不可影响到周边的人。

（5）在餐厅就餐时，不要享用自带的食物及各种酒水饮料；自助餐以少量多次为原则，不要造成浪费；在超市或商场等一些购物场所消费时，对所购物品不要随意地讨价还价，主动排队等候收银员的提示，结账后礼貌地离开；入公厕时，不是在洗手间门口排队等候，而是在大门外。

（6）在酒店房间内，不可晾晒贴身衣物，更不能错把晾衣架挂在房间内的烟雾警报器上，以免引发烟火警报；不要用酒店里的烧水壶煮泡面、鸡蛋；不要穿一次性的拖鞋进入酒店大堂或餐厅内，不能穿着睡衣在房间门外走动；在国外接受服务、离开酒店时，都要支付小费。

（7）在航班飞行中，乘务人员对外籍旅客的服务，应做到平等对待，不卑不亢，不热情过度，不随便讨好，知道信时守约；不随意给旅客拍照，或找外籍旅客合影，不随便抚摸外国小孩的头顶；如果需要与外籍旅客交谈沟通时，避免表现得过于客套，来自对方的赞美可大方接受，并且在交谈中，应该回避涉及他国政治、民族矛盾等的一些敏感话题。

（8）在对外籍旅客的航班服务时，举止有度，慎用手势语，以免引发不必要的误会。例如：在英国、德国等国家，手心朝向自己的"V"手势带有嘲讽的意味；在土耳其、比利时等国家，OK手势表示性侮辱或者映射同性恋；而在法国OK手势则表示没有意义或毫无价值。

遵守与执行好涉外服务礼仪的准则，做好得体、恰当的对外航班服务，也是乘务人员自我素质修养的必然要求。一方面了解涉外礼仪的重要性，掌握和运用好涉外服务礼仪，可以很好地避免涉外服务中的不恰当礼仪行为；另一方面通过良好的涉外服务操作，培养出个人的国际服务形象，并且养成自觉遵守国际通则、惯例的礼仪服务习惯，历练出大方自信的乘务职业风度。另外在外事交往中，对约定好的事要信时守约，不遵守约定的人是不被信赖的。

## 二、涉外活动中的规范礼仪

俗话说"人无礼则不生，事无礼则不成，国无礼则不宁"，行业无礼则不兴。随着我国民航运输业的日益强盛与发展壮大，涉外交往层次与要求也越来越高，而空乘人员的个人形象背后，折射与代表的是国家形象、行业形象、集团形象和公司形象。人们常说涉外无小事，在关系到国家和企业对外形象的国际交往过程中，乘务工作者展示出来的求同存异、不卑不亢、信守承诺、尊重隐私、女士优先的基本原则，是涉外礼仪所彰显的大国风采。具体规范如下。

### 1. 仪容仪表要求

仪容仪表是外事活动中的第一形象。正式场合下，男士应当选择深色西装套装，熨烫整洁，搭配白色或浅蓝色衬衣，衬衣袖口露出 1～2cm，领带应于站立时下触腰带，单排两粒扣西装只扣第一粒，单排三粒扣西装扣上面两粒或中间一粒，双排扣西装则要全部扣上。皮鞋应选择黑色，也可选深棕色，上油擦亮，袜子应与鞋、裤同色，切忌穿白色袜子。端坐时，裤、袜之间不可露出腿部皮肤，同时西装衣袋和裤袋里不可放过多的东西，以免显得鼓鼓囊囊的，影响服装的整齐效果和穿着所需的外观美感。

正式场合下，女士应当轻抹淡妆，保持头发清爽整洁，可着西服套装或裙装，套裙过膝为宜，颜色高雅，如穿着裤装，应长及鞋面，面料有垂感。非正式场合下，男士可着不同色系的西服上衣与西裤。

### 2. 会见活动原则

外宾的会见活动日程一旦确定好后，不宜随意更改。迎宾时，一般情况下主人在会见厅内门口迎接，并由礼宾官介绍出席人员，其他出席人员按顺序站立于座位前方，等待宾客，及时与外宾相会，行握手礼。位尊者或主人先伸右手，面含微笑，双眼注视对方，此时所有人员应挺胸收腹，两肩平齐，双臂自然下垂，谈话时面向对方端正站立，并保持一定距离。座次安排应以右为尊，各方就座后，男士西装纽扣需解开，保持上身挺直，双脚自然放松的状态。女士穿着裙装入座时，拢平裙摆，坐于椅面三分之二处即可，两膝相抵，双腿并拢，正放或斜放于一侧，如果交叠时应一前一后，落座时，不宜将宽大的沙发椅面坐满。

与外宾交谈时，压低音量，确保交谈对象听清楚即可。若使用交替传译时，需注意语句停顿，留有翻译空隙，同时，保持正常语速，快慢适中，张弛有度。会谈中，一般不主动谈及敏感话题，万一对方谈话中有危害到我们国家的主权，领土完整或其他歪曲历史事实等的内容时，务必当面予以回应与纠正。会见结束后，由礼宾官邀请宾主双方起身在座位前握手合影，如安排当面赠礼环节，则握手合影后，礼宾官将主方礼品交予主人，由主人将礼品赠予主宾，双方共持礼品再次合影，赠礼后，如有需要双方可互换名片，名片应双手递送，将外文文字朝向对方。外宾离开送行时，主人应在会见厅内门口握手话别。

### 3. 大会致辞要求

在有外宾参加的大会致辞中，往往会考验综合素养与精神风貌。根据礼宾秩序，致辞人员上台前应起身扣上西装第一颗纽扣，按照工作人员的引领上台致辞，发言时需站姿端正，并与台下观众保持适当的目光交流，要求与会人员耐心聆听，并保持现场安静。

### 4. 签约见证讲究

举行签字仪式时，客方签字人面对来宾居右而坐，主方签字人面对来宾居左而坐，见证人员则按职务高低，各自由内向外排成一行，站立于己方签字人身后，签字完毕后，双方握手，面向媒体拍照，再与见证人合影留念，需要注意的是，合影时西装必须系纽扣。

### 5. 陪同参观注意

陪同参观过程中主人与主宾并排同行，主宾位于主人右手侧，翻译紧跟主人身后，其他陪同人员呈扇形跟在主人与主宾身后，行走时，步态轻松自然，步伐大小适中，身姿挺直，自然稳健，在讲解员进行讲解时应认真聆听，避免交头接耳。

### 6. 用餐礼仪

如果用餐前宾主双方已进行了会谈，则入席后主人可在座位上起身简要地向来宾表达欢迎之意并举杯祝酒，如用餐双方并未进行会面，则宴会开始前可在厅内安排致辞环节，由宴会出面主人致祝酒词。在西方，用餐礼仪向来是值得赞赏的美学享受，因而掌握优雅的用餐礼仪也是必修课。餐具以左叉右刀为原则，食用面包时，面包需放入面包碟，手撕小块，用小刀切黄油，不可蘸汤；喝汤时应用汤匙，由内向外舀，汤匙就口，七分满为宜，使用完毕汤匙需置于盘内，牛排使用中等刀叉，由外向内切，切一块吃一块；食用意面时，以勺相辅，用叉卷起食用，卷起时意面不宜太满；用餐前应先将餐巾打开，对折后铺放在膝盖上，餐巾仅用于擦试嘴和手，擦试嘴巴时，应拿起餐巾的一角，轻轻按压嘴角；用餐时，刀叉尽量不要叮当作响，如中途离座，刀叉在盘内摆成八字形；餐巾放置在座位上表示尚未用完，用餐完毕后刀叉并排横放盘内，柄朝右方可离座。

在西餐中，酒是食物的重要搭配。一般情况下持高脚杯时，应用拇指、食指及中指捏住杯颈，手不可触碰杯身，以免手部热量影响口味；而持矮脚杯子，应用手心托住杯身，借助手心温度加速酒的挥发，敬酒时应目视对方。正餐完毕后，咖啡更是交谈场合必不可少的饮品，饮用咖啡时，应将咖啡勺取出放于碟上，加糖时，若是砂糖，拆过的砂糖纸袋应置于碟内。除此之外，还要注意到不同宗教信仰的人在餐食方面的禁忌。

### 7. 观看演出要点

观看演出时，应按号就座，位置若在中间，则要礼貌地从其他人面前通过，落座后要脱帽以免挡人视线，在观看演出时应保持安静，手机调静音。交响音乐会有二至三次谢幕和返场，观众应在演员总谢幕结束后再起立鼓掌，在确认指挥和乐手离座退场后，方可退场。在涉外交往中，真诚的微笑总能迅速缩短彼此的距离，期待每一次涉外之旅都能从容得体，不卑不亢，向世界展示中华民族的深厚积淀与自信风采。

## 三、涉外交往活动中的酒类

在国际交往活动中，一般宴请宾客都少不了用到本国的名酒。一是在宴会中向客人举杯敬酒，以表达对宾客来访的欢迎和重视，二是酒也可以起到活跃气氛的作用，三酒也是西方一些国家餐食中的组成部分。因此学习涉外服务礼仪，必然要了解酒类及其喝法，特别是烈酒。

### 1. 关于世界上的烈酒

烈酒，就是高浓度的烈性酒，也叫蒸馏酒。烈酒，通常被人们习惯性地分为：白兰地、伏特加、朗姆酒、龙舌兰酒、金酒/杜松子酒、威士忌六类，也有将中国白酒、日本清酒一并称为八大烈酒。

（1）白兰地　白兰地，产自法国，通常被称为"葡萄酒的灵魂"。白兰地是英文Brandy的译音，意思是"烧制过的酒"。是以水果为原料，经发酵、蒸馏制成的酒，一般酒度在40～43度之间。虽属烈性酒，但由于经过长时间的陈酿，其口感柔和，香味纯正，饮用后给人以高雅、舒畅的感觉。白兰地的主要品牌有：人头马、马爹利、轩尼诗和拿破仑等。

（2）龙舌兰酒　龙舌兰酒又称特基拉酒，产于墨西哥一个叫特基拉的小镇上，也被称为"墨西哥的灵魂"。此酒是以龙舌兰为原料的，龙舌兰是一种龙舌兰科的植物，通常要生长12年左右，成熟后割下送至酒厂，然后泡洗、榨汁后加入糖进行发酵，经过两次蒸馏制取而成。

（3）朗姆酒　朗姆酒也称兰姆酒、蓝姆酒，产于古巴。是以甘蔗糖蜜为原料生产的一种蒸馏酒。用甘蔗压出来的糖汁，加入特殊的生香（产酯）酵母和有机酸的细菌，共同发酵后，经蒸馏、陈酿制成。朗姆酒的颜色，呈现微黄或褐色，具有甜润与细腻的口感，散发出芬芳馥郁的香味。

（4）金酒/杜松子酒　金酒或称杜松子酒，它的故乡在荷兰。这种酒的发明，最初是作为清热利尿的药剂使用的，是由一位荷兰的大学教授席尔毕斯发明的，当初的目的是给荷兰人预防感染热带性疾病而饮用。但是后来发现这种利尿剂温雅醇和、口味清爽，香气和谐，就被人们作为正式的酒品。知名的鸡尾酒马丁尼，就是由此酒调制而成的，故也有"鸡尾酒的心脏"之妙喻。

（5）伏特加酒　伏特加酒，产地为俄罗斯。以谷物或马铃薯为原料，经过蒸馏制成后，再经过活性炭过滤，使酒质更加澄澈、晶莹，色泽透明，清淡爽口，中性口感及烈焰般的刺激形成伏特加酒独有的特色与风格。因而在调制各种鸡尾酒的基酒中，此酒是最具变通性、灵活性和适应性的一种。

（6）威士忌酒　威士忌酒也被称为"生命之水"，主要生产国为英语国家。以大麦、小麦、黑麦、燕麦及玉米等谷物作为原料，经发酵、蒸馏后放入橡木桶中，再经陈酿与勾兑而成的一种酒品。威士忌酒主要分为：爱尔兰威士忌、苏格兰威士忌、加拿大威士忌与美国威士忌。

（7）中国白酒　白酒又称烧酒、老白干等，是中国传统酒品，其历史悠久，品类繁多，白酒也是中国人节日、庆典、亲友聚会时的必备佳饮。白酒以粮食谷物为主要加工生产原料，使用大曲、小曲或麸曲、酒母等为糖化发酵剂，经蒸煮、糖化、发酵、蒸馏而制成的发酵蒸馏酒。其酒质无色（或微黄）透明，气味芳香、纯正，口感绵甜、爽净。中国各地的酒类名品十分丰富。

（8）日本清酒　清酒是日本人的国酒，有各种各样的口味，一直是日本人最常喝的酒类饮品。它是借鉴中国黄酒的酿造法而发展起来，日本人常说：清酒是神的恩赐。在各类宴会上、结婚庆典中，在酒吧或百姓的餐桌上，都可以看到人们在饮用清酒。

2.烈酒的几种喝法

烈酒的喝法多种多样，况且不同的人群对于每种烈酒也有饮用时的偏好，比如纯喝、追水、用饮料与果汁调制，以及加冰块等。下面，通过表3-1进行介绍。

表3-1　六种烈酒的喝法

| 白兰地 | 龙舌兰酒 | 朗姆酒 | 金酒/杜松子酒 | 伏特加酒 | 威士忌酒 |
|---|---|---|---|---|---|
| 可加入苏打水、可乐等 | 加橙汁、柠檬汁、雪碧，或小杯纯饮（先在手的虎口处放点盐，备好柠檬片，先舔盐，然后一口喝掉，最后咬柠檬片） | 加青柠汁、可乐、苏打水等 | 加汤力水、冰块等 | 可以加入橙汁、青柠汁、鲜榨苹果汁、西柚汁、苏打水等 | 可以加可乐、苏打水等 |

注：一般情况下，由一种烈酒加入其他饮料、果汁或追水的，加入冰块等，大多都是烈酒1盎司，然后加入3倍的饮料或水，对烈酒进行调制后饮用。一盎司等于30毫升（英式量酒器），如果用美式量酒器，一盎司大约等于28毫升

3.饮酒注意事项

（1）浅饮慢酌　无论在什么场合下，酒都不可喝得太急，小口细品为好。

（2）不空腹喝酒　有酒必有菜，酒、菜是佳配，因此喝酒时佐以下酒菜，避免空腹

喝酒。

（3）不宜直喝烈酒  在喝烈酒之前，添加冰块，或用饮料、果汁进行适度稀释、调制。

（4）注意饮酒频次  酒不可急喝、多喝，更不能连续地喝酒，让身体留有缓冲时间。

（5）避免借酒消愁  当情绪低落，心情不好时，或者身体困乏时，且不可大量喝酒。

（6）不应强劝酒  每个人的酒量不同，要根据自己的实际情况定量，且不可意气用事，勉强干杯，更不能强劝别人喝酒。特别是要注意外籍人士的饮酒习惯，不可强劝。

（7）不能用酒服药  服用西药后，不可马上喝酒，或者酒后吃药，更不能在酒桌上一边喝酒一边吃药，不能以酒代水。

（8）避免经常喝烈酒  烈酒喝多必然容易伤身，对自己的健康不利，特别是本身有肝方面疾病的人最好不饮酒。再者，饮酒后应多吃新鲜水果，多喝水，适当补充维生素。

人们常说"无酒不成席"，但饮酒要适可而止，特别是有外籍人士参与的酒会，要注意把握分寸，自己不能多喝，更不能向外籍友人劝酒。另外，要及时关注酒桌上的个人形象及言谈举止。喝酒切不可一醉方休，酒后失态，胡言乱语，影响到正常的交往及事务办理。

## 四、涉外服务礼仪关注事项

由于历史、文化、民族起源、地理位置的差异，世界上每个民族的风俗习惯、宗教信仰不同。那么，作为一名乘务人员要想服务好广大的中外旅客，必须掌握不同国家与地区的民族风俗、饮食禁忌，避免在服务中出现不合时宜或有违旅客信仰的不正确举止。

作为一名乘务人员应主动了解各国习俗，避免触碰他国禁忌，清楚掌握涉外服务礼仪中的言行举止，对待外籍旅客，还要按照国际交往惯例执行好相关的航班服务。

1. 宗教饮食禁忌

伊斯兰教：信仰伊斯兰教的人不吃猪、狗、驴等兽类动物；不吃鹰、鹞等禽类鹰钩嘴且吃肉或杂食的动物；不吃无鳞、鳃、鳍（划水）的水产品；不吃蛇、青蛙等动物；不吃一切自死的动物、血液及未按教规屠宰的动物。

佛教：佛教信仰者吃素食，不吃荤腥类食物，也不饮酒。

基督教：信仰基督教的人不吃血制品、非宰杀的牲畜，有些基督教信仰者不食猪肉。

天主教：信仰天主教者在星期五不吃热血动物，如猪、牛、鸡、飞禽、羊的肉，但鱼虾等水族的肉可以食用。

印度教：印度教规规定严禁吃牛肉，因为印度人奉牛为神。

犹太教：在犹太教的饮食禁忌中，除伊斯兰教的禁忌外，还不吃如甲壳类、螃蟹、虾、龙虾、龟等动物类的肉食。

2. 行为上的忌讳

意大利人不能当面谈论政治与经济方面的一些国家敏感问题；如果与英国人站着谈话时，手插口袋是不可以的，也不能当着英国人的面有耳语、拍打其肩部的行为动作；与新加坡人交谈时，也不要谈论关于政治、宗教信仰方面的一些话题；信仰印度教者，不吃别人接触过的食物，忌讳众人在同一个盘中取食；假如跟泰国人接触时，切记不要动手拍打对方；日本人很忌讳三人一排合照，因为他们认为夹在中间的人将会有厄运发生；与墨西哥人在一起，不要用中国人习惯的手势来比画墨西哥小孩的身高，因为他们认为这种手势带有侮辱性，只配用于动物。

### 3. 肢体表达注意

空乘在航班服务的过程中，不仅要注意语言是否得体，还要特别注意自己的行为举止是否恰当，避免出现任何服务中的尴尬场面。客机上有外籍小旅客时，不要随便抚摸小孩的头顶或头部，很多信教国家认为小孩的头是神圣的，不可侵犯的。当看到尼泊尔人在摇头时，表示赞同的意思，千万别误会当成是不要或否定。西方人，特别忌讳别人乱动自己的衣物。还有，一些阿拉伯国家的人忌讳同性之间的挽手携肩。另外，比如马来西亚、泰国、缅甸、印尼、阿拉伯等一些国家，则认为人的左手是肮脏的，忌讳用左手给别人递东西、拿取食物或接触别人的肢体行为。

### 4. 颜色忌讳

墨绿色，是法国、比利时人忌用的。

黄色，在巴基斯坦是僧侣的专用服色，普通人很忌讳；委内瑞拉用黄色作为医务标志；而叙利亚的人将其视为死亡之色。

黑色：一些欧美国家的人，认为黑色是对死者的哀悼和尊敬，是丧礼的颜色。

淡黄色：埃塞俄比亚人以穿淡黄色的服装表示对死者的深切哀悼。

绿色：日本人忌讳绿色，认为绿色是不吉祥的颜色。

白色：印度人、摩洛哥人，忌用白色。

蓝色：比利时及伊拉克人，在遇到不吉利的事时会穿蓝色衣服；埃及人也认为蓝色是恶魔的象征。

### 5. 对花卉的忌讳

郁金香：在土耳其被看作是爱情的象征；而在德国人却认为郁金香是没有感情的花。

菊花：在法国、比利时及意大利的人眼中，菊花是与死亡相关的，只能在墓地或灵前使用；但在日本，却是皇室的专用花卉。

百合花：不能送百合花给英国人，因为他们认为百合花有死亡的意味。

荷花：在中国以花中君子、高洁之花著称；而在日本人眼中，荷花则被认为是不吉祥的花卉，仅用于祭奠的活动中。

因此，在服务外籍旅客或接待友好人士时，摆放花卉前，应该首先了解清楚对方国家在这方面的通常习俗与相关禁忌，避免导致误会的状况发生。

### 6. 赠予上的讲究

法国人、美国人忌讳将香水作为赠予物品；而在意大利、巴基斯坦及巴西等部分国家和地区，忌讳将手帕作为礼物赠送他人；在委内瑞拉、古巴、智利等一些国家和地区，不能将刀剑作为赠品，否则将被看作切断一切往来关系；中东一些国家和地区的人，忌讳赠送酒品；而日本人则忌讳将梳子随意赠送他人。

所以在服务外籍旅客时，一定要注意自己的言行举止及物品、餐食，既要体现航班上友好周到的服务，又要体现出对有宗教信仰者的尊重和重视，千万不能疏忽大意，避免有违禁忌的服务举动或有禁忌的操作行为出现。

## 五、特殊餐食的供应

特殊餐食是属于航空餐食中的订制部分，是航空公司为满足一些宗教人士、儿童、老人、素食者以及身体有某种疾病限制饮食乘客等的特殊需要而设置的餐食加工订制办法，以更好地为此类旅客解决在飞行途中的餐食需要问题，是航空公司运输规定中的对客服务项目之一。根据国内航空公司对特殊餐食的订制内容显示，宗教信仰类餐、素食餐、保健餐、儿童餐、体质要求餐等统统被列为特殊餐食服务，归纳起来大概有二十多个品种。可见品类之丰富，内容涵盖之广泛，只有旅客想不到的，没有航食不会做的，切切实实地体现了航空公司为旅客着想和满足旅客需要的精细化的民航运输服务理念与关怀性服务措施。

从满足旅客特殊需要的角度上来看，现在航空公司推出的特殊餐食订制服务类别中，也并没有看到要任何限制旅客订制特殊餐食的设定条件，因此可以认为，特殊餐食并非只是普通概念及一般想象中的专为"特殊旅客"而制作的，随着人们生活品质的提升，健康的饮食理念也渗透到了航空餐食中，航空餐食也与时俱进，就像国航对外宣称的那样："满足客户需求"一直是国航的使命，我们竭诚为每一位旅客提供细致、个性化的服务。实际上，对于现在的乘机者来讲，只要想在空中品尝机上的特殊餐食，都是可以按照航空公司现有的特殊餐食种类与订制办法进行提前预订，让一份特别的味蕾感受伴随着自己的飞行旅程，彰显航班上的尊贵待遇和一段难忘的乘机旅程，从中可见航空服务的延伸性和增值性。

另外，依据各航空公司对特殊餐食的划分类别，具体的内容进行如下归纳介绍。

### 1. 宗教餐（非素食）

（1）印度教餐（代码：HNML） 根据印度人的宗教信仰及饮食习惯制作的非素食餐，不包括牛肉或猪肉，但包括羊肉，家禽，其他肉类、鱼和乳制品。

（2）犹太教餐（代码：KSML） 按照犹太人的宗教律法和饮食习惯制作的餐食，并购自有犹太餐制作资质及信誉认证的制造商。包含分蹄和反刍类动物肉，或带有鳍和鳞的鱼类。

（3）穆斯林餐（代码：MOML） 即清真餐，根据穆斯林的宗教律法和饮食习惯制作的餐食。不含有猪肉、熏肉、火腿、肠类、动物油脂或酒精及无鳞鱼类和鳗鱼、甲鱼，可食用的家禽和动物在被宰杀和烹饪时需要按照伊斯兰教的有关规定操作。

（4）耆那教餐（代码：VJML） 专为耆那教徒提供的严格素餐，无任何根类植物，如大蒜、姜、洋葱、胡萝卜等，无任何动物制品。

### 2. 素食餐

（1）亚洲素餐（代码：AVML） 通常由来自亚洲次大陆的旅客选定，口味通常辛辣，无肉类、海鲜及鸡蛋类食材，可能包含少量乳制品。

（2）西式素食（代码：VLML） 餐食不包括肉类、海鲜及其制品，但包括日常的黄油、奶酪、牛奶和鸡蛋。

（3）东方素食（代码：VOML） 东方素餐是按中式或东方的烹饪方法制作。不带有肉、鱼或野味、奶制品或任何生长在地下根茎类蔬菜，如生姜、大蒜、洋葱、大葱等食材。

（4）纯素餐（代码：VGML） 素餐也被称为"Vegan Meal"。餐食中不能含有任何的动物或动物制品，比如肉、鱼或奶制品，无鸡蛋、奶酪、蜂蜜等材料及相关制品，可食用人造黄油。

### 3. 儿童餐

（1）婴儿餐（代码：BBML） 适用于2周岁以下的婴儿，含肉类、蔬菜或水果类，可以制作成方便婴儿食用的果泥、肉泥、菜泥、甜品等。

（2）儿童餐（代码：CHML） 餐食中含有儿童喜欢的食物，不含腌制食物，在制作过程中避免口味上的过咸或过甜，适用于12周岁以下，2周岁以上的儿童。

### 4. 保健餐

（1）清淡餐（代码：BLML） 餐食为软质、低脂肪、低纤维、不含刺激性食材。避免油炸食物、黑胡椒、含气植物、芥末、咸菜、大蒜、坚果以及含咖啡因或酒精的饮料。一般比较适合有胃肠疾病的旅客食用。

（2）糖尿病餐（代码：DBML） 低糖类食物，适合糖尿病人食用的餐食，不含有任何种类的糖。

（3）无麸质餐（代码：GFML） 不含任何形式麸质的餐食，为麸质过敏和不耐的客人准备。麸质是存在于小麦、大麦、燕麦、黑麦等中的蛋白质，制作无麸质餐的面包、汁类、奶油蛋羹、蛋糕、巧克力、饼干中，谷物及其制品被严禁使用。

（4）低卡餐（代码：LCML） 即低卡路里餐，餐食中包括瘦肉、低脂肪奶制品和高纤维食物，糖、奶油、汁类、蛋黄酱、油炸类、脂肪食品被禁止使用。适用于控制卡路里摄入的旅客。

（5）海鲜餐（代码：SFML） 专为喜欢海鲜的旅客定制，餐食中包括一种或多种海鲜，不含其他肉类制品的餐食。

（6）低盐餐（代码：LSML） 餐食中的盐有一定的控制量，不使用高盐分材料，如咸菜腌菜类、罐头类食品，低盐餐适用于高血压等需要控制食盐摄入量的旅客。

（7）低乳糖餐（代码：NLML） 餐食中不包括乳糖及奶类制品，限制使用含有任何乳类及乳类制品的相关食材。不含奶酪、奶制品、酸奶、黄油、人造肉制品、蛋糕及饼干、奶油类甜品和布丁、土豆泥、太妃糖、巧克力和奶油等。适用于对乳糖过敏的旅客。

（8）低脂低胆固醇餐（代码：LFML） 餐食使用低胆固醇、高纤维的材料，无红肉、无内脏、海鲜、蛋黄、油炸及其他高脂肪类食材。适用于需要控制脂肪、胆固醇摄入量的旅客。

（9）水果餐（代码：FPML） 顾名思义，为水果种类的餐食，只包括水果。比如新鲜水果，糖渍水果、果干、果脯和水果甜品，一般为应季的新鲜果品制作。适用于偏好水果的旅客。

（10）生果蔬菜餐（代码：RVML） 餐食仅以水果和蔬菜为原材料，不含有任何动物蛋白。

其他还有无牛肉餐（NBML），不包括牛肉、小牛肉或相关制品的餐食，以及流质餐（LQML），主要为细小的流体食材，如奶、滤粥或清汤等，以满足各类旅客的偏好、年龄及身体情况的空中饮食需求。对于特殊餐食的订制，国航显示旅客在航班起飞前24小时（含）订制，犹太教餐在航班起飞前至少48小时提出订制需求；东航显示旅客可以在航班起飞前48小时内预订自己喜欢的餐食；南航显示每位旅客在一个航段上只能申请一人份特殊餐食（第二份是婴儿餐除外）等，旅客可依照各航空公司当时对外公布的订餐规定执行。

### 六、客舱饮料种类

饮料种类分为：无酒精饮料（Soft Drink）、茶（Tea）、咖啡（Coffee）等。其中无酒精饮料又包括矿泉水、果汁，茶包括红茶和花茶，还有各种不同风味的调制咖啡，以及各种带汽饮料。可乐里面含有咖啡因，不要主动为婴幼儿、神经衰弱者提供。

1. 矿泉水（Mineral water）

按气味分为淡和咸味两种；按气体分为有汽和无汽两种。注：不要主动为旅客加冰。

2. 果汁（Juice）

果汁包括橙汁（Orange juice）、苹果汁（Apple juice）、菠萝汁（Pineapple juice）、葡萄汁（Grape juice）、番茄汁（Tomato juice）、柠檬汁（Lemon juice）、梨汁（Pear juice）、桃汁（Peach juice）、椰汁（Coconut juice）、芒果汁（Mango juice）。

3. 红茶（Black tea）

一般为袋泡茶，先倒水再放茶。沏好的红茶加入牛奶即为奶茶，加入柠檬片即为柠檬茶。如客人要放糖，将糖送出，不要加入杯中。并注意奶茶中不能加柠檬，易产生结块反应。

4. 花茶（Jessamine tea）

将一包花茶放入壶中，注入开水至五成，泡一会儿再注入开水至七成，送出即可。花茶的冲泡次数不宜过多，两次为好，温度和浓度适宜。

注：孕妇、溃疡病人、动脉硬化、失眠、发烧者，不宜饮茶。

5. 咖啡（Coffee）

机上提供的一般为速溶咖啡，温度和浓度适宜。包括加奶咖啡（White coffee）；冰咖啡（Iced coffee），咖啡加冰；黑咖啡（Black coffee），不加奶，伴侣和糖；甜咖啡（Coffee With Sugar），咖啡加糖。

## 第三节 面试形象的设计

参加航空公司的面试，千万不可忽视面试形象方面的具体要求，因为应聘者给面试官的第一印象就是仪表仪容上的展示，其中还包括衣着、妆容、发型等的设计，要本着正规、合身、得体、大方，符合公司面试中的条件要求为原则，不能随意装扮，更不能不注意个人的面试形象。本节介绍关于面试形象的相关内容。

## 一、面试着装的基本要领

### 1. 着装的基本原则

面试服装不仅可以美化个人的面试形象，而且还有助于提升应试者的精神状态，饱满气质。同时服装也是一种直接的形象语言，可以传达出应试人员的生活品位、衣着习惯、日常行为，甚至是一种生存态度，对面试关心及看重与否，以及对职业选择的真实心理等。通常来讲，色彩、款式、质地是构成服饰的三要素。一个人的着装能显示其气质与格调，帮助人们塑造完美的面试形象。在面试当中，一个具有得体着装的应聘者更能取得面试考官的好感。一般除航空公司对具体着装的条件要求外，其他应遵循如图 3-5 所示的搭配原则。

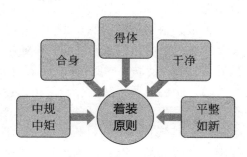

图 3-5　面试着装原则

（1）中规中矩的原则　对于每一位应试学员来说，进入航空公司面试的机会非常难得，而且参加民航面试的人员非常多，面试流程繁杂，竞争残酷，岗位争夺激烈。因此，有应聘者或许为了凸显自己，会穿着时髦、前卫的服装，目的是希望从众人当中脱颖而出。其实这是一个极大的误区，一般航空公司都很欣赏传统、保守的正装。

（2）合身的原则　所谓合身的原则是指符合应聘者身材和身份的原则。应聘者面试时穿着服饰就是想借服饰之美来装扮自己，利用服饰的色彩、款式、质地等来美化自己的形象。因而应聘者必须充分了解自己身材的特点，通过服饰的搭配，达到扬长避短的功效。

（3）得体的原则　在面试的时候，不一定要穿得好，更不一定要追求名牌，但是一定要大方得体。服饰的色彩、款式要和自己的年龄、气质以及所应聘的职业岗位相协调。不要为了显得自己很成熟，就打扮得过于老成。

（4）干净的原则　面试的服装应保持干净的原则。再得体的服装，也必须要保持干净整洁。如果应聘者穿着一身满是油渍、汗渍、污渍的服装去面试，会给面试考官留下不好的印象，对自己衣着干净都不在乎的应聘者，怎么会有热情为旅客服务呢？因此保证衣服清洁是最起码的要求。

（5）平整如新的原则　面试时穿着的服装必须是熨烫过或者是没有褶皱的衣服。有些应聘者是学生，学校可能没有条件熨衣服，不妨把衣服用衣架挂起来，只要在存放过程当中留意，衣服还是可以保持平整的。

另外，在服装的穿着上，有的航空公司还会特别强调：不允许穿着校服参加面试。另外，在面试服装的选择上，也不能过分地追求廉价或昂贵，保持一定的质感和挺括度就行。

### 2. 色彩搭配技巧

色彩是服装留给人们记忆最深的印象之一，而且在很大程度上决定服装穿着的成败。应聘者由于个人的肤色不同，在选择面试服装时，应根据自身的肤色进行选择搭配。

（1）肤色色调白皙者　对色彩选择余地较大，就好像是在白纸上画画，任何颜色都可以画在上面，不用多考虑哪种色彩衣服更出效果。或明亮或深沉，都会穿出或朝气勃勃或冰清玉洁的效果。但皮肤过于白皙，有时也会显得略有病态，米色的上装或全身素装会加强这一点，往往显得与环境格格不入。而对于黑发、皮肤细白的女性，适合的色彩就更多了，只要整体搭配协调，其色彩、款式都会有助于衬托其身材美、形象美。

（2）肤色色调深暗者　原则上要避免穿用深褐色、深咖啡色、黑紫色或纯黑色服饰，也不宜用明度高的色调，但可以选用白色服饰。若肤色暗中偏褐色、偏古铜色的人，适宜穿很浅、很明洁或很深、很凝重的色彩服饰，在形成黑白对比时，增加了明快感与大反差的魅力。肤色若暗而黑红者，还不宜穿浅粉、浅绿色的服饰，但换上浅黄色、白色、鱼肚白色，会使肤色同服色和谐且效果好。当然，粉红色肤色的人，也适宜这类服饰。

（3）肤色色调黄灰者　一般不选用米黄色、土黄色、灰色调的服饰，这种服色会显得精神不振和无精打采。肤色过于发黄的人，应该忌用蓝紫色调的服饰，而采用暗的服色以改善其气色。同时，也不宜穿土褐色、浅驼色或暗绿色的服饰，不适合戴孔雀石、绿宝石一类饰品。这些服饰不是使整体形象的色彩效果灰暗，就是使原来的肌肤越发显黄。明度和饱和度较高的草绿色，也易使大部分黄肤色又黑又红，并呈现粗糙感。而病黄、苍白、较粗糙的肌肤，不要穿紫红色服饰，这种色彩会使他显得黄绿，更加显现出病态；也不宜穿粉红、鹅黄、嫩绿之类娇嫩色彩的衣服，以免对比之下显得皮肤更粗糙、脸色更病态。此种肤色适合穿白底小红花、白底小红格等服色，以便让面部肤色富有色彩感和细腻一些。

（4）肤色色调红润者　此类肤色者，不宜穿草绿色的服饰，否则会显得俗气，而穿茶绿色、墨绿色上衣，则显得活泼有神。若肤色太红、太艳，不要穿浅绿或蓝绿，因肤色与服色的强烈对比，会使肤色显得过红而发紫。

**3.款式搭配讲求**

人的体型多种多样，而每个人的体型又各有不同，所以在衣服色彩上也有不同的选择。如何巧妙地扬长避短，衬托出人体的自然美，是服装的一大任务。

女性应聘者服装搭配技巧如下。

（1）体型较肥胖　宜选用富于收缩感的深色、冷调，使人看起来显得瘦些，产生苗条感。如果穿浅淡色调，脸上的阴影很淡，人就显得更胖了。但是肌体细腻丰腴的女性，亮而暖的色调同样适宜；身材肥胖的女性最好不要穿带有夸张花色图案的衣服。选择纯色或有立体感的花纹，竖色条纹能使胖体型直向拉长，产生修长、苗条的感觉。

（2）体型瘦削　服装色彩选用富有膨胀、扩张感的淡色，沉稳的暖色调，使之产生放大感，显得丰满一些，而不能穿着清冷的蓝绿色调或高明度的明暖色，那会显得单薄透明弱不禁风。还可利用衣料的花色调节，比如大格子花纹，横色条纹能使瘦体型横向舒展、延伸，变得稍丰满。

（3）梨形身材　属于上身比较瘦，腰细，大腿粗，臀部过大。在着衣时上装应用明色调如白、粉红、浅蓝等；下装用暗色调如黑色、深灰色、咖啡色等；上下对照，突出上身的纤细，隐藏下身效果会好些。

（4）苹果形身材　属于上身圆胖、胸大、腰围显粗，而腿比较细。这种体型恰好和梨形相反，上身宜穿深色系衣服如黑色、墨绿色、深咖啡等。下装穿着明亮的浅色如白、浅灰等。

（5）腿短的体型　上装的色彩和图案比下装华丽显眼一些，或者选择统一色调的套装，也可以增加高度。

（6）腿肚粗的体型　上装的选择上可以随意，但下装穿短裙，尽量用暗色调，以使腿肚显得细一点儿。

（7）肩窄的体型　上装宜用浅色或带有横条纹衣着，增加宽度感，下装宜用偏深的颜色，更加衬托出肩部的厚实感。

（8）正常的体型　选择服装色彩的自由度要大得多，亮而暖的色彩显得俏丽多姿，暗调、冷色系也可搭配得冷俊迷人，选用流行色更加富于时代色彩。只需要考虑适合的肤色，和上、下装色彩的搭配就可以了。

男性应聘者服装款式搭配技巧如下。

（1）男性应聘者着装比较简单，主要是以西装搭配领带为主。整体着装从上至下不能超过三种颜色，这样从线条整体上看会更流畅、更典雅，否则会显得杂乱而没有整体感。

（2）身材粗壮的男子最适合单排扣上装，但尺寸要合身，可以稍小些，这样能突出胸部的厚实，但要注意掩饰腹部，注意随时扣上纽扣。应选用深色衣料，避免用浅色衣料。使用背带代替皮带可以使裤子保持自然，腰部不显突出，且不会使裤腰滑落。尖长领的直条纹衬衫是最合适的，但要经常系领带，这样能达到转移视线的目的，别人就不会注意你的腰围了。

（3）身材高瘦型男士所穿西装的面料不宜用细条纹，否则会突出身材的缺点，格子图案是最佳选择。上装和裤子颜色就对比鲜明，这要比穿整套西装好，双排扣宽领的款式更为合适。宽领衬衫配一条适中的丝质宽领带，最好是三角形或垂直小图案，再加一件翻领背心，使体形更显厚实。裤子应有明显的褶线和折脚，使用宽皮带和厚底鞋，给人增添敦实感。

#### 4. 其他注意事项

（1）面试着装中的色彩、款式不应过于烦琐。通常选用端庄大方的职业套装。女生穿着白色衬衫配以短裙（一般航空公司面试要求：裙长在膝盖上下三厘米左右）。

（2）面试套装、裙子，颜色应选择深色为好。比如：黑色、藏青色、深灰色等。不可选择过浅的色泽，以免影响整体的搭配效果。

（3）根据自己的脸型，挑选适合的衬衫款式。一般圆形脸，应选择"V"领衬衫；尖形脸，可选择圆领的上衣，这样可以起到很好地衬托脸型的作用，修饰与协调面部比例。

（4）面试时，通常要求穿黑色皮鞋。男生穿黑色皮鞋时，应配深色袜子为宜。

（5）女生着装不能过于暴露，不能裸露肩膀及脚趾等，避免穿无袖上装、超短裙、露趾鞋。

（6）另外，需要注意的是：女生穿裙子时，应将上身的衬衣下摆整理好放进裙腰里。航空公司在面试着装要求时，往往会有不允许穿长筒袜、不允许鞋面有配饰的规定。

## 二、面试发型设计

在参加面试时，应聘者应对自己的头发进行适当的修饰，设计适合的发型，因为恰到好处的发型可以烘托出人的外在形象和个性气质美，塑造出优雅的气质和良好的风度，让面试官多注意到你。对于面试发型的设计,不仅要恪守对于常人的一般性要求,还要依照自己的审美习惯和自身的特点对自己的头发进行清洁、修剪、保养和美化,更要依照面试中的要求对自己的头发进行修饰,以更好地符合乘务人员所需要的职业形象与仪容仪表体现。

### 1. 发型设计的基本原则

应聘者在选择发型时,除了要与自身的形象相符,还要与自己所应聘的职位相符,符合所应聘职业的共性要求。空乘发型要大方,不留奇异、新潮的发型,不准染异色头发。

(1)女性应聘者的发型要求 女性应聘者面试时,不能留披肩长发,应把头发盘起,在背后用发网等软性发饰固定头发,并且不能有细碎的小头发掉出。女性应聘者可以留有刘海,建议将刘海修剪到眉毛以上,所谓眉清目秀就是这个道理,如果头发挡住眉毛,考官会认为应聘者不自信。

民航面试盘发,要以低调为主。一般的盘发类型大致包括发髻、芭蕾、法式。发髻的盘发就是先梳一个马尾,使用隐形发网将马尾塞进网兜,然后盘成发髻用"U"型发夹固定住,将马尾塞进网兜。芭蕾,也是先梳一个马尾,然后旋转缠绕后,用发夹固定,加上网罩,再加一个发圈式的发饰。盘发的关键在于,马尾一定要扎紧,用发绳,不要用发圈。盘发应用细齿梳,最好是不用很宽大的粗齿。把头发梳密,扎上马尾。位置在后脑偏上,不要在偏下的位置,否则会显得老气,松松垮垮,会影响到应试者的精神、气质。

发型设计原则如图3-6所示。

(2)男性应聘者的发型要求 男性的头发比较好打理,如果使用发胶,注意出发前,一定要用梳子把固结成绺的头发梳开。如果头发过长,那么最好提前几天理发,让自己有个适应的过程。男性不应留长发或是时髦新潮的发型,也不要留光头,并且头发不能盖过耳尖,不能留鬓发。

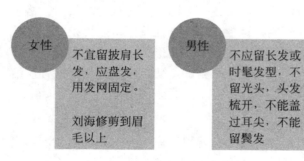

图3-6 发型设计原则

### 2. 民航面试发型的选择

发型与脸型的搭配十分重要,既可以用头发组成适当的线条或块面来改变脸型的不足,把原来比较突出而不够完美的部分遮盖,又可以将部分头发梳得蓬松或是紧贴,以增加或减少某部分的块面,达到改变脸型轮廓的目的。不同的发型能塑造不同的气质,选择适合自己的面试发型,可以有效地修饰面部瑕疵,达到互相烘托的效果。人的脸型根据几何图形来区分大致有椭圆形、圆形、方形、长方形、三角形、倒三角形、菱形等,发型与脸型的配合大概有以下几种情况。

(1)椭圆形脸 也是比较受亚洲人喜欢的脸型。这种脸型轮廓和线条显得柔和,并且具有美感,适合的发型多种多样,比较容易体现出某方面的风格。

(2)圆形脸 脸型呈现出圆满的轮廓,额前发际线低,长宽近乎相等。在发型设计时,应使头顶部位的头发蓬松,两侧收拢,让外轮廓线在视觉上放高,内轮廓线可做出三角形的偏刘海,这样可以起到补充缺乏线条感的圆形轮廓的作用。

(3)方形脸 额部开阔呈方形,两腮突出有角,呈现出方形的面部轮廓。在发型设计时，顶部应高耸、蓬松，至两侧处收紧，内、外轮廓线呈柔和的形状。可以用刘海适当地遮盖，有效去除前额方角，以减少额头的宽度，也可略带波纹形，以冲淡方形的视觉线条感。

（4）长方形脸　额前发际线生长较高，使脸型显得狭长，面部轮廓呈长方形的脸型。长方形的脸型，则给人以成熟的视觉感，适当地改变一下这种气质和头型，设计发型顶部不宜过高，因为头已经够长了，而是将两侧的头发做堆积或者将其蓬松，刘海向前遮盖额头线条不宜过于硬朗，内、外轮廓线也不宜用到方形，达到提升柔润度的效果。

（5）三角形脸　这样的脸型有宽阔的腮部和较尖的额头，既然是上小、下大，那么应使发型顶部呈现出宽阔感，做蓬松，脸型轮廓的两侧头发收拢，增加轮廓线上方形状饱满度。

（6）倒三角形脸　这样的脸型刚好与三角形相反，头顶较平可做圆状，稍加蓬松度，下颚两侧头发增加重量堆积，使得轮廓线明显冲淡其倒三角脸型，修饰与缓和面部形状。

（7）菱形脸　通常额部比较狭窄，下颚尖而两边突出，呈上下小、中间宽的菱形面部轮廓。设计发型时，要做到中间收拢，而放宽上下两部，切勿出现菱形的造型轮廓。另外，前额部应以刘海作为修饰，以提升整个发型纹理线条的柔和感、视觉美。

## 三、面试妆容讲究

### 1.面部妆容的重要性

面部妆容是指通过科学和艺术的手段，人为地加入装饰，使得人体容颜在原有基础上更加干净、整洁、漂亮。人的面部是一个人的"门面"，在任何时候，面部是最容易受到人们关注的地方。在面试过程中，考官是最先从应聘者的面部来了解每一位应聘者的，因此应试人员必须对自己的面部修饰予以高度重视，不仅关注到服装、发型，更要做好面试妆容的修饰。

（1）美化容貌的需要　修饰自己的面部主要目的就是美化自己的容貌。在面试过程当中，一个面部妆容得体的应聘者更能赢得考官的信任和好感。

（2）增加自信的需要　化妆是对外交往和社会工作的需要，乘务岗位也要求化妆。完美的面部妆容，在带来美感的同时，也可以增加应聘者的自信心，并通过魅力的外表及得体的行为举止，完整地塑造好自己的美丽内心。

（3）重视面试的需要　一个注重面部修饰的人，可以给面试考官留下良好的印象，面试考官会认为应聘者为了此次面试做了充分的准备，反映出做事认真的态度，反之很可能给自己带来不良的影响。

### 2.面试妆容的基本原则

虽然在面试的过程中，不同考官对于美的标准并不统一，但脸部的美却是考官了解应聘者最初的部位，而脸部妆容是其中最重要的环节之一。脸部妆容的内容，包括眉、眼、鼻、颊、唇等部位的化妆。要想有个得体的面试妆容，首先必须掌握化乘务面试妆容的基本原则。

（1）自然真实的原则　面试时，化妆是礼仪当中最基本的原则，它是应聘者对面试考官最基本的尊重。化面试妆容的一个原则就是自然大方，不留痕迹，给人以大方、悦目、清新的视觉美，应做到有妆似无妆。把握好面试妆容的这个度，显然更容易得到面试考官的青睐。

（2）扬长避短的原则　化妆就是在原有面貌的基础之上，通过艺术的描绘来美化自己，达到完美的境地。因此在化妆过程中必须充分发挥原有面容的优点，修饰和掩盖面部中的不足之处，这是民航面试妆容的重要原则之一，必须准确把握与运用好。

（3）认真负责的原则　认真负责的原则是指化妆时不可敷衍了事，而是要采取一丝不苟的态度，有层次、有步骤地进行。化妆时，动作要轻稳，注意选择合适的色彩和光线。

（4）整体协调的原则　化妆要因人、因时、因地制宜，切忌强求一律，应表现出个性美，避免"千人一妆"。在化妆前，要进行专门设计，强调个性特点，不要单纯地模仿。应该根据自己的脸部（包括眉、眼、鼻、颊、唇）特征，进行具有个性美的整体设计；同时还要根据不同场合、不同年龄、不同身份制订不同的设计方案。切忌在原来的化妆基础上再涂抹新的化妆品，这样做不仅会使化妆失去光泽，而且会损害皮肤。要关注到空乘面试妆容的清新、淡雅，不可化艳妆。

### 3. 面试妆容的技巧

对于一名应聘航空公司的乘务岗位人员，首先应关注到空乘这一职业形象的良好塑造，对个人的妆容形象绝不能等同于普通类别的职业要求。通常情况下，看起来干净、利落、亲和、有自信心的人，总是多数部门主管们中意的人选类型。因此，除了谈吐、礼仪和服装仪表之外，给自己一个爽洁、大方又清新的淡妆，绝对具有加分的作用，而浓抹重彩是大忌。

（1）面部肤色的修饰　女性应聘人员，在应聘时应以保持本色、淡妆出场。彩妆颜色应该以淡色系为主，红色、绿色、蓝色等正色系列，太过抢眼，一个不小心就造成了做作庸俗的负面形象。在选择粉底时，应该根据自己的肤色和肤质来挑选，一般选用接近自己肤色的自然色彩系。肤色偏黑的应聘者应选不低于2号的粉底，以免显得不自然（粉底的色号数字越小越白）；倘若肤色偏白或黄，则在粉底外，再扑上些粉红、粉紫色的蜜粉，营造白里透红的光彩。眼影和口红，以搭配服装色彩为选择依据，整体端庄的造型，重在体现个人的气质与个性。切不可有浓妆艳抹或者另类前卫的妆容行为。

（2）眼睛和眉毛的修饰　俗话说：眼睛是心灵的窗户。一个人的眼睛是否有神，往往反映的是这个人的精神状态。因此，眼睛在面试时的作用是举足轻重的，为了使眼睛在面试时能动人而传神，面试之前就应稍加修饰，例如女性应聘者可以描绘眼线，使之更加妩媚，但不能描得太黑太深，以不露出修饰的痕迹为宜。

眉毛是对整个面部表情特别是眼睛烘托不可缺少的一部分。它的形状往往会给人留下不同的个性印象。眉毛的印象因眉毛的形状、宽窄、长短、疏密、曲直等而产生。眉毛在脸型中是横向的线条，因此在做化妆造型时，常常利用眉毛的形状和色调来调整脸型，增加表现力，以突出造型的个性特征。眉毛的造型应当衬托与协调整个妆面，而不能孤立地出现，使妆面显得突兀，破坏妆面的整体感。画眉时还要注意：一是选择合适自己脸型的眉形。眉毛分眉头、眉峰和眉梢三部分。圆脸型者，眉型宜成上扬趋势，可适度描画一定的角度和层次，表现力度和骨感，减弱圆润、平板的感觉。也可用略短粗的拱形，不宜选择平直短粗眉形和弯挑细眉；长脸型者，适合平直略带弧度的眉型，也可画成短粗智慧眉。不适合弧度弯，上挑的、纤细的眉型；方脸型者，眉形宜呈上升趋势,但为了与方下颌呼应,眉峰最好在外四分之三处。眉峰转折棱角分明,不宜选择平直细短的眉型;菱形脸型者,宜平直略长为宜,不适合弧度大的眉型。眉毛的重点应放在眉腰处而不是眉峰。

(3) 鼻子的修饰　这里所说的修饰鼻子,并不是要应聘者去整容。而是要求应聘者注意鼻子部位的清洁和卫生。鼻子周围毛孔较大,容易出汗,容易形成粉刺鼻、酒糟鼻,如果有这些情况的应聘者最好提前到医院去诊治,以免妨碍面试的效果。平常鼻毛长的人,面试前要格外注意修剪。另外,鼻端上或眼角里注意不要留有污秽积物。

(4) 嘴唇的修饰　嘴唇是脸部最富色彩,最生动的地方,也是最吸引人的部分,所以无论如何要使嘴唇显得有润泽感。年轻女性宜用紫色口红,避免用大红或橙红,过于刺目的嘴唇会给人以血盆大口的印象,使面试官唯恐避之不及。唇线不可画得太深,那样会使嘴显得突出和虚假。

(5) 男性应聘者的面部妆容　男性应聘者虽然不像女性那样必须要化妆,但是简单的面部修饰还是需要的。男性应试人员的面部修饰,包括干净的面部皮肤、齐整的眉毛、干净的鼻子和干净的嘴唇。并且注意眉毛应当真实、大方,不能像女性应聘者一样画眉。男性应聘者嘴唇上可以涂上一层无色唇膏,让嘴唇有一定的润泽感,否则干巴巴的嘴唇会给考官一种仓促匆忙的感觉,欠妥当。

## 第四节　调整好身心状态

近年来,随着航空业之间的竞争日益剧烈,对人才的选拔条件也越来越苛刻,入职的门槛也相对应地一再提高,特别是几家大的航空公司更是注重人才身心的全面素质。在这种严格的条件要求下,面试官也会在面试时设置很多关卡,多轮面试、一对一面试、多人面试、多类型及多结构的面试形式,究其目的就是想选拔出最适合的人才,保证招聘人才的质量合格。民航面试竞争大、面试难度大自然会给求职者带来一些意想不到的心理压力和多重障碍。没有一个好的心理状态,很难应对面试场上的各种险关,所以对于被面试者来说,在面试前调整好心态,才能以最佳的状态进入面试。

本节着重从面试前的思想、心理状态如何放松与调整,以及身体调养等几方面,阐述面试前关注个人身心情况的必要性。

### 一、平和自己的心态

航空公司的面试,实际上是一个整体的展现过程,需要每个环节中的出色表现,才能构成应聘者的综合面试能力,突显出个人的专业水平、智慧才干与服务技巧,从而让面试官对其刮目相看,倍加好感,这样面试成功的概率就会大大地增加。面试状态的调整,也是面试环节中的必要考虑元素,只有调整好个人的身心状态,才能有一个理想的面试成绩。

### 1. 思想放松

思想放松，就是不去思与想太多还没有出现的事，腾空大脑，不带任何多余的负担上场。至于面试的好坏，其结果如何，那是谁也预料不到的。因为，面试是一个动态的过程，随时都有可能发生一些想象不到的状况，也不在于之前想还是不想，想多或想少，期望怎样，而只在于平时学习训练的用心是否到位，准备得是否充分。

（1）不去假想面试结果　这样做的目的是减轻面试前的紧张情绪和不必要的负面想法，只要掌握得够好就不用担心面试的结果。而有的人就喜欢胡乱猜想，未面试就已经为自己假定好了面试的结局。一种情况是大多数的人可能会去想自己万一面试不上该怎么办？还有一种情况就是有的人急于求成，恨不得一次面试就能立马到航空公司上班，只能成功不能失败。于是越想就越着急害怕，紧接着就会产生一系列的大脑反应，吃不好睡不着，心神不定起来，这样不仅无益于面试，甚至有可能会严重地影响面试。民航面试考的是实力，不是幻境，首先就是对自己的一些思想垃圾进行及时的清理，轻松上阵。

（2）客观地看待自我　让思想放松的第二个方法就是客观理性地自我对待。一是不去和别人比较，不去判断与评价谁的能力水平比自己强或者有哪些地方不如自己；二是中立思想，意思就是努力争取这次面试上，如果万一面试不上还有下次机会，不给自己额外地施加压力。不左不右，平和地看待面试是面试的最佳思想状态，相信有这样想法的人，只要准备得当，定会表现出众。

### 2. 心态调整

很多平时表现优秀的学员，在面试场上被淘汰的例子比比皆是，心理状态是决定一个人说话做事及行为结果的晴雨表，所以面试前的心理状态调整就显得尤其重要。如果说面试者的知识水平是面试成功的硬件，那么面试前心态的平衡就是取得理想面试结果的软件。面试前满不在乎或是过度忧虑的心态都是不正确的。

（1）克服不良心态

① 自视甚高的心态　有些人常把自己估计过高，自认为学历、能力，甚至长相都不错，用人单位肯定人见人爱，自然顺利通过。但是，当他（她）一旦站在聘用公司诸考官面前，那种自以为了不起的神态，高高在上的举止言行就会引起对方的戒心，感觉其人不够成熟难以胜任。自高自大实际上就等于自轻，因为面试不是个人说了算，最终的命运掌握在面试官手里。

② 无所谓的心态　有些人压根不把面试当回事，在面试时，表现出一种大大咧咧，满不在乎的神态。回答任何问题都不够正经，迷离马虎，既不认真巧妙地推销自己，把个人应聘的优越条件讲全、讲透，也不去认真地了解对方的实际需求，让自己尽可能地适应对方的口味。这种无所谓、碰运气的侥幸心态是面试的大忌，很难面试获得成功。

（2）避免过度焦虑　有些人平时看似不急不躁的，心态挺不错，但一遇到什么事情时，就开始焦虑不安起来。显得过于紧张，以至于严重地影响到了正常的学习生活，其实大可不必。因为功在平时，只要面试前做足了必要的功课，临场时只要稳定发挥就行了，也不须过分地担忧，假如先前的准备工作不到位，或者是能力和水平方面还有欠缺的地方，急也是没有什么用的。所以，面试的心态调整还是十分有必要的，要客观地认知自己目前的状况，放松心情，把握当下。

## 二、做好身体方面的调养

良好的身体状况，可以增加面试时的自信。有些人在得知不久将要面试后，就开始紧张上火，晚上睡不好觉，白天吃不下饭，看起来整个人无精打采，提不起精神，这样的身体状况是不适合参加面试的。首先从面部气色或神情状况上就不过关，其次万一在面试场上发生一些身体不适的状况，会影响到整个面试的进行，不是耽搁自己这么简单。因此注意面试前身体的调养，对于面试来说也是非常有必要的。

面试前可以每天早上跑跑步，饭后散散步，看看大自然的一些环境，不仅能够激发出个人的好心情，还有利于身体的健康，另外还要注意睡眠质量和饮食结构的调整。

### 1. 睡个好觉

面试前，很多人都睡不好觉，这固然与面试前的紧张情绪有关，但关键原因还在于只想面试，压根就没有去想面试需要一个怎样良好的精神状态。以至于第二天早上起来时，一脸的疲惫不堪，眼睛里布满红红的血丝，既不美观也不必要，这些对面试都很不利。

### 2. 调整饮食

面试前的饮食调整也很需要。身体是精神的反射器，如果身体上出现了不正常的信号，精神上就会大打折扣。德国生理学家沃尔可·帕顿教授经长期研究后得出结论：香蕉等水果中含有一种可让人大脑产生血清基的物质，而血清基有安神和让人愉悦的作用。在面试前，不妨给自己适当地增加点水果的营养成分，少吃辛辣食物和缺少卫生保障的东西，少吃凉的食物，以免意外生病，影响面试的正常进程。

所以，要适当地减轻思想负担，注意休息，保证充足的睡眠质量，调整好个人的饮食结构，吃得舒服一些，这些也都是面试前进行自我调整的必要做法。另外，还可以适当地参加一些文体娱乐活动，缓和与改善当下的紧张情绪，减少或避免不恰当的行为表现。

## 三、克服胆怯的心理

有的人还没正式面试就紧张害怕，如果见到其他应聘者的学历、能力都比自己高时，更是自惭形秽。当面对面试考官时，抑制不住全身发颤、语言表达不清晰，甚至紧张得词不达意、张冠李戴。这几种现象都是不正常的心理状态表现，在面试时要尽量地杜绝或克服。那么，应该如何来调整好自己的心态以面对航空公司的应聘呢？

### 1. 积极进取的心态

有积极进取心态的应聘者，会把每一个面试机会看成是千载难逢的好机遇。于是，会在面试前认真做好准备，打电话，查资料去摸底，对每一个可能要问的问题的细节都仔细思考一番。实践证明，面试准备得越充分，在面试时就越有可能发挥得正常或超常。有这种积极心态的人，不怕负面消息的干扰。找工作其实是找机会，而机遇又从来不是唾手可得的，机会总会留给有准备的人。

### 2. 双向选择的心态

面试其实就是个双向选择的过程，航空公司在选择面试者的过程中，面试者同样也在选择航空公司。有了这种面试心态,面试者在精神上就占了上风,但是不可趾高气扬表现这种心态,应以沉着、稳健的气势面对主考官那一连串的问题,自然能表现出一种不卑不亢的个人态度。

3. 输得起的心态

面试的时候不要把成败看得太重,老是想着面试结果,要把注意力放在和面试官谈话与回答问题上,这样就会大大消除紧张感,增强自信心。即使求职不成,也不是说一无所获,可以分析这次面试的失败,总结失败的原因,得出宝贵的面试经验,以新的姿态迎接下一次面试。所以面试前要经常提醒自己"胜败乃兵家常事",如果这次面试不成功,还有下一次机会;这家航空公司不聘用你,还有下一个航空公司面试的机会等着自己。

### 四、环境净化

从心理学的角度上看,人的心理状态受制于环境的牵连,处在不同的环境中所表现出来的心理状态也是不一样的。面试前假如身处在一个低沉消极的环境中,总是听到别人说一些垂头丧气的话,心情也会跟着消极起来;如果身边尽是一些积极的人在说着愉快的事,心情自然也会跟着舒畅。所以面试前尽量多想开心事多说开心话,首先不要自己去说一些不利于面试的话,如果听到别人在讲一要劝阻,二要避开。多和乐观向上的人接触,多向那些已经就业上岗的师姐师哥们学习面试的经验和心得,为己所用。

还要提示大家的是,面试前的心理状态在一定程度上决定着面试的成败,充分的准备加上良好的心态才能取得较好的面试结果。所以建议即将参加面试的学员们,要做好这几点:抛弃一切思想杂念、不去想东想西,也不要患得患失,吃好睡好,保持心情愉快。

求职者一旦具备了良好的心态,就会在面试时精神饱满、意气风发,充满自信。讲起话来必是语意肯定、语气恳切,操纵言词得心应手,激昂有力,侃侃而谈,可以感受到整个人内心的激情奔发和大脑思维逻辑的清晰,面试中有条有理,从而为成功应聘打下良好的基础。

## 第五节 把握面试中的临场发挥

如果把面试比作一件艺术作品的话,前期的所有准备都是原材料与艺术构思,创作过程中的临场发挥,才是作品成型的结果表现,由此也并不难想象,临场发挥直接决定与影响着作品创作的具体好坏。面试中的临场发挥也是如此,应对航空公司的面试不仅要准备得周到和充分,更要把握住面试过程中的每一个细节与关键点,才能做到有条不紊。

### 一、留意面试中的三个节点

参加面试时,每一位应聘人员都希望能吸引考官对自己多一些关注,因而也费尽心思,其实这也是人之常情,没有什么可非议的。但是,怎样才能切实有效地做到让面试官重视自己呢？实际上在面试的过程中，应试者要想很好地吸引面试官的注意，就要关注到眼神、微笑及独特的言谈，并把这些带有温暖及亲和感的元素融进入场、交流和退场时的三个节点中。

### 1. 入场时

在面试入场时，应试人员不能低头只顾向前行走，把注意力全部都集中于个人对形体、步态的展现上，生怕自己的表现不够得体，而让人看起来似乎目中无人，或者一点儿也感觉不到他人的存在，这是极其不恰当的入场方式，或者起码是欠妥的。尽管要在考官面前展现个人的气质形象，步态动作，但也不应该忘记考场上此时还坐着一排面试官本人，面试者的一举一动都瞒不过考官的眼睛。假如在入场时，表现得过于拘谨，目光关注不到身边的面试官，不能及时地做到与面试官建立亲和力的眼神交流，那么在这个入场时，即使步态标准，身姿协调，也是不够完美的。

人和人之间的当面交流，目光或眼神是必不可少的桥梁性语言，目光关注也是与面试官之间开始建立第一步的面试过程。用带有甜美微笑的亲和眼神，与考场中的面试官打招呼，会让对方一下子就能感受到面试者本身具有的细腻心理、礼貌修养、大方气质，能友好真切地关注到身边的每一个人。在入场时就能表现出这样的无声交流，会一下子抓住考官的心，引发对自己的特别关注，因为你及时地关注别人，别人也会回应你的关注，这是必然的。

### 2. 交流时

面试场上与考官的交流也是特别要关注到的节点之一。在第二章中，详细地介绍了面试的基本流程以及面试环节，从中可以了解到应聘者与面试考官之间的交流始终贯穿于整个面试程序中，并且有一些航空公司在招收学员时，也会把测试题部分（心理测评、职业素质测评、英语测评等），以提问的方式进行，所以与考官之间的交流方式就显得十分重要。在日常的生活、学习活动中，身边大多是比较熟悉的人员，比如家人、老师、同学、好友等，一方面往往会不在意谈话交往时的语言表达方式与举止动作，还有表情上的得体配合；另一方面，由于每个人在日常动作方面的习惯养成，稍不注意就会放松自己的举止行为，在与人交流沟通中也会把一些习惯性的动作带进去。但是面试中就不一样了，面试者与考官在交流中的言行举止及表达方式，特别是交流时需要适度配合的面部表情、眼神、肢体动作，都不可被忽视掉，不仅不能省略去，更应该很好地使用这些元素，牢固建立面试者与面试官之间的亲切感、增加必要的熟知度，让面试官感受到面试者的亲和力。

一是用柔和的眼神和目光与面试官保持一定的交流。不可让考官对面试者产生过分的陌生感，不了解面试需要的心理活动，就难以把握面试者内心的真实世界，找不到对接点与联络要素，是不可能接受面试者在现场的表现的。

二是微笑是人类难以抵抗的魅力，因此在与面试官交流时应保持自然、亲和的微笑表情。交流过程中，不仅要显示出诚实态度来，更要把对面试官员的一份尊重感表达出来，比如亲切的眼神，真诚的微笑，都是与面试官很好地建立肢体语言沟通的有效方式。

三是用独特的言谈表达方式吸引面试官的关注。除了前两条的交流要素，其实还应该关注到自己与面试官交流时的回应方式，比如认真倾听面试官问询或提出的各项问题，然后，稍加思考与领会后，及时用轻松、智慧、灵活且有条理性的表达方式回应考官。

四是与考官的交流要体现善解人意。快速反应只是交流过程中的一个方面，对考官的问询内容理解与准确表达才是考官更需要的问题结果，假如答非所问，张冠李戴，即使对考官的问询反应再及时，也是不可以的。

五是不做抢话题的那个人。无论是考官在问询中，还是其他学员在回答问题时都不可插嘴或接话，更不能替他人着急，抢着说话，这样做是不符合面试礼仪要求的，也是不够尊重他人的一种自作多情的表现。如果有这样的情况出现，很有可能是说的越多越对自己不利。

总之，在与考官交流时，要恰当地使用带有亲和力的眼神及微笑，加上独特的言谈技巧，把控好语速、语调、语音、语言结构等语言礼仪，从而吸引面试官，对自己产生特别的兴趣和好感，在面试表现中，收获超乎寻常的交流魅力。

### 3.退场时

还有，在初试、复试、终审的每一个面试流程或考核环节中，退场时的表现也是不可不注意的一个节点。一般情况下，大多数考生往往只关心面试的过程，不关注开头和结尾，可能认为这两个方面不是特别重要，或者是根本就没有考虑到这方面的问题。在面试中，退场礼仪也是需要讲究的，要尽量地做好、做到位，并产生交流与回应的效果。

比如在退场时，要用眼神或目光礼貌性地感谢面试官。不是用目光斜视或眼神飘闪一下，而是眼神中充满谢意和真诚感，要让面试官确切地感受到真心实意。入场得体，交流恰当，可以说退场礼仪也会很好地帮面试者完善面试环节。

## 二、找对面试中的共通点

有人会问：什么是面试中的共通点呢？如果从面试公司的角度上看这个问题，那就是要求应试者所展示出来的表达行为、言谈举止符合乘务人才的招收考核标准，包括考生在面试时的眼神、语言、情绪等；那么从应试者一方的角度上看这个问题，就是表达能力、肢体语言及表述内容，是航空公司面试官耳熟的和清楚了解的，并且带有个人的情节故事，能够打动考官，进而让考官产生一定的共鸣。假如在面试中的各方面表现与招聘公司的考核要求相去甚远，那么就难以找到双方之间的共通点或连接处了。

### 1.拥有饱满的个人情感

人类本身就是拥有诸多情感元素的，因而在面试中，叙述或介绍也应该是带有饱满的感情色彩，言谈中充满激情和活力，这样传达给面试官的语言信息是带着温度的，是可以温暖到考官的眼睛和心情的，甚至考官也会因为应试者传递出来的温暖语言信息，而感染到个人在面试现场中的好情绪，让考场气氛一下子明朗起来。所以，在面试场上，要做一个充满生机及保持精力充沛的应试者，而不能是让考官看起来整个人的情绪欠佳，提不起精神来，或者说话时没有一点儿表情，语言冷冰冰的缺少必要的温度，这样的表达难以打动考官。

按照航空公司对客服务的规范准则，必须是热情服务，有亲和力的服务，能否用一次打动客心的服务赢得旅客长久的服务信赖，并且乘务人员周到体贴的服务能够给旅客带来舒心、满意的乘机享受，进而选择多次、连续性地乘坐本公司的航班出行，可以说是面试官需要考查的条件之一。通过比较，就不难找出"面试表现"与"乘务需要"两者之间的现实差距。这样说来，应试者在面试场上的当时表现，是否入考官的法眼，就一清二楚了，也就知道考官以什么标准来衡量与判断应试者的合格与否。

### 2. 连接对方熟悉的事物

其实应聘人员不仅要使自己的形象气质、举止行为合乎航空公司的面试标准和要求，让考官眼前一亮，似乎看到了一个又一个熟悉的身影，像同事，又像朋友，而且更要找对面试中的深度共通点，也就是有效地连接对方熟悉的事物，引发对方交流中的兴趣。如果在表达中，都是面试官陌生的东西，在所述的内容中找不到任何可以连接的地方，就找不到与面试者对话、交流下去的动力源，是不能引发双方之间的共鸣的，显然也就失去了继续认可的必要理由。比如，对方希望听到面试者对乘务工作的充分理解、对乘务职业的准确认知、拥有符合民航服务需要的技能与让旅客满意的细腻服务，以及吃苦耐劳的优秀品德，还有对各种突发问题的情节处置方式，各种矛盾调和技巧，化解危急状况的机智果敢态度等。

找到、找对、找准与面试方考查的条件要素的连接，在这"三找"中与对方的连接越多，就说明面试收效也会越好，接近成功的系数就会进一步地加大。假如面试者根本就没有从对方的角度来思考与连接面试所需，不能击中核心点，或者是考官问东你答西，在应答中难以看到乘务工作需要的素质条件和标准具备，那么即使面试官再想同情你也会感到很无奈。因此，面试一定是依据对方的眼光看问题，合乎对方的情理，连接对方熟悉的事务。

### 3. 动人的故事产生共鸣

应试者在面试现场的表现，既要合乎航空公司招聘人才的标准要求，又要通过考官的慧眼考查和审核，往往在面试中，为了博得面试官的加分意愿，需要每一位考生尽自己最大的努力，做到合仪、合礼、合标准、打动人心的面试各环节展现，确实也是一件非常不容易的事情。因而，在作自我介绍或问题应答中，除了微笑的表情，饱满的精神状态与积极的情感元素，拥有长短间隔、抑扬顿挫的技巧表达以外，还可以在讲述中，添加一些动人的情节故事，以期望能够引发面试官的共鸣，愉快地接受面试者所表达内容。

比如：专业学习上的，家人沟通之间的，训练过程中的，个人认识转变方面的，形象提升方面的，自我练习方面的，气质改变与进步方面的，甚至是为应聘空乘减肥方面的趣味故事等，只要是在想办法入职空乘职业所做的一切动人故事，想必都具有一定的感染力和打动效果。因为一直在想办法进步的人，哪怕现在还不是特别完美，但只要足够用心地每天进步，做正向的事情，通过自己一点点的刻苦努力，相信一定会有期待中的好结果。

### 4. 数字化的运用表达

另外，在面试过程中的陈述，还可以适当地运用数字化的表达技巧，给面试官带来真实可信的听觉感。例如，对面试公司的相关了解，可以说得具体一些，公司成立时间，取得的荣誉和奖项，机队规模、航线、机型、乘务人才队伍；掌握的英语单词数量，已有的英语级别，专业考核成绩；每天的学习时间安排，训练时长；体能训练中的锻炼时间，对某项运动的保持水平；专业课程设置，在校的专业人数，师姐、师哥们的就业数据等，都是可以具体拿来运用到的数字。这样的讲述方式，可能就比单一的语言叙述更有说服力些。

数字化的运用及表达技巧，能够把笼统的语言结构内容加以细化，有直接、明确的印象效果，从中更能体现表达者的切实用心，细致情感，周到思维，做事过程中的条理性等。那么，有良好的条理性与精细周全的人，会更适合乘务工作的职业岗位需要。

## 三、面试问题回答技巧

### 1. 理清问题所问

面试中的问题应答，是非常重要的一个考核内容，也是值得考生关注的面试环节内容。在回答问题之前，必须要理清问题的所问，核心点是什么，弄清楚了这一点，才能回答好考官的问题，并且是考官想要的回答结果。千变万化的题目与问询，无非是考官想全面了解面试者的内心状态、专业能力、谈吐方式、口语能力、英语交流水平、问题处理方式等。在回答每一道问题时都要用心，找到与空乘岗位需求的条件满足和对接点，无论是哪方面的问题，围绕面试岗位回答一定错不了，回答内容要符合或贴近乘务所需。当然是在良好的前期准备情况下，凭空捏造或临时想象，都不可能成就一份理想的工作面试结果。

就国内航空公司对乘务人才的招聘而言，无论是哪家企业都会根据已设定好的标准，严格按照民航局的规定执行与操作，大致上是大同小异，无非是面试的程序复杂还是简单，对问题提问的范围大小和多少，考核的偏重点在哪里而已。如果说在面试之前就已经做好了必要的准备，回答思路会比较清晰，在面试时就可减少遗憾或避免失误。实际上问题的答案不止一个，但偏离了乘务职业素质所需，抓不住问题的要点，答得再多也没有用。关于面试问题的回答思路与技巧，在第二章和本章中都有一些比较翔实的介绍和讲述，希望可以给学员们提供一些较为客观实用的问题理解，供大家参考。

### 2. 回答叙述性问题的技巧

所谓叙述性问题即是被考官要求讲述自己的家庭、学校或学习和生活中的一些故事，就是讲自己熟悉与自身经历的故事，但也是要讲究叙述的秩序性，一定要条理分明，不可讲得颠三倒四。以下介绍回答技巧和掌握原则。

（1）掌握人才的特质　首先，要掌握一般航空公司招聘民航服务人才的几点特质要求：诚实和信赖、热情与自信、姿态及爱心、聆听与沟通方式、主动性及活力、团队意识和组织能力。

这几个特质是航空公司招用人才时必须考虑的起码要求。在面试中，有时主考官会出一道问题，要求面试者做一个完整故事的叙述性回答。在面试前做这方面的准备时，首先可以拟定几个常问的问题，写好回答内容，然后有条理性地从过去阐述到现在，或者从前到后或上到下的顺序结构来设计叙述方式。

（2）内容结构中的要点　在叙述性问题答案的内容结构中，通常包含如下要点。

① 开头—明确时间、地点等。
② 中间—叙述整个故事发展，要简单扼要，围绕题干，千万不能离题太远。
③ 结束—可以阐明从这个故事中学习或领悟到了什么，还有个人的总结与思考等。

内容写好后，可以先试着讲一讲，在叙述中一边感受一边调整与修改，有条件的话也可以把个人试讲的场景录下来，反复观看，然后再完善。也可以请家人及朋友给一些诚恳的意见或建议。但在这个环节中要强调的是：所叙述的故事中，必然要包含航空公司所期望的个人特质，故事叙述内容一定要按照这个思路来展开，否则就没有太大的实际意义。

（3）细节关注点　在回答叙述性问题的细节上，还要注意做到以下几点。

① 精神放松，面带微笑，从容自然，表情亲和。

② 在回答问题前如果有些紧张，可以稍稍放松一下心情，呼一口气，状态调整好再说，但时间不能拖得过长。

③ 语音清晰，有条不紊地进行。可以稍有停顿，但不可颠三倒四。

④ 如果叙述中面试官突然打断面试者的回答，并由面试者的回答而引发问面试者其他的问题时，千万不要感到有什么不对劲，也不要露出惊异及慌张的神情，要镇定自若，等面试官问完了再接着叙述。这很有可能是面试官有意安排的插曲，也有可能是面试官想进一步试探面试者其他方面的素质，所以不要因为是面试官混淆了题目，连自己叙说的答案也乱了分寸。但对面试官突发的提问，也不能视而不见，可以巧妙地回应过去，或者恰当地揉入叙述中。

**3.消除紧张情绪**

在现实生活中，不经常参加社会活动或交往的人员，一般还会有怯场的情况出现，比如情绪过于紧张，表达不自然，流畅，吞吞吐吐，结结巴巴，脸上流汗，手足无措等。面试中，如何正确地调解好过于紧张的心理情绪呢？首先还是从造成紧张的原因说起。

（1）准备不充分型　面试的准备工作，是一个长期坚持的过程，不断地积累面试条件，使之成熟和有效，但现实中，有些人做事喜欢临时抱佛脚，说得过多，做得很少。比如老师在相关面试课的课堂上，一再强调同学们严格按照航空公司要求的专业形象、体态气质、礼貌用语，养成良好的用语习惯等，可是有些人就是听不进去，当耳旁风，没有进行前期的周到准备，临场慌神。

（2）心理自卑型　有些应聘面试人员，在看到高手林立的职位竞争时，难免会产生一些临时的压力，从而导致心理的自我压抑感，甚至有可能会在心理上产生一些突发性的自卑感。有可能平时的跃跃欲试，对乘务面试充满的美好期待，顿时都找不到了，思想上一下子来个大反转，感觉自己一无是处，哪个方面都不如别人好，情绪跌至谷底。即使勉强去参加面试，到了场上不自觉地就会紧张起来，自信心也会被个人的这种不正常心理消磨殆尽。

（3）期望过大型　与心理自卑型恰恰相反的是期望过大型。有些人的想法很不现实，也不够客观，总觉得自己处处都比别人强，还未到面试场上心理就已对自己许下了成功的愿望，可是一到了考场上，当发现自己不如他人的表现，或者是一旦出现了任何的不尽如人意时，内心会立马产生过度的焦虑和反应，在个人情绪上会出现紧张的不正常状况，甚至会很强烈，恨不能找个地缝钻下去，觉得自己是不是不该来这个地方参加面试。基于当时的心理及情绪方面的不良反应，出现紧张的状况也在所难免，因为期望过大，失望也就过大，惊恐的结果就会紧张。

因而来讲，消除紧张情绪的最好办法，就是实事求是。一是稳扎稳打，做好积极的面试准备；二是正确而客观地看待自我，看待面试结果，不气馁，不失望，越战越勇，一次面试不过关，还会再接再厉；三是学会心理与情绪上的放松与调节，多对自己进行成功的督促与暗示，不断地努力改变现状，争取下一次更佳的面试成绩；四是不能抱着绝对的态度。时下有那么多的航空公司，有内航招聘，也有外航在招聘，多为自己争取面试机会。或者先入职航空公司的其他岗位，先就业再择业，学着适当地转变头脑中的思维认知。

### 4.疑难问题的处理与应对

在航空公司的面试中，所问问题和测试题目所涉及的内容广泛，包括生活常识、社会现象、问题处理、自己认知、职业理解、家庭、旅游、社交、性格等，可谓是五花八门，各具特色，但有时也会碰到一些考官故意刁难，目的是想考查应聘考生对疑难问题的应急反应与心理状态的稳定性。

（1）关于疑难问题　在民航面试的问题应答环节，由于平时的准备不周或者是现场的紧张情绪所致，不是每一个问题，都能够让每个被面试者完全清楚或领会题意，难以立刻回答，或者说不知道该如何回答这个问题是常有的事。常会出现这样的尴尬局面：一种情形是，有些题目内容平时准备得滚瓜烂熟，可当面试官提出这个问题时，却怎么也想不起来了，话到嘴边了就是说不好，心里十分着急，有时面试官也替你着急，甚至会对问题再重复一次，越是这样越紧张，即使回答了考官的问题，也不尽如人意；另一种情形是，对考官提出的问题张冠李戴，完全曲解题意，不知自己回答时是否清楚，却让面试官丈二和尚摸不着头脑，表情困窘得让人发笑，这种情况大多是平时准备得不充分，或者是根本就没有准备到这些题目上。

像这样对所问问题回答不上来的情况，一般可视为碰到了面试的疑难性问题，如果不对这类问题的发生想办法解决或减少，确实会严重影响个人的面试得分，难以保证会有一个称心如意的面试结果。一般来讲，当个人在面试中出现这种情况时，如果没有找到及时应对与处理问题的回答方法，有一个问题回答不上来时，整个人马上就会显得有些失落；如果再进一步，也没有注意到情绪的立即调整和转换，接下来就会产生更大的情绪反应，一路低落走到后场，这场面试自己只能是作为他人的陪衬了。

（2）疑难问题的处理与应对　处理与应对疑难问题的方法，除了平时的面试前期准备到位以外，在现场，也要有恰当和灵活机智的处理与应对问题回答的艺术性，这样可以为自己赢得不少掌声和赞许，尽量减少或避免过多丢分和对自己的负面影响。

假如当面试官发问时，突然感觉心口怦怦地跳，十分紧张，可以适当地转移视线，眼睛朝向主席台的后方无人区，用耳朵认真地听着问题，若真是没有完全听清楚，可以说"对不起，希望这个问题再重复一次"，可以让自己放松和镇静，让心跳平和下来，然后回答熟悉的问题时就自然而然地顺畅了许多。

再者当面试官一下子问到了自己没有准备的陌生问题时，首先最重要的就是不能心慌意乱，可做稍微思考，然后说"您好，我可以这样理解这个问题吗？（说出答案）"。或者可根据问题的类型分别应对与处理。

如果是硬性题目，一般会涉及真实数据和确切情况之类的回答内容，比如问：请谈谈对本公司了解的具体情况，再比如问：本公司有哪些机型和航线等，这些问题有印象就试着回答，若真没有任何感觉也不要瞎编胡说离题千里的答案，可以说"对不起，这个问题我以前确实没有关注到，不过过后我一定会去认真地弄明白"。即使是这个问题自己没有回答上来，也不至于让考官产生逆反心理，或者有其他看法。

碰到不熟悉的软性类别的问题，只要个人具有一定的承受能力和理智心理，一般都不会出现一点儿也回答不出来的状况，因为这种类别的问题只是每个人的发挥程度不同，压根就没有让人回答不出来的。比如问：我听到你都在介绍你的优点，请谈谈你有哪些缺点。问：你以后准备如何克服这些缺点，再比如问：你认为自己比别人适合乘务工作的理由是什么等。

（3）对疑难问题的正确理解　对于以上可能出现的各种疑难问题，只要表现出足够的诚心及诚意，即便是回答得不尽如人意，也不要表现出灰心丧气的样子，失了台上的方寸，让面试官对你产生不正常的看法和偏见。一个问题回答得不理想并不能代表所有的条件都不合格，而是要鼓励自己在接下来的环节中有更好的发挥与表现，这样才能失小节不失大局，稳住台风，完成好此轮面试中的测评项目，尽量保全面试机会。

在民航面试的过程中，会碰到各种各样的问题，面试官想问什么面试者都不知道，但通常会有常规性问题和思考性问题。纵使题目繁多，但三句话不离本行，只要准备得周全，有足够的知识储备，再加上回答问题时掌握核心与要领，即使有疑难问题也难不住你。不过在回答英文问题时，一定要用词得当，语法正确，不能闹笑话或词不达意，让面试官产生误解。

## 四、面试测评中的答题技巧

相对于将来所要追求的乘务职业成就，面试中的挑战其实并不应该成为面试者前进中的拦路虎，大胆地迈过去才能迎接工作中非凡表现的来临，只要勤奋上进，准备得当，定能抓住要点，理清面试考核程序中的问题脉络，取得优异的面试成绩。而在具体的面试中，除了上述的面试事项及必要做法，航空公司在招聘乘务人才时，还会有卷面测评题和机考题的部分，要求考生在规定的时间内完成题目的作答。

民航面试的考题部分，通常也不会太难，但答错题者也不在少数，原因大都是不够慎重或存在轻视的心理造成的。特别是有些看似简单，实际上却不是那么好答的题目，或者几个问题的答案非常类似与接近，弄不好就会选错。面试中有机考听力题的部分，航空公司会要求考生戴耳机，在这一个环节中要仔细听清楚题意。应试人员在考题作答时，一定要打起精神，注意审题，碰到不知如何回答的问题，先做会的，不会的要沉着冷静地分析思考，然后作答，还要注意时间的把握，以及卷面或机考的答题要求。

关于面试中，中英文考题相关的细节内容，在接下来的第四章中进行详述。

## 临场妙招有哪些

（1）面试前　遇到航空公司的面试官或工作人员，应有礼貌地打招呼。
（2）入场　按牌号先后，有秩序地排队，依次进入考场，不能插队抢先。
（3）面试中　微笑自信，姿态标准，交谈中要与考官有恰当的眼神及目光接触，给考官留下诚恳、亲切的好印象，切忌东张西望，欠缺诚意。

（4）面谈时　待主考官发出邀请，然后才礼貌地坐下，坐下时要轻快，整理好衣服，不能左右晃动或跷腿，也不可单手或双手托腮，或把双臂交叠胸前，要保持上身笔直。

（5）口语　语音、语量适中，使用普通话，避免中英文的掺杂。

（6）口误　在讲述中，如果不小心出现了口误，要马上纠正与补救。如果错误严重，要向考官道歉后并及时重新讲述。

（7）问询　考官针对应试者个人情况问询时，不可以任何理由或方式打断。这是非礼貌的做法，严格禁止。

（8）应答　对面试官所问的各类问题，不能有轻视、不耐烦、惊讶、冲撞等不正常表现，要虚心地接受并亲切地回答。更不能与考官较真，或抓住某个问题细节纠缠不放。

（9）测量中　按身高、体重的测量顺序进行，如需要在门外等候时，进门之前先敲门，并向考官热情而有礼貌地打招呼。

（10）面试结束　当本轮所有的面试环节全部结束，离开面试现场及考官时，要及时地向其道谢，说"再见"，并有眼神的一些交流，然后微笑着离开面试现场。

## 第六节　乘务修养与储能

做好面试前的知识储备与修养储能，也是面试准备的内容之一。中国人历来重视技艺的成熟修养，尊重有技能才干的人才，提倡工匠精神，其实民航服务也需要匠心的打造，把对客服务做到极致和完美，让旅客乘坐航班时，能确切地感受到来自乘务服务的细柔与精致。

### 一、乘务服务修养

（1）鞠躬致意　在迎、送旅客登机或下机、表达致意或道歉时，要使用弯腰鞠躬礼。身体弯腰的角度标准是：迎客15°、致谢30°、道歉45°。

（2）后退转身　向旅客点头示意，后退两步，转身离开。

（3）沟通姿态　两舱服务沟通超过三分钟使用蹲姿；普通沟通基本站姿；沟通时眼神亲切，平视旅客，使用弯腰姿态。

（4）沟通方式　自然的微笑，语量、语速适中，语气柔和，保持与旅客的目光接触，眼神中流露出亲切和温暖。

（5）广播方式　机上广播，要使用暖心暖语，声音清晰，广播的内容要点明白。在夜间航班上、午间或餐后旅客休息时，广播的声音要调小，使用轻柔的广播语言。

（6）灯光调节　旅客休息时，或夜间，要帮助调节灯光。

（7）托盘使用　空托盘要放在体侧，保持手中的托盘始终处于过道；如果托盘上有物品，要注意高低摆放整齐，易倒、易洒的物品放在托盘的中间部位；行走时，注意过道两侧人员。

（8）巡舱检查　安全带系扣提醒，行李安全放置提醒，座椅调节提醒，小孩、老人关爱、问候服务，其他特殊旅客的暖语问候服务等。

## 二、修炼好致美状态

（1）心灵之美　乘务人员的最起码要求是心地善良，有一颗大爱之心，无论遇到什么情况下的旅客，都不能有嫌疑之心，厌恶他人。

（2）规范服务　拥有一颗感恩的心，对所有乘坐航班的旅客都要做到一视同仁，不能分别对待，执行好公司要求的规范服务中的各项操作内容。

（3）严控细节　做好对普通舱、两舱旅客的细节服务。两舱旅客：把握好迎客的服务步骤，礼貌问候，准确称呼（第一时间对旅客称呼姓氏，会让旅客感受到航班服务的细节和准备充分），引导入座，安放行李，挂衣服务；自我介绍；用品介绍；报刊服务，毛巾服务，迎宾饮料服务（酒水、茶水、咖啡介绍或展示）；订餐服务等。

（4）气氛维护　保持客舱内的良好气氛，主动和旅客打招呼，在饮料提供、餐食供应时，有交流语言和使用提醒服务。

（5）安全秩序　注意客舱内的安全秩序，用体贴语言，化解好旅客之间的乘机矛盾。

（6）文件执行　根据《关于加强客舱安全管理工作的意见》（民航发〔2012〕96号）文件要求：滑行期间，乘务员不得从事与安全无关的工作；起飞后20分钟或平飞至落地前30分钟，完成所有旅客服务程序；飞机进入下降阶段后，不应再为旅客提供餐食服务。

（7）特请报告　遇到特殊情况，要请示乘务长，报告机长，听从安排、指挥，服从机长命令。

## 三、服务细节关注

对客的真情服务，要体现出实用、精细、温暖、感动，而不能是面子工程，做做样子或进行表演的行为。要从细节处找到服务的亲和做法，不仅要关注服务的节奏和内容，对服务氛围的营造，执行好内部、外部的及时沟通，还要求特别关注重点的人和事。

（1）重点旅客关注

关注以下重点旅客：VIP旅客，超级精英及会员旅客，无陪伴儿童、老人，婴儿，情绪不好的旅客，身体不适的旅客，有过投诉史的旅客。

（2）重点事项关注

关注以下重点事项：航班上有旅客预订的特殊餐食（宗教餐、营养餐、儿童餐），机上餐食无选择，本次航班上有旅客预订轮椅、婴儿摇篮，航程中出现的医疗事件，有旅客临时终止乘机行程，旅客在航班飞行中提出投诉。

## 四、航班延误服务

在民航运输服务中,用真情实意服务好旅客,还应该设身处地为旅客着想,全力以赴地为旅客解决好各种问题,并且能够让旅客对我们的服务给予肯定的回应。不仅做到"三保障、四落实",还要做好航班长时间延误时的对客理性周到的安慰服务。

(1)氛围营造　及时进行客舱广播,通报航班情况;把客舱内的温度控制在23～25℃;按照灯光调节要求,对客舱内的灯光进行调节;保持洗手间内的清洁、无异味;机舱通道中,干净无杂物;为航班营造清新的乘坐环境,比如喷洒香氛产品;进行手舞、客串等的娱乐项目服务。

(2)节点把控　时刻关注机上的特殊旅客反应情况;做好有要求中止行程旅客的沟通服务;对中转旅客给予关心,提供航班对接信息;增加巡舱次数,及时发现并处理好问题;提供餐饮服务,安慰与缓解旅客的等候情绪。

(3)特殊情况　在航班遇到故障需要修理,以及其他特殊情况下,延误正常的起飞时,要保障机上的餐食加配到位;并且增加必要的除热或保暖物品;注意清除客舱杂物、加水;假如时间过长,考虑二次打开舱门,通知旅客到候机楼等待航班的进一步消息。

(4)机场广播或电子屏幕时时通报航班信息,播放轻柔舒缓的音乐,安慰旅客心情。

## 五、组员关系维护

(1)本国组员之间　与组员建立良好的服务合作关系,懂得倾听组员的心声;对于组员的优点和美德给予赞扬;发现组员的问题时,要耐心细致地帮助引导和解决,不可带有负面情绪;在客舱服务中,积极地与组员共同面对旅客,特别是发现问题时,不能个人躲避。

总之,要与本国组员间维护合作关系,在对客服务中互相帮助,相互鼓励,共同进步。

(2)与外籍组员之间　面对身边有外籍同事一起工作时,要适当地了解不同文化背景的差异,尊重外籍组员的家乡信仰;主动和他们打招呼,进行自我介绍,相互熟知姓名;明确工作内容和岗位职责要求;建立起良好友爱的组员情感;如果发现有违反客舱部相关规定的情况,及时上报值班经理,与外籍部沟通,进行妥善处理和解决。

由于文化习俗、生活环境、认知理念上的不同与差异,在与外籍组员一起服务时,要互相尊重,互相理解,并且能够做到互为镜子,站高一线,从对方身上取长,补己之短。

阅读链接3-2

### 突发公共卫生事件应急措施

(1)在疫情等传染病流行期间,乘务人员要注意巡查客舱,及时关注客舱内旅客的身体状况,并做好空中旅客服务与安抚工作。

(2)假如发现机上有可疑病人,应立即向机长报告,并通知前方到达地的机场现场指挥部门和航空公司现场协调部门,提前做好对有症状病人的报告、检查与移交准备。

（3）如果情况允许,比如有足够的空余位置或者旅客主动配合等,尽可能地采取客舱内隔离措施,调整可疑病人的座位位置,将其安排到后舱的最后一排,与其他旅客间隔1～3排座位,尽量减少有症状者与其他旅客的接触；如果情况不允许,比如没有足够的空余座位或者旅客不愿配合等,则保持原座位就座,指定专门的卫生间供有症状的旅客使用。

（4）做好对有症状病人及其密切接触者的登记工作,包括姓名、家庭住址、联系电话等；禁止各舱位间的人员流动,控制机组人员出入驾驶舱；固定专门乘务员对其服务,密切接触疑似病人时,必须采取戴口罩和手套等安全预防措施,并注意手的清洁和消毒。

（5）乘务员使用过的口罩、手套和疑似病人用过的生活垃圾要用双层垃圾袋盛装、包扎密封并作特殊标记,及时用消毒液进行消毒（作用时间30～60分钟）；病人座位的扶手和小桌板等环境,可用消毒液擦拭消毒。

（6）在前方到达机场停靠后,乘务员应积极配合检疫人员的工作,包括对病人和相关资料的移交手续,对飞机的清洁和消毒事项等。

（7）应急医疗设备在航班运行中使用后,如配备数量、种类低于中国民用航空局标准的,应在航班返回主营基地后补充或更换,以满足标准要求,保证航班运营需求。

——资料来源于南航《乘务员手册》

## 六、其他专业技能及知识储备

### 1.专业技能储备

（1）中西餐文化　了解与掌握中西餐文化及用餐礼仪。
（2）茶文化　了解红茶、绿茶的冲泡方法,知晓各种名茶的冲泡水温。
（3）酒文化　关注中西方的饮酒礼节,饮用酒品习惯,饮用方式。
（4）语言技巧　良好的语言表达能力,掌握沟通技巧,注重语感。
（5）独特技艺　掌握一项手工制作,会编织剪裁,艺术表演等。

专业技能储备如图3-7所示。

### 2.为旅客创造服务惊喜

（1）个性化服务　在旅客生日、婚姻庆祝日,创造带有仪式感的惊喜服务。
（2）察言观色　把服务做在旅客开口之前,"消灭呼唤铃"声。
（3）特别惊喜　在国家纪念日、传统节日等特别时日,给旅客提供惊喜服务。
（4）广播传递　通过广播传达国内外的喜讯,祝

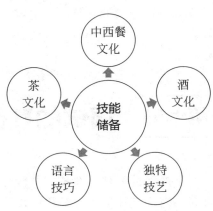

图3-7　专业技能储备示意图

贺旅客生日，公司特别纪念日等。

（5）辅助配合　利用肢体语言辅助服务工作，做到心到、眼到、手到，不留遗憾。

（6）延伸与增值　在把旅客安全地送达目的地的服务中，融入带有情结的服务，用知识、情感为旅客营造欢乐的心情，介绍旅行资讯、各地特色餐饮、风土民情等延伸与增值服务。

### 3. 知识储备

图3-8　知识储备示意图

（1）通过专业课程学习及课外书籍的阅读学习，增加丰富的知识内涵。

（2）从社会见闻与广泛交流中，学习吸纳各种对生活、工作的常用知识。

（3）强化个人的业余学习意愿，参加培训学习，提升知识与文化水平。

（4）处处留心，在旅游拓展及参观修学中，向他人取长补短，借鉴学习。

（5）不满足当下，虚心进步，利用一切机会补充专业知识，保持学习热情。

知识储备如图3-8所示。

### 4. 合作心态

俗话说在学习中成长，在合作中成熟。每个人都不是万能的，无论是生活与工作都要强调与他人的合作及团结互助，这样更能方便生存与干好事业。对于乘务人员来讲，通过有效的合作，就可以把服务做得更好，更到位，受到旅客更多的赞誉，所以在服务中，要学会利用有限的客舱资源，在与组员的配合中，为旅客创造出无限的服务惊喜来，切实实现局方及航司制订的服务标准及高质量服务要求。

（1）与乘务长的合作　有问题及时与乘务长沟通，做好工作请示，并帮助乘务长分担相应的服务交接工作，以及厨房内的准备工作。

（2）与乘务员的合作　与机组各乘务员之间保持良好的语言沟通，并与区域内及两舱乘务员，共同配合，完成好客舱服务演绎。

（3）与旅客的合作　以同伴身份随时出现在旅客身边，并与旅客保持愉快的沟通，实现无障碍的交流状态，与全体旅客共同实现完美的飞行目标，演绎乘务员非凡的合作之态。

## 第七节　面试的其他准备

民航面试的其他准备，包括对面试航空公司背景情况的相关了解，面试资料的具体准备，对面试环节的理解和认知，专业知识的储备，专业素养修炼等，这一切都是为面试所作的必要准备。

# 一、了解面试公司及招录要求

## 1.面试公司了解

往往在面试中,现场考官会有意无意地问到应试人员对本公司情况了解如何,例如问:你了解过国航、东航、南航吗?或者:你对××航空公司了解多少?再或者是:谈谈为什么要面试深航、海航、上航、厦航、大连航空等。如果先前着实没有了解过参加面试的航空公司,是无法回答好这些问题的,有些人很可能会被问得面红耳赤,半天说不出话来,甚至是连面试公司的全称都忘了叫什么了,这种现象是非常不利于面试考核的。出现了这种情况,有时可能是因为自己在面试现场过于紧张,一时不知所措;但也很可能是因为面试者把注意力全部都集中在个人身上了,根本就没有丝毫的心思关注到对方情况的了解;或是压根就不清楚会被问到这方面的问题。但答不上来面试官所问,给人的感觉就好似对自己的求职面试有些草率,缺乏应有的诚意,对面试的认知不够,做事行为欠缺周全。

在面试之前,能够关注到对面试公司的情况了解,掌握了一些真实具体的信息资料,当被面试官问到这些内容时,就可以顺理成章地说出来了,说不定先前的细致和用心,还会赢得面试官的刮目相看呢。这些都是应试人员要基本了解和掌握的,不可疏忽大意,不去做的后果会影响到面试与入职。

(1)应聘公司资料收集　在参加面试之前,应聘者要对所应聘的航空公司进行必要的了解,弄清楚公司的基本情况,收集好相关的资料信息,包括公司的完整名称的读音和准确写法,公司性质,负责人是谁,具体航线有哪些,航空公司的企业文化,成立的时间,规模和声誉,工作条件,待遇薪酬,还有航空公司发生的关键事件等。知己知彼,方能百战百胜,这样做,一是更利于个人的就业选择,二是有了这些充分的资料准备,能够在"临场发挥"中更加出彩。

对应聘航空公司的了解越多,资料掌握得越详细,在回答关于公司情况的问题时,心里就会越有把握。关于公司的资料信息收集,可以从以下几个方面获得。

① 从航空公司的官方网站进行了解。各航司都有自己的公司网站,并且内容很全面,不仅能够了解公司概况、文化建设、航线开辟,还会有一些招聘岗位信息。如果不知道各航空公司的网址,可以通过百度或360导航进行搜索。

② 与专业老师进行及时的沟通与交流,获知面试公司的相关资料。

③ 到学校就业办进行询问,让就业方面的老师帮助查找。

④ 通过公司发布的招聘信息查找公司介绍资料及网址。

⑤ 发布招聘信息的知名公众平台等有效渠道查找、查询。

(2)归纳整理资料　收集好了公司的情况资料,要进行条理性的归纳,因为不可能全部都记得住。把公司的相关情况浓缩成二三百字,简明扼要地进行概括,这样比较容易记忆。还要切记:公司成立时间和规模、声誉不能遗漏,公司理念及大事件记清楚,当考官问到时就可脱口而出。

另外,对面试公司现在的情况了解、资料归纳整理的过程,也是对航空公司的全面认知过程。可以增添对公司的熟悉度,减少陌生感,增加安全感,由此产生之前没有的好感和信任，提升面试信心，活跃神情，参与面试的积极性也会跟着高涨起来，更利于面试。

### 2.清楚招录要求

应试者还要对航空公司在此次的面试招聘中，所公布的设置岗位具体知晓并了解清楚，包括招收的各项条件（文化程度、英语要求、视力、身高、体重、其他健康状况），有无过往工作经验要求，报考性别、年龄限制等。这样做可以方便个人的面试选择，而有目的面试行动，可以节省面试的时间和精力，不盲目向前冲，要把关注事项或面试准备放到与自身条件相符合的招聘对象中，不求面面俱到，但求有针对性的面试效果。

## 二、了解面试中的测评节点

在了解与掌握航空公司发布的招聘信息时，可对公司的面试节点给予关注，比如自我介绍的内容，常问问题，考核题目；这家公司的面试有哪些特别设置的环节处，素质考查要求，还有体检、终审项目等。以上这些，也可以通过之前参加过本公司面试的师哥师姐及同学进行了解。但无论具体的面试环节设置如何，都离不开如下几大类测评节点。

一是形体测评：包括五官、躯体、牙齿、颈部、肩膀、双腿、手型、皮肤、疤痕观测。
二是表达测评：中英文口语能力，发音，口齿，思维反应，心理状态及精神风貌考查。
三是形态测评：站、坐姿，蹲姿，行姿，表情，手势，步态测试。
四是答题测评：理论水平具备，知识面宽度，逻辑思维，灵敏性，完整性考核等。
……

关于面试的流程环节与基本要求，第二章中及本章都有细致的介绍与讲解。

## 三、面试资料的准备

### 1.面试携带资料

这里所说的面试资料，是指网上报名成功，且通过资质初审的应聘者，收到通知后参加面试，现场所要携带的资料准备，比如身份证、户口本、照片、学历证书等。

（1）身份证及户口本　通常要求要带上原件及复印件，参加面试之前要提前准备好。
（2）照片　根据面试公司的要求，一般会是两寸免冠彩色照片，要注意背景颜色要求。
（3）学历证明　通常已毕业的应聘者，会要求下载打印《教育部学历电子注册备案表》；未毕业的应聘者，要下载打印《教育部学籍在线验证报告》；外国学历要提供留学中心证明。
（4）英语　面试公司如有英语考查，则要求应聘者提供英语等级证书原件及复印件。
（5）报名登记表　有的航司是要求在现场完整填写，有些公司是要求自己下载打印，并填写《乘务员面试登记表》，直接交到现场。
（6）有小语种能力的应聘人员，或公司有要求小语种的，还要携带相关证书或成绩单。
（具体以各航空公司招聘面试时的通知要求为准）。

### 2.面试资料注意事项

（1）照片准备的具体尺寸和张数要求。

（2）是否需要携带耳机及型号，提前作好准备。
（3）关注个人简历的填写要求，现场是否需要携带纸质简历或投递电子简历。
（4）清楚中国高等教育学生信息网《学籍在线验证报告》《学历证书电子注册备案表》打印的有效日期，以及打印界面的要求，是否包含二维码，打印纸张规定。
（5）有工作经历者的单位证明资料等。
（6）详细并清晰地了解面试公司的其他要求事项。

## 知情民航面试

在招收与录用服务人才时，航空公司不仅要求应试者的素质条件要好，热爱民航服务工作，还要求具备一定的文化理论功底；不但口才要好，笔下文采也要有；而且形象条件更要好。往往航空公司在面试中，还有才艺考评、困境自救、耐力检验、适应能力测试等。通过小组茶话会、游戏活动、心理拓展等项目，全面考评一个人的综合素质、能力水平、团队意识、集体观念等。对于面试官现场问到的个人信息及乘务工作问题，要回答得准确无误。

另外，无论是在目测考评、提问测试的面试程序中，还是增加笔试及访谈交流的环节，抑或是英文会话与机考等面试的基本项目，航空公司的面试都不会脱离考查人才的服务能力、服务意识和服务态度等几个方面。如果掌握了基本的核心点，做好了充分而必要的前期面试准备，就不会迷失面试中的方向和行为准则，让自己在面试中游刃有余，得体应对。

（本章图3-1～图3-3由武汉商贸职业学院提供；图3-4由南方航空提供。）

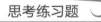

**思考练习题**

1. 谈谈你对面试礼仪的认知，又具体掌握了哪些？
2. 如何看待涉外服务礼仪的重要性？自己能做好涉外服务吗？
3. 是否了解特殊餐食的种类和提供禁忌？
4. 你对哪些客源国的礼仪和禁忌比较熟悉和了解？
5. 你认为怎样才能修炼好乘务素质？乘务职业需要有哪些储能？
6. 你对个人的面试妆容和发型设计满意吗？如何调整好面试状态？
7. 临场发挥的要点是什么？你打算怎样做好临场发挥？
8. 请认真思考一下：是否已经做好了面试的相关准备？

# 第四章
# 民航面试的中英文环节

**本章提要**

近年来，随着中国民航运输业务量的不断增长，国内国际航线的有序开辟，在航班旅客的结构中，分布着来自不同国家和地区的人员，不仅要使用标准的普通话进行交流与沟通，而且单一性中文交流已难以满足客舱的服务需要，因此，航班乘务人员的外语水平要求也越来越高，特别是英语沟通与表达能力要好，有些航空公司在招聘空乘人才时，还会针对某个运营航线有小语种的专业成绩要求。应试人员的中英文听、说、写的能力如何，在一定程度上也影响或决定着面试的考核结果，从应试方来看，不仅要学好中英文知识，会表达和交流，还要相应地了解面试中的中英考查部分内容。本章着重介绍民航面试中的中英文测试部分，不但包括中英文自我介绍、中英文广播词的基本内容与要求，还有中英文考题的介绍及作答关注事项、答题技巧，还包含机考题的介绍以及常用英语语句和单词。

## 第一节 面试中英文自我介绍

中英文自我介绍也是面试中绕不过去的考查内容，重点是考评应试人员的口语表达能力，普通话及英文发音，状态表现，面试官了解考生的基本信息情况等，建立起考生与面试官之间的情感联络，以便考官熟悉场上考生，能与手中的报名资料对上号，把握考核程序。

# 一、中文自我介绍

## 1. 自我介绍的正确方式

面试中的自我介绍，这一部分内容是必不可少的面试节点，并且十分重要，试想，在初试环节的第一部分就是自我介绍，在把自己的相关情况介绍给面试官的同时，其实也是向其展示自己的过程，更是自我推荐的一个绝佳机会。在作自我介绍时，往往考官还有可能根据应试者自我介绍的信息内容，进而提出相应的问题，所以自我介绍大意不得。

那么，该如何充分地利用好这短短的几分钟时间，通过自我介绍一下子吸引考官的注意，留下深刻的好印象呢？在自我介绍中，要注意掌握好3P原则。

（1）positive——自信　首先要对自己有足够的自信，在考官面前充分展示出自己的优秀品格，良好的气质表现，包容接纳的性格，知礼懂尊的品德，流畅清新的谈吐等。

（2）pertinent——中肯　向考官介绍与展示自己，可以有与众不同的优点、特长和突出才华，但一定要讲究实事求是，介绍有理有据，不过分夸大和压低自己的能力，也不能贬低同场的其他应试者，更不能表现得过于傲慢，抱着中肯的态度，既谦和又自信得体。

（3）personal——个性　再者，自我介绍不能人云亦云，把别人说过的东西重复一遍，要有自己的特点，突出个性。即使是同样的内容，也可在排列上有所区别，增加修饰词语，合理美化自我，生动灵活，措辞得当，给面试官耳目一新的感觉。

实际上自我介绍的方法有多种多样，但必定离不开姓名、家乡、学校、专业、英语、性格特长、求职愿望、职业认知与乘务工作理解等主体词条。有时面试官会要求应试人员隐去姓名，只说面试序号，或是介绍几组几号考生。自我介绍关乎后面的面试程序，非常关键，一定要杜绝流水账式的平铺无奇，没有任何个人特色而言，应做到简洁清晰，独特新奇，声音甜美，状态良好，肢体语言恰当，让自己先声夺人的介绍效果，引发考官的惊喜和赞叹，给面试官留下一个好的印象，为接下来的面试环节打下好的开端。

## 2. 中文自我介绍示例

由于应试者自身文学修养的差别或表达形式的喜好不同，作自我介绍的风格也会千差万别，下面讲述几个不同类型的自我介绍，比如直叙型、抒发型、演说型等。

（1）中文介绍示例一　尊敬的评委老师，上午好。我叫××，今年××岁，来自天津市，我的身高是1.69米。我是一个性格开朗，乐观自信的女孩，喜欢旅游，爱好主持，成为一名空乘是我从小就有的梦想。今天能够站在这里，参加国航的面试感到非常荣幸，恳请各位老师能给我一个入职国航的机会，以后我会在自己的工作岗位上倍加努力，取得旅客的服务信任，谢谢你们。

（2）中文介绍示例二　各位评委老师，你们好。我是05号考生，今年20岁，来自美丽的海滨城市青岛。我是××学校的一名应届毕业生，我在校学习的专业是空乘。我喜欢微笑和交流，朋友很多，也因此被好友戏称为"笑笑"，对于这样的戏称我一点儿也不会生气，因为微笑是世界上最有感染力的情绪钥匙。我总是畅想着自己与蓝天朝霞赛跑，和太阳一起启航，像鸟儿一样把欢快的声音洒在高高的天空上，那该是一件多么令人陶醉和开心的事情啊！我选择报考与就读空乘专业，报名参加贵公司的招聘面试，就是为了能够实现心中的这个美好愿望。希望在座的每一位评委老师，能够喜欢我的真实表现，让我有机会带着迷人的海岛风情，把自己最真诚和善意的微笑传递给广大的旅客朋友们，把我的热情和能量奉献给公司和团队，谢谢。

（3）中文介绍示例三　尊敬的各位评委，我叫××，我来自广东省广州市。广州是中国古代海上丝绸之路的起点，畅达天下，通联四海，美丽的花城广州向来都有着开放包容、热情接纳、坚强不屈的城市性格，作为一名出生在广州的"00"后，从小就受到这样的气质感染和熏陶，所以我的性格也如同这座城市一般，亲和大方、善良友好、自信坚定。我有着171厘米的身高，大学英语已过六级，业余爱好是书法和绘画，曾参加过全国书法、绘画创作大赛，获得过各种奖项。能够成为一名空乘，在将来的工作中与美丽浪漫的白云为伴，与来自四面八方的旅客沟通交流，是我心中的荣幸和理想。也许你们面前的我，与真正的乘务人员比起来还显得有些稚嫩，但我会以自己的勤奋与汗水，用坚定的决心和坚强的性格，全心全意地为旅客做好服务，成长与成熟自己，尽自己最大的努力诠释好空乘形象，不辜负你们对我的期望，谢谢各位老师。

## 二、英文自我介绍

### 1.英文自我介绍关注要点

（1）关注内容结构　在作英文自我介绍时，要关注介绍内容的结构，一是个人信息给到公司面试官，包括你是谁（姓名、年龄）；二是个人目前的状况介绍（学历、专业）；三是自身具备的才能（特长、爱好）；四是面试求职原因（认可、经历）；五是成绩表现（英语能力、普通话水平）等。

（2）注意语法中的时态变化　英文的语句结构、语法使用与中文不同，特别是要注意到语法中的时态变化，比如在介绍学习情况，学历背景，工作经验时，一定要注意语态的正确配合，准确无误。如果出现使用不当的情况，很可能会引起考官对面试者英语能力表示怀疑，或者对面试者产生不信任感。

（3）英语介绍加分项　发音准确，口语表达无失误，用词合理，语法得当；个人情况介绍清楚，与面试官手中的资料符合，没有失真现象；专业能力或工作经验有介绍，贴近空乘面试要求。

通常情况下，作英文自我介绍的目的，是面试官考查应试人员的英语口语表达能力，真实的英语掌握程度，沟通技巧，与旅客交流有无障碍等。虽然在使用英文作自我介绍时，自己可以添加一些优美的词语或表达语句，但切记不要故意地夸大其词，自吹自擂。

（4）其他注意事项　在使用英文时，不能用网语、俚语，以及有讽刺、辱骂意味的词语，以免引发误会；涉及宗教信仰、习俗禁忌的词语尽量避开；回避政治敏感用词用语；再者，不能为了讨好面试官，而展示自己蹩脚的英语水平，不熟悉的生僻单词最好不要用。

英文自我介绍关注点总结如图4-1所示。

### 2.英文自我介绍示例

（1）英文介绍示例一　Hello, everyone. I am a lively, cheerful and ambition girl. I am 172cm tall and 55kg weight. I like to treat everything around us with smile. A friendly smile

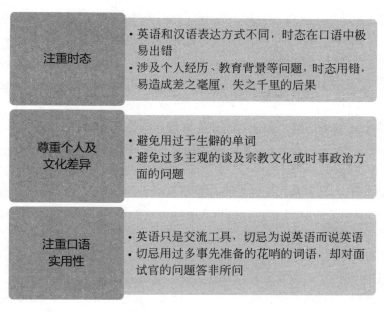

图4-1　英文自我介绍关注点总结

can pass a good intention to people. To be a stewardess is that I have always dream of, I like the feeling of flying in the blue sky. When facing difficulties, I never backed down, I always smile to confront them and have the courage to move forward. I love to be a flight attendant, this is a noble profession. Positive and optimistic attitude, tradition of hard work are all I have, believe I can do it.

Thank you!

（2）英文介绍示例二　Good morning everyone. My name is ××, I am ×× years old this year, I come from ××. And I graduated from ××. I am a lively, cheerful girl. I like to treat everything around us with a smile. A friendly smile can pass a good intention to people. To be a cabin crew is that I have always dream of, I like the feeling of flying. When facing difficulties, I never give up. I love to be a flight attendant, I believe I can do this job well. Thank you.

（3）英文介绍示例三　Good morning afternoon everyone, my name is ××. It is really a great honor to have this opportunity chance to introduce myself. I would like to answer whatever you may raise, and I hope I can make a good performance today. I'm 18 years old and I will be graduating soon. I am the only child in my family, but I am very independent. I have lots of interests, such as singing, dancing, drawing. I am easy-going and congenial, with a strong sense of responsibility and good team-spirit. I love travelling very much. I am fluent in oral English, with fairly good of reading and writing ability, speaking authentic and mandarin-Chinese. If I can take this job, I'll try my best to do everything well. Because I love this job. Thank you!

### 3. 自我介绍常用英文语句

（1）I like travelling very much, and I also enjoy the work to communicate with others.（我十分喜欢旅行，也很喜欢同他人打交道的工作。）

（2）I am easy-going and congenial, with a strong sense of responsibility and good team-spirit.
（我为人谦和友善，做事态度认真，有强烈的责任感和良好的团队精神。）

（3）I have a wide range of hobbies, including communication, English, music, movies and literature.
（我兴趣广泛，喜爱交流、英语、音乐、影视以及文学创作。）

（4）I wish to become a stewardess because I've always enjoyed meeting new people, and working with others.
（我之所以想当一名空乘，是因为我总是喜欢结识新面孔以及同别人一道工作。）

（5）I love the sky. When I was a child, I imagined flying into the blue sky some day.
（我喜欢蓝天。当我还是一个小孩的时候，我就梦想着有一天我能飞往高空。）

（6）I have initiative, independent and good communication skill.
（我积极主动，独立工作能力强，并有良好的交际技能。）

（7）I am ability to deal with personnel at all levels effectively. A stable personality and high sense of responsibility are desirable.
（我善于同各种人员打交道，个性稳重，具有高度的责任感。）

（8）I have played a couple important roles in the student organizations, honing the interpersonal communication skills and organizational capability.
（我曾担任学校社团职务，培养了良好的人际交往技巧与组织能力。）

（9）I am highly-motivated and reliable person with excellent health and pleasant personality. Ability to work well with others.
（我是有上进心又可靠的人，并且身体健康，性格开朗，能够同他人一道很好地工作。）

（10）I am fluent in oral English, with fairly good of reading and writing ability, speaking authentic and mandarin-Chinese.
（我英语口语流利，具有良好的英语阅读、写作能力，普通话标准。）

（11）I am a person with ability plus flexibility. Think I'm' quite fit for××.
（我是一个有能力和适应力强的人，我觉得很适合××工作。）

（12）I feel that my greatest strength is my ability to stick to things to get them done.
（我认为我最大的优点是能够执着地尽力把事情办好。）

（13）I have a positive work attitude and be willing and able to work diligently without supervision. Work well with a multi-cultural and diverse work force.
（我有积极的工作态度，愿意和能够在没有监督的情况下勤奋地工作，能够在不同文化和工作人员的背景下出色地工作。）

（14）In my spare time, I have broad interests like reading books, willing to learn and progress.
（在业余时间，我有广泛的兴趣，喜欢读书，愿意学习和进步。）

（15）I am open-minded, quick in thought and good presentation skills.
（我性格开朗，反应灵活，具有良好的表达能力。）

（16）Having a career in aviation services is my dream since from young, hence I'm eager to have a chance to work in your company.

（能进入航空公司工作是我儿时的梦想，所以我非常想成为贵公司的一员。）

（17）I am ×× years old, born in ××.

（我今年××岁，出生于××地方。）

（18）I graduated from …, my major is …, and I got my… after my graduation in the year of…

我毕业于……大学……专业，我在……年毕业获得……学位。

（19）During my university, l got…　I enjoy…

在大学期间，我获得了……　我平时喜欢……

（20）Thank you for giving me the chance.

谢谢您给我提供这个机会。

## 三、自我介绍的关注事项

### 1. 贴近乘务职业需要

无论是中文自我介绍还是英文自我介绍，都要求应试人员一定要按照面试要求进行完整的自我介绍，在专业能力、性格特征方面，贴近乘务工作的现实需要，与求职无关的特长即便是再优秀，也不要拿到介绍中来一直炫耀。比如，滔滔不绝地讲述自己的篮球技艺有多么高，赢过几场，街舞跳得如何棒等，这些表现可以一带而过，但不是要介绍的主要内容，弄不好就会适得其反。重点是具备了什么样的乘务职业素质，服务能力，性格特长中与岗位实际需求的结合点，把自己的具体情况介绍清楚，保有自信心和职业认可度。

### 2. 符合介绍内容要求

如果面试现场考官没有特别的提示和要求，可以按照事先准备好的介绍内容讲述；假如考官有特别的规定，要注意在讲述中回避不可讲的部分，插入要讲的部分，并且表达清晰，语速、语调、语量适中，语气友好，带着激情和诚意向面试官介绍自己的情况，说出个人的优势和能力，表达出美好的职业愿望及日后努力的方向。

### 3. 适合的讲述方式

一是开头和结尾要有礼貌语言，向考官表达真挚的谢意，以对考官付出辛勤劳动的尊重；二是讲述中应与考官有恰当的眼神交流；三是忌说话声音过低，内容秩序混乱没有逻辑性，让考官听不清楚在说什么，或者声音过大，语量过高，声音中传递不出应有的美感及节奏；四是自我介绍不能过于严肃，要有面部表情等肢体言语的自然配合，坦诚大方，面带微笑，精神饱满，沉着稳重，让考官接收到应试者内心的真诚。

另外，自我介绍时还要注意到介绍时间的把控，掌握好轻重原则，不能把前面的时间过多地放在家庭、经历的介绍上，要突显出求职应聘的出发点，说出拥有的能力及工作心愿。

## 第二节　面试中英文广播词

航空公司在乘务人才的招聘面试中，通常还会要求应试人员读一段中文及英文广播词，或者也会被要求以中译英，英译中的形式进行反复朗读。通过广播词的诵读，考查应试者的口语表达能力，普通话或英语发音是否标准和流利。在本小节中，对中英文广播词进行介绍。

### 一、关于面试广播词

#### 1. 航班上的对客广播

航班广播也是对客服务中的一个重要项目，通常会有机上现场广播或者播放事先录好的广播词两种形式，并使用中文和英文双语广播。比如在旅客登机、飞机起飞、饮食供应、景点介绍、特殊情况、飞机降落等飞行节点上，乘务组人员都会通过广播向旅客传递温馨问候，表达谢意，事项通知，情况告知，让旅客明白与知晓航班目前的飞行情况，提醒旅客注意哪些事项，或者要求旅客配合现场的实际需要，严格遵守客舱秩序，保证航班的安全飞行。

现在各家民航公司都在大力提倡个性化的航班服务，机上广播也不再是单一方面的航班信息传递与提醒服务，其中也包含了旅客一方的机上个性化需要，以广播的形式提供增值或延伸性的特殊服务。比如在中国传统节日也会有广播介绍，对VIP旅客、两舱旅客的生日广播送祝福，对普通舱旅客的特殊定制需要广播送祝福、道祝贺等。

另外，有时机上广播也承担着一份传播民族和国家大事、传递爱心的帮扶责任和义务。比如在举全国之力的抗洪抢险、抗震救灾等的自然灾害救助中，在疫情等重大公共卫生事件爆发时，在祖国的生日、重大纪念日、国家特别活动事件的时候，民航运输航班上的广播也会进行情况介绍和带有号召性的声音发布，时时处处传递中国声音、中国力量、中国希望。

#### 2. 广播词类型

在航空公司的人才招聘面试中，朗读一段中英文广播词也是面试环节中的考核节点之一。因而对机上广播词的类型也要进行适当的了解。航班广播词的类别，一般包括旅客引导、欢迎、介绍、安全提示、信息通知等。比如在旅客登机进入客舱时，要致欢迎广播词；机上引导旅客入座时，要播放引导入座的广播词；起飞前的再确认要有安全确认广播词；飞机平飞后，要有飞行情况通知广播词；飞机下降时要提前通知广播，要有相应的广播词；饮食供应广播，其他还有气流颠簸等特殊情况，中转信息通告等。

下面，对航班上的一些常用中英文广播词示例进行介绍。

## 二、中英文广播词示例

### 1. 欢迎及引导入座广播

各位女士、各位先生：

欢迎您搭乘____航空的班机，请您根据座位号码对号入座，手提物品可以放在行李架内或前排座椅下方，紧急出口处不能放置任何行李，安放行李时请您侧身以确保过道通畅。

谢谢您的配合。

Ladies and Gentlemen:

Welcome aboard____Airlines. Please take your seat according to your seat number on your boarding pass. Please stow your hand baggage under the seat in front of you or in the overhead compartment; do not put any baggage near the emergency exits; and keep the aisle clear for others to go through.

Thank you!

### 2. 机上紧急出口介绍广播

各位女士、各位先生：

本次航班是由____飞往____（经停____）的（代码）（代码共享____）航班，空中飞行时间约为____，飞机预计在____点____分抵达____机场（____号航站楼）。

（国际）飞机预计在当地时间上午/中午/下午/晚上/凌晨____点____分抵达机场，起飞城市与落地城市时差为____小时。

Ladies and gentlemen:

Welcome aboard____Airlines and____(code share) flight____(____) and (____) from____to____(via____). Our captain has advised that the flight time is about____hours and____minutes. We will arrive at____at____airport at local time____am/pm.

(International) We will arrive at____at____airport at local time am/pm. Time difference of (departure city) and (arrival city) is____hour(s).

本次航班机长、客舱经理（乘务长）及全体组员将共同努力，为您带来轻松愉悦的乘机体验。您所搭乘的是（波音787梦想客机/空客330/波音737）客机，舱内共有6/8/10个紧急出口，分别位于客舱的前部、后部和中部。稍后请您留意观看安全须知。

谢谢！

Today we will Fly With Boeing787/Airbus330/ Boeing737Aircraft from____to____, which can bring____passengers.

Now the cabin door has been closed, we will show you the location of the emergency exits. There are six/eight/ten emergency exits located at the forward, rear and middle of the cabin.

We will show you safety demonstration video and appreciate your attention.

Thank you!

### 3. 限制使用电子设备广播

各位女士、各位先生：

现在舱门已经关闭，为了避免干扰飞机通信导航系统，根据中国民航法规定，请您将手机包括具有飞行模式的手机及电子用品全部关闭。同时，请您全程不要使用或开启充电宝等各类锂电池移动电源。

Ladies and Gentlemen:

The cabin door has been closed. To be safe, please turn off your mobile phones and all electronic devices. Power bank and other portable charging devices can not be used during the whole flight.

请系好安全带，收起小桌板，调直椅背，打开遮光板。
在此提示您本次航班为禁烟航班。
谢谢！

Please fasten your seatbelt, ensure that your tables and seat backs are in an upright position and open the window shades.
Smoking is not permitted during the whole flight.
Thank you!

### 4. 客舱安全演示广播

各位女士、各位先生：

现在，乘务员将为您介绍（救生衣）氧气面罩、安全带的使用方法和紧急出口的位置，请注意示范和说明。

Ladies and gentlemen:

We will show you the use of (life vest), oxygen mask, seatbelt, and the location of the emergency exits.

救生衣在您座椅下面的口袋里。使用时取出，经头部穿好。将带子扣好系紧。

Your life vest is located under your seat. To put the vest on, slip it over your head. Then fasten the buckles and the straps tightly around your waist.

在出口处，您可以拉动充气阀门将救生衣充气，但在客舱内请不要充气。充气不足时，请将救生衣上部的人工充气管拉出，用嘴向里充气。

Please don't inflate while in the cabin. You can pull the tabs down firmly to inflate before evacuation. If your vest needs further inflation, blow into the tube(s)-of your vest.

氧气面罩储藏在您头顶上方的壁板里，当发生紧急情况时，面罩会自动脱出。

Your oxygen mask is stored in the compartment above your head, and it will drop automatically in case of emergency.

请您用力向下拉面罩，然后将面罩罩在口鼻处，把带子套在头上就可以正常呼吸。

When the mask drops, pull it towards you to cover your mouth and nose, and slip the elastic band over your head, and then breathe normally.

每位旅客座椅上都有一条可以对扣起来的安全带，请您将安全带扣好并确认。

Each chair has a seatbelt that must be fastened when you are seated. Please keep your seatbelt securely fastened during the whole flight.

如需要解开，只需将金属扣向外打开即可。您可以根据需要自行调节长度。

If needed, you may release the seatbelt by pulling the flap forward. You can adjust it/as necessary.

客舱内共有6/8/10个紧急出口，分别位于客舱的前部、后部和中部。

There are six/eight/ten emergency exits located at the forward, rear and middle of the cabin.

请不要随意拉动紧急窗口的手柄。客舱通道及出口处都设有紧急照明装置，紧急情况下请按指示路线撤离飞机，撤离时禁止携带任何行李。

Please don't pull the handle of emergency exits at will. The lights located on the floor will guide you to the exits if an emergency arises, and do not carry your hand luggage with you.

《安全须知》在您前排座椅背后的口袋里，请您在起飞前仔细阅读。

谢谢！

For further information, please refer to the safety instruction in the seat pocket in front of you. Thank you!

### 5. 入境卡发放广播

各位女士，各位先生：

为了缩短您在____机场的停留时间，现在我们为您发放（目的地国家）入境卡（海关申报单/健康声明表）。（除当地公民和中转旅客外，所有旅客都要填写入境卡）。请用黑色或蓝色笔填写，填写时请使用英文并注意不要涂改或折叠，否则您将会在办理入境手续时要求重新填写。

Ladies and Gentlemen:

In order to speed up your arrival formalities at____Airport, all passengers, except local citizens and transferred passengers, are advised to complete entry forms before landing. The form shall be completed in English with black or blue color pen. Please don't alter or fold the form, or you will be asked to refill it when handling the entry formalities.

本班航班是HU____（和____代码共享航班号），到达日期是当地时间（____月____日）。

如您需要帮助，请随时和我们联系。

谢谢！

Our flight number is HU____and code share (____). The arrival local date is____(month) ____(day) .

If you have any questions, please contact us.

Thank you!

### 6. 机场中转广播

各位女士、各位先生：

我们的飞机将在50分钟后到达北京首都国际机场2号航站楼，您的托运行李预计在

____号转盘提取。

Ladies and Gentlemen:

We will be arriving at Terminal 2 at Beijing Capital International Airport in about 50 minutes. Checked-in baggage may be claimed at the No.____baggage carousel in the arrival hall.

继续乘坐____航空____（国际航班号）前往____（目的地城市）/国际航班的旅客，请直接在2号航站楼国际出发大厅办理乘机手续；继续乘坐____航空____（国内航班号）前往____（国内目的地城市）国内航班的旅客，请前往1号航站楼办理乘机手续。机上备有《国际中转流程指南》折页，有需要折页的旅客可向乘务员索取。下机后将有地面工作人员为您提供引导服务，____航空在T1航站楼出发厅设有中转休息室，提供中转候机服务。

如有疑问，请向乘务员或地面人员咨询。

For those passengers who are taking____Airlines international connecting flights____(flight No.) to____(destination) the transfer procedure can be done in the departure hall of Terminal 2. For those passengers who are taking____Airlines domestic connecting flights____(flight No.) to____(destination)，the transfer procedure can be done in the departure hall of Terminal 1. For detailed information. you may refer to the transfer instruction in the entertainment system or from the Transfer Guidance from our crew. Our staffs are available after landing to offer you transfer service.

For any transfer information, our ground staff are available to offer you best service.

Thank you!

### 7. 飞机下降前客舱准备广播

各位女士、各位先生：

我们的飞机将在40分钟后到达____机场。（到达城市）地面温度____摄氏度。

Ladies and Gentlemen:

We will be landing at____Airport in about 40 minutes. The temperature in____(name of destination) is (minus)____degrees centigrade and____degrees Fahrenheit.

安全带信号灯已经亮起，洗手间（和WiFi局域网）即将在5分钟后关闭。根据中国民航法规的要求，我们将停止一切客舱服务工作。请您回到座位就座，系好安全带，收起小桌板（脚踏板），调直座椅靠背，打开遮光板。请将您所有的电子设备关机。谢谢。

The captain has switched on the Fasten Seatbelt sign. Lavatories will be closed in five minutes. According to the regulations of the CAAC, we will stop all the cabin service. Please return to your seat, stow your belongings in the overhead compartments or under the seats in front of you, place your seatbacks upright, secure your tables (and footrests) and check that your seatbelts are securely fastened. All electronic devices must be switched off at this time. The Wireless LAN will be powered off in five minutes.

Thank you!

### 8. 航班信息及通知广播

（1）航班信息通告广播

各位女士、各位先生：

我们将在____小时____分钟后到达____，现在是当地时间（凌晨/上午/下午/晚间）

____点____分，机上免税品销售将在落地前1小时结束，如您需要购买，请及时与乘务员联系。谢谢！

Ladies and Gentlemen,

We will be landing at____Airport in about____hour(s) and minutes. Now the local time is ____am/pm. Duty free sales will be stopped one hour before landing.

Thank you!

（2）自助吧台广播

各位女士、各位先生：

后舱设有自助吧台服务，各式茶点供您选择，如您有其他需要，请随时与我们联系。休息时请系好安全带。

谢谢！

Ladies and Gentlemen:

We provide bar service to you in the rear cabin, including kinds of drinks and snacks. If there is anything we can do for you, please let us know. And please fasten your seatbelt during the whole flight.

Thank you!

（3）餐饮服务（取消）广播

各位女士、各位先生：

由于今天的航程遭遇航路极端天气，整个航程遇有持续性中度/重度颠簸，导致客舱餐饮服务工作无法正常进行。我们全体机组人员在此向您深表歉意。

谢谢！

Ladies and Gentlemen:

We had to cancel our cabin meal service because of the continual moderate/severe turbulence during the whole flight. We apologize for the inconvenience.

Thank you!

（4）消毒广播

各位旅客：

根据目的地国家检疫部门的要求，所有国际进港航班必须进行喷雾消毒。我们所使用的消毒剂是对人体无害的，请您放心。如您对喷雾敏感可遮盖口鼻，佩戴隐形眼镜的旅客，请暂时闭上眼睛。

感谢您的合作！

Ladies and gentlemen,

According to the quarantine regulations of the destination country, all international incoming flights must be sprayed for insects. We will be briefly spraying the cabin at this time. If you are sensitive to sprays, we suggest that you place your handkerchief over your nose and mouth while we pass by. If you wear contact lenses, you may close your eyes during this process.

Thank you!

注：疫情等突发公共卫生事件期间，要求国际进港航班必须喷药消毒。

### 三、节日问候广播词

（1）端午节（农历五月初五）

今天是端午节，××航空愿给您带来吉祥，送去安康，祝大家端午节快乐！

Today is Dragon Boat Festival, a Chinese traditional festival. We wish you all the best and a pleasant journey.

（2）中秋节（农历八月十五）

今天是中秋佳节，××航空祝愿各位旅客阖家幸福，身体健康，工作顺利。

Today is Mid-autumn Festival, a Chinese traditional festival. We wish you all the best and a pleasant journey.

（3）国庆节（10月1日）

值此国庆佳节之际，××航空祝愿我们伟大的祖国繁荣昌盛，国泰民安。

Today is Chinese National Day, and we wish you a pleasant journey.

（4）元旦（1月1日）

今天是元旦，一元复始，××航空公司祝愿每一位旅客朋友万事如意！身体健康！阖家幸福！

Today is January 1. we wish you a pleasant journey and happy new year!

（5）除夕（大年三十）

今天是除夕，值此辞旧迎新之际，×航真心祝福每一位旅客新春快乐、万事如意！

Today is Spring Festival Eve, a Chinese traditional festival. we wish you all the best and a pleasant journey.

（6）春节（农历正月初一）

今天是大年初一，新春伊始，我们全体机组成员祝各位旅客新年快乐，身体健康，万事如意！

Today is Spring Festival, a Chinese traditional festival. We wish you all the best and a pleasant Journey.

## 第三节　中英文面试考题

民航面试中的中英文考核环节，除了中英文自我介绍、朗读中英文广播词以外，各大航空公司还会设置相关的中英文考题部分，要求应试人员在规定的时间内，完成所有题目的作答。中英文面试考题包含有笔试题和机考题两大部分的内容，但在各航司的实际面试中，不一定会同时使用，面试中的笔试题使用概率比较普遍，而有的航空公司是采取机考题的考核方式，机考题多为英语测试的考评内容，有时也会增加心理测试的机考部分。

这一小节，针对民航面试考评中通常出现的，一些中英文笔试题及英语机考题的类型、答题要点及关注事项等相关内容进行介绍。

## 一、中英文笔试题

### 1.笔试题类型

民航面试中的中英文笔试题内容涉及面较为广泛，包括文学、经济、政治、地理、历史、科普等，但从题目类型上来看，通常会有逻辑推理、图表分析、是非判断、数据计算、结构排序、图形规律等相关类型的题目。据了解各航司在面试时的实际测试情况，其实题目也并不算十分复杂，如果应试者具备了大学英语四、六级水平，一般是不会被英语考题给难住的。只是往往一组答案都很相似，如果不仔细地进行分析和推断，或者对英语语法、时态掌握得不够，也会很容易出现错误的选择。无论是笔试还是机考题作答，靠的就是应试者清晰的理解与分析能力，冷静的思考方式。而英语机考题则要关注听力和阅读的部分。

具体的笔试考题类型，比如：根据一段话，做出自己的合理判断与选择，从ABCD四个答案中选择正确的填空；资料分析题，给出某公司的财务收支情况和利润列表，下面有五道题目，要求根据前面的所述内容，选择填空；题目中给出一组多面型的图形，匹配答案图形；立方体的拆卸与拼装步骤；空间想象力题目，对图形形状描述，以及数字排列与结构搭建、时政与思维题等。答题时间一般会在60分钟以内。

面试英语机考题，由听力、阅读、选择、作文等题目内容组成。其中的听力部分，通常包含有图片描述，问题应答，短文等，通常采用多选一的答题形式；阅读部分，通常是根据阅读短文内容，进行相关问题的回答，填空、完成句子、阅读理解，多选一；写作部分，根据题目中的几个关键词，造句或写作短文（会有字数要求，200～300字）；问题回答，包含有单选题回答，或信息回答，图片回答等。

不同的面试场次中所使用的测评考题，一般都是从各大航空公司题库里随机抽选的，不会特别针对某场考核面试，重新设置考题类型或题目，这一点大可放心。只要平时注重各方面知识的积累，注意强化个人的思维与判断能力，适当地做一些相关方面的题目练习，相信是可以帮助应试者在参加面试考核时，能够很好地应对与完成测评中的各类考核题目。

### 2.中文笔试题示例

（1）单选题

① ____是服务人员美好心灵和友好诚恳态度的外化表现，是服务中与旅客交流、沟通的美好桥梁。

  A.微笑服务　　　　B.高端服务　　　　C.定制服务　　　　D.细微服务

② 标准的____应该给人以挺拔笔直、舒展俊美、轻松自然、庄重大方、精力充沛、信心十足、积极向上的印象。

  A.站姿　　　　　　B.走姿　　　　　　C.坐姿　　　　　　D.蹲姿

③ ____有助于提升粉质彩妆的上妆效果。

  A.定妆　　　　　　B.粉底　　　　　　C.化妆　　　　　　D.粉扑

④ 乘务员的工作内容不仅仅是提供餐饮服务，最重要的是____，不论是安全检查、设备检查、安全提示自始至终贯穿整个飞行过程。
　　A.确保餐食可口　　　　　　　　　　B.确保航班正点
　　C.确保旅客满意　　　　　　　　　　D.确保客舱安全

⑤ 空客320机型的前乘务员控制面板（FAP）位于飞机____，它用于控制不同的客舱系统，显示客舱系统的状态。
　　A.前左一号门侧壁上　　　　　　　　B.前右一号门乘务员座椅上方
　　C.前右一号门侧壁上　　　　　　　　D.前左一号门乘务员座椅上方

⑥ 如果飞行中发生了紧急医学事件，带班乘务长应在____小时内向客舱部报告并由客舱部上报公司运行管理部门。
　　A.24　　　　　　B.48　　　　　　C.36　　　　　　D.12

⑦ "航班出港延误"是指航班实际出港撤轮挡时间晚于计划出港时间超过____分钟的情况。
　　A.25　　　　　　B.15　　　　　　C.20　　　　　　D.30

⑧ ____需要是人们追求实现自己的能力或者潜能，并使之完善化的需要。
　　A.社交　　　　　B.自我实现　　　C.生理　　　　　D.安全

⑨ 态度是人对特定对象（人、观念、情感或者事件等）所持有的稳定的心理状态，包含____个成分。
　　A.4　　　　　　　B.3　　　　　　C.2　　　　　　D.1

⑩ 下列关于危险品处置基本原则，说法正确的是____。
　　A.不必考虑尽快着陆
　　B.在对待溢出物或在有烟雾存在的情况下可直接使用水
　　C.始终执行该机型适当的灭火或排烟应急程序
　　D.可直接触摸可疑包装件或瓶子物品

⑪ 当座舱高度达到____英尺时，氧气面罩将自动脱落，同时由于化学氧气发生装置工作而使客舱变暖，并伴有焦糊味。
　　A.15000　　　　　B.16000　　　　C.14000　　　　D.13000

⑫ 主要通过____媒介来传递信息，具体包括动作、表情、眼神、手势、体态，以及声音的音色、节奏、语气等。
　　A.表情沟通　　　B.肢体沟通　　　C.非语言沟通　　D.语言沟通

⑬《统一国际航空运输中某些规则的公约》也称____。
　　A.《华沙公约》　　　　　　　　　　B.《东京公约》
　　C.《蒙特利尔公约》　　　　　　　　D.《芝加哥公约》

⑭《关于制止危害民用航空安全的非法行为的公约》也称____。
　　A.《海牙公约》　　　　　　　　　　B.《华沙公约》
　　C.《东京公约》　　　　　　　　　　D.《蒙特利尔公约》

⑮ 下列属于非法干扰行为的是____。
　　A.故意损坏、擅自移动航空器设施设备　　B.劫持航空器或者劫持人质
　　C.吸烟、使用明火　　　　　　　　　　　D.机上盗窃

⑯ 职业倦怠是与工作紧密相关的心理疲劳现象，又称"职业枯竭症"，它是上班族

在工作的重压之下所体验到的身心俱疲、能量被耗尽的感觉。下列不属于职业倦怠的是____。

  A.情感衰竭         B.身体机能下降
  C.情感淡漠         D.无力感或低个人成就感

⑰（　　）标志着中国共产党独立领导革命战争、创建人民军队和武装夺取政权的开始。

  A.南昌起义   B.秋收起义   C.武昌起义   D.广州起义

⑱ 全国人民代表大会即最高国家权力机关，是由1954年9月召开的第一届全国人民代表大会第一次会议通过的（　　）正式确立的。

  A.《中国人民政治协商会议章程》
  B.《中华人民共和国宪法》
  C.《中国人民政治协商会议共同纲领》
  D.《中华人民共和国中央人民政府组织法》

⑲ 2018年12月18日，习近平在庆祝改革开放四十周年大会上指出，改革开放四十年来，我们党全部理论和实践的主题是坚持和发展（　　）。

  A.社会主义革命       B.中国特色社会主义
  C.社会主义建设       D.新民主主义

⑳ 十九大的主题是：不忘初心，（　　），高举中国特色社会主义伟大旗帜，决胜全面建成小康社会，夺取新时代中国特色社会主义伟大胜利，为实现中华民族伟大复兴的中国梦不懈奋斗。

  A.方得始终   B.牢记使命   C.继续前进   D.砥砺前行

（2）多选题

① 表情礼仪主要探讨的是眼神、笑容的问题。真诚的眼神和亲和的微笑给对方传递____的信息。

  A.友好   B.自然   C.轻松   D.热情

② ____，细节服务就是品牌，服务从小事做起，把小事做精，把细节做亮。

  A.细节出效益   B.细节出真情   C.细节出品质   D.细节出口碑

③ 女性乘务员选择短发时，应遵循以下原则：____发色为自然的棕黑色或黑色。

  A.整齐梳理   B.侧不遮耳   C.后不遮领   D.前不遮眉

④ 男性空中乘务员在工作中应展现出____的职业形象。

  A.富有亲和力   B.阳光硬朗   C.干净整洁   D.健康向上

⑤ 眼影的使用，在妆面中可以起到____的作用。

  A.修饰脸型         B.眼睛变大
  C.协调面部整体色彩      D.调整五官比例

⑥ 男性标准站姿有____。

  A."正"步位   B."V"字步   C."跨立"步   D."丁"字步

⑦ 犹太人的饮食有一些禁忌，比如奶与肉不可同食，要人道地宰杀动物，并严禁吃____。

  A.其他被禁止的食物      B.动物血液
  C.猪肉          D.无鳞的鱼类

⑧ 安徽省出产"文房四宝"中的____。
A.砚　　　　　　　B.墨　　　　　　　C.笔　　　　　　　D.纸

⑨ 中国区域经济之间的发展存在很大差异，这四大板块的状态为：____。
A.东部率先　　　　B.中部崛起　　　　C.西部开发　　　　D.东北振兴

⑩ 随着新技术的应用以及航空公司服务的人性化，旅客办理乘机手续的形式除了传统的去机场人工办理之外，还有____办理等多种形式，满足了不同类型的旅客的各种需求。
A.短信值机　　　　B.机场自助值机　　C.网上值机　　　　D.移动值机

⑪ 机翼的作用____。
A.机翼是操纵和稳定飞机飞行的重要部分
B.飞机产生升力的主要部件
C.机翼的主要内部空间经密封后，作为存储燃油的油箱之用
D.安装部分操纵部件、发动机和起落架等飞机设备

⑫ 卫星导航系统由____组成。
A.导航卫星　　　　B.卫星定位设置　　C.用户定位设备　　D.地面台站

⑬ 下列哪些是机组或旅客禁止携带的危险品____。
A.酒精饮料　　　　　　　　　　　　B.医用/临床用温度计
C.锂电池驱动的打火机　　　　　　　D.液氧装置

⑭ 下列关于韩国说法正确的是____。
A.韩国，东亚朝鲜半岛南部，三面临海，领土面积100210平方公里，占朝鲜半岛总面积的4/9
B.韩国是一个发达的资本主义国家，是APEC、世界贸易组织和东亚峰会的创始成员国，也是经合组织、二十国集团和联合国等重要国际组织成员
C.韩国总人口5200万，人口密度较高，主要民族为朝鲜族
D.韩国山地占朝鲜半岛面积的三分之二左右，地形具多样性，低山、丘陵和平原交错分布

⑮ 下列关于世界航线说法正确的是____。
A.北太平洋航线是世界上最长的越洋航线
B.北美航线是指北美大陆与南美大陆之间的航线
C.欧亚航线是横穿欧亚大陆连接大陆东西两岸的重要航线
D.北大西洋航线是连接欧洲与北美之间的最重要的国际航线

⑯ 由于____以及旅客等原因，造成航班在始发地出港延误或者取消，承运人应当协助乘客安排餐食和住宿，费用由旅客自理。
A.空中交通管制　　B.突发事件　　　　C.天气　　　　　　D.安检

⑰ 老弱病残旅客有____相似的心理特点。
A.自卑感
B.由于年龄或病痛，造成在感知觉或身体能力方面比较迟钝、困难，动作比较缓慢，应变不灵活
C.较强的自尊心　　D.怕麻烦别人

⑱ 下列____是无人陪伴儿童服务的技巧和方法。
A.掌握与无人陪伴儿童沟通的技巧　　　　B.善于安抚儿童情绪

C. 主动、积极与儿童互动　　　　　　D. 缓慢建立关系

⑲ 工匠精神，是当代民航精神内涵的应有之义。以____为内涵的当代民航精神，是民航人的行动指南。

A. 忠诚担当的政治品格　　　　　　B. 敬业奉献的职业操守
C. 严谨科学的专业精神　　　　　　D. 团结协作的工作作风

（3）判断题（对、错）

① 中国民用航空局成立于1949年11月2日。（　）
② 鞠躬礼时与施礼对象之间的距离控制在0.5米至1米。（　）
③ 乘务工作的四个阶段是在执行飞行任务时，乘务员必须按照一个标准操作流程来开展各项工作，又称为乘务工作SOP（Standard Operation Procedure）。（　）
④ 对于旅客座位数量超过100的飞机，在配备2名客舱乘务员的基础上，按照每增加50个旅客座位增加2名客舱乘务员的方法配备，不足50的余数部分按照50计算。（　）
⑤ "儿童"指旅行开始之日起年龄满两周岁但未满12周岁的乘客。（　）
⑥ 无成人陪伴儿童订座时应填写一份"无成人陪伴儿童运输申请书"经同意后方可接受订座。（　）
⑦ 因为印度教奉牛为神，所以印度教教徒爱吃牛肉。（　）
⑧ 在民航飞机上常用的导航方法有无线电导航、惯性导航和卫星导航等。（　）
⑨ 新加坡（SG）是东南亚的一个岛国，梵文意为狮子城，又因国土小如星斗，故称星洲、星岛。（　）
⑩ 俗话说，"以小人之心度君子之腹"，这生动地描述了人际交往中的晕轮效应。（　）
⑪ 重要旅客又称VIP旅客，是Very Important Passenger的简称。（　）
⑫ A320飞机舱门预位程序：取出安全插销，放入舱门支撑臂的储藏孔里，将预位手柄下压到预位位置（ARMED）。（　）
⑬ 国际上统一将危险品分成九个不同的"CLASS（类）"来区别不同的危险类型。（　）
⑭ 领空是以地球中心为顶点，由与国家在地球表面的领陆和领水的边界线相垂直的直线所包围的圆锥形立体空间。（　）
⑮ 客舱机组在处置机上危险品事故征候或与危险品有关的事故征候时不需要报告机长。（　）
⑯ 紧急情况发生时客舱乘务员自我情绪控制和乘客情绪的管理都无关紧要。（　）
⑰ 急救箱用于旅客或机组人员受伤时止血、包扎、固定等应急处理。（　）
⑱ 机组资源管理的核心内容是：利用一切可获得的资源（人、设备和信息）来确保飞行安全，通过防止或管理机组人员的差错来改善安全的人为因素方法。（　）
⑲ 客舱机组成员的角色是错综复杂的，他们扮演着安全角色和服务角色。（　）
⑳ 民航人的职业守则：遵纪守法，敬畏规章；爱岗敬业，敬畏职责；保证安全，敬畏生命；以人为本，周到服务；团结友爱，互助协作；学习知识，提高技能。（　）

**3. 英文笔试答题技巧**

（1）阅读题　阅读题，是要求应试者在对题目文章阅读和理解的基础上，回答相应的题目。一般会有五道问题，每一道问题都会包含有A、B、C、D四个选项，对题目作答时，从中选择出一个认为合理的或正确的答案。阅读文章的内容多种多样，题材包括记

叙、说明、议论文等。在对此类题目作答时，考生一定要清楚掌握阅读文章中的信息点，理解文章的意图，以及上下文的结构和前后内容的联系，进而才能从文章的逻辑关系上，推理及判断此文的目的、观点和意图，在作答此类题目时，首先找到解决问题答案的关键点，即通常所说的"题眼"。

比如题目中的数字、人名等信息，关键信息在短文中出现的顺序和次数，并掌握好答题原则：一是不选信息与原文内容相反的选项；二是表达意思不清晰的选项不选；三是违背原文意思的选项不选；四是改变原文意思、条件及范围的选项不选，五是将原文中的不确定因素转化为确定因素的不选。

（2）填空题　填空题即完形填空，这是大家都非常熟悉的英语题型，但也是作答时的难点所在，因为给到的信息不完整，不仅需要考生从整体上把握通篇内容，还要关注到语法、时态的正确搭配。如果没有一定的英语驾驭能力，理解文章有难度，就难以填写恰当。一般在空乘招聘时，英语笔试完形填空题，要求在某个题材的一篇短文中出现的10～20个空白处，从给到的选项上选择认为适合或最佳的答案，使得此篇短文恢复完整意思和结构，并且不会破坏原文的本意，更不能改变原文的前后脉络，是需要一定的思考功夫的。

应试人员在作答完形填空题时，应该先对全文进行通读，弄明白文章所要表达的主题意思，或者要说明什么问题，再或者是论述某个观点等；其次，要把握整体性，不能使得上下的意思或观点背离，不能破坏文章应有的逻辑性；再次，在阅读中捕捉到信息词作为解题的钥匙或线索，理顺思路，先易后难；还有，可以从语法结构、词汇含义、内容逻辑上查找对应的选项，并考虑是否符合上下文的基本含义，与文章内容的文意及观点是否一致，相应的语法关系，比如时态、语态及单复数搭配等，通顺和呼应起来。

通常英语笔试中的完形填空题，依据所测试的题目形式可以分为固定搭配题、语法结构题、逻辑推理题及语境词汇题四大类。一般情况下逻辑推理题占20%左右、语境词汇题一般占30%左右、语法结构题及固定搭配题大概各占到25%左右。在作答时，一定要注意不能曲解题意，甚至盲目选项，特别是第一个填空处很重要，会起到对通篇领航的作用，否则就无法对下面的填空进行有序的作答，词不达意会导致内容失去逻辑性，造成填空题目的丢分。

（3）翻译题　如何快速而准确地把一篇文章翻译好，使得译文语句结构得当，语意表达精准，也是应试者需要费心考虑的问题，因为英文并非如中文的一字一板，单数、复数、时态的不同，表达的意思也就不同。在英文的翻译中要注意的是，千万不能像中文那样，对词解句；还要关注到句子中的介词、副词、形容词的表意，以及习惯性的意译语句等。

另外，在英语翻译成汉语时，往往需要根据句意的实际情况，适当地给予必要的修辞，添加一些中文的表达词语，才能使得翻译出来的结果，读起来意思通顺，表达流畅，但翻译成的中文必然不能脱离英文的意思内容，只是为了更明确地表达原文。再者，还要掌握中文的语句结构特点，不能使翻译出来的文字，既不像中文也不是英文，读起来很别扭。

其实，无论是英译汉还是汉译英，都要在尊重原文的基础上，符合译文方的语言表达方式，并注意语序的排列，对应关系不能混淆和颠倒，了解主语、谓语、定语、状语的转译技巧，清楚语句的核心词和主题内涵，这样不管怎么翻译，都不会让语句逻辑混乱，或者使原文失真。英语翻译要掌握灵活技巧，平时多加强这方面的训练，当考核时则可轻松应对。

（4）作文题　面试中的英语作文题，通常是按照给出的几个关键词或某个情景要求，进行英文作文的书写，或给出某个图片要求进行理解式的叙述描写，或是发表个人对某个问题的看法与观点等。作文字数，有的公司要求不低于100个单词，有的公司则要求200～300个单词。

一般作文题的开头部分，可参考如下几种书写形式。

① 观点式　People may have different opinions on...（人们对……可能会有不同的见解。）或Recently the issue/problem of...has been brought into focus/brought to public attention/in the limelight/posed among the public.（近来，……的问题已经成为人们关注的焦点。）

② 叙述式　Peoples views on..., vary from person to person. Some hold that...However, others believe that...（人们对……的观点因人而异。有些人认为……然而其他人却认为……）或者With the development of science and technology, more and more people believe that...（随着科技的发展，越来越多的人认为……）

③ 总结式　There is no doubt that... has its drawbacks as well as merits.（毫无疑问……有优点也有缺点。）或It has become apparent to us that...（对我们来说，……已经变得很明显了。）

## 二、机考英语题

### 1. 了解英语机考题

英语机上考核的内容环节，大致会包括阅读短文填空、语法选择、听力判断、看图、短文写作等类型。一般听力部分的分值占到45%～50%，语法选择比例为30%左右，阅读填空的分值为20%左右；短文写作占10%～15%。考核题目中会涉及民航英语词汇，在学习记忆的基础上，多练习听力和阅读文章，以及法语的运用，掌握写作技巧。特别是对于出现的高频词汇，可以摘录下来，强化记忆，通过日积月累的方式，积少成多，巩固好英语水平，才能在面试考核中得以正常发挥，而不至于因为某部分的题目不知如何作答，给自己带来遗憾。

据悉，在实际的英语机考题型中，阅读短文填空，不低于10个词汇或短语，也会出现一个空白处要求多项填写的题型，其中很可能会有听写填空的题目；在原文阅读部分，题目的作答形式，与笔试题的阅读答题基本相像，电脑中给出2～3篇短文，每篇都会对应五道作答题目，每道题目给出几个选项，要求考生从中选择出正确答案；听力题部分，包括看图选择答案，一般为单选项，还有对话等；语法部分的单词填空在20个左右。在答题过程中，听力播放一遍或二遍，答题完成后无法修改，机考难度大概在大学英语四、六级之间，如果有一定英语听写能力的应试者，是完全能够答出来的，但要具备必要的英语理解能力。

由于各航空公司对乘务人才的素质标准要求越来越高，更加注重英文能力的考核，特别是内航公司的国际航线，外航公司的招聘等。因而，航空公司在设置机考英语测试环节时，还可能会增添跟读录音的考核部分，以考评应试人员的英文听、说能力。大致情况是：对一篇短文，选择其中的语句，机读一至两遍后，考生接着跟读一遍，会有时间上的要求。

另外，英文作文的书写，除了提供关键词或图文背景，很有可能还会根据英文视频的内容来写作，针对视频中出现的场景，提出个人见解，或者发表个人的观点和意见，书写出来，使用单词数量符合考题要求，这样把听力与写作技巧有机地结合起来，进而达到对考生综合英语能力的测试目的。基于此，也就不难理解空乘面试对英语水平的强调和要求了。

#### 2.机考英语答题规则和技巧

在机考英语题目中，听力题及完形填空题，相对来说，是这个环节中的重点和难点部分，所占分值也是比较高的。特别是听力题部分几乎占整个机考题总分的一半，所以用心关注听力题也是机考英语的必然做法。听力题作答大概包括三个部分。

一是图片题：从一张图片中，选择最符合图片场景描述的答案。

二是盲听：听到一句话，然后从三个选项中，选出最合适的答案（三个答案选项也是靠听来判断，没有文字）。

三是听对话：根据对话内容回答问题，在这一部分中，问题和答案选项都会给文字。

（1）听力题　要求根据听到的简短话语，从三个选项中，选择出一个正确的答案。必须要掌握基本的答题要领和技巧：一听，二看，三找，四猜。

① 听　确定关联词中的肯定（yes）、否定（not），进行答案的判断。

② 看　通过数字、比例，推断前后的因果关系，确定答案。

③ 找　从大于、等于、小于，以及绝对化的词句中，判断结果，找出答案。

④ 猜　基于时间、语态，猜想出结果，得出最终的答案。

（2）选择与判断题　通常给出一个提问的问题，跟着有A、B、C三个选项，答题规则是要求三选一；判断题目有对、错两个答案结果选择。听力选择与判断题的具体作答原则如下。

① 看题　依照所听或给到的文字内容，以及题目所提的问题，结合预选项中的状态，推断顺序或发生结果，从而选出较为合理的答案，即正确答案。

② 找关键信息　通过看到或听到的信息，以及所问、所答的前后连接，找出关键或共同的词语，选择适合的答案。

③ 推测内容　根据信息内容中的时间、动作，结合问题所问，推测答案的内容，进行答案选择。

（3）完形填空题　完形填空部分的机考题目，也属于其中的难点之一，有对语法的掌握与运用，也有对文章的思考和理解。在这一项的机考内容中，通常是通过阅读理解原文，进行完形填空题目的作答。具体答题的规则要求是：根据文章要求选择适当的单词填空，并告知考生，在所列的单词中，有两个是不符合填空要求的。完形填空答题的流程：一是快速浏览，并了解文章大意；二是分段阅读，联系语法，选词填空；三是根据语境，辨别词义，进行填空；四是再通读一遍全文，检查答案是否有误。

完形填空题，具体需要了解与掌握的作答技巧要点如下。

① 先通读题目中的原文，了解文章的大概意思，并注意名词前所使用的形容词。

② 再根据语法分析词性、时态，看句子中是否有主、谓、宾的词语，找到对应关系。

③ 联系原文中上下语境，分析与辨别词义，然后结合前后语境，关注时态，选择

填写。

### 3.机考英语题型示例

（1）听力图片题型示例　英语机考题目中，在听力的部分，会给出类似下面的一张图片，然后会根据图片中的情景提出问题，要求应试者按照所问的问题，选择对图片最佳描述的答案。一般会有五道题目，每一个题目中有A、B、C、D四个选项，要求从中选出一个正确的答案。

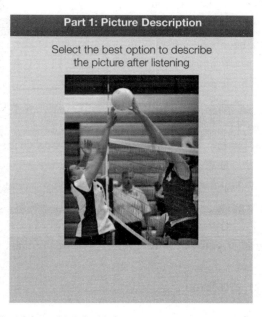

（2）听力对话题型示例（对话内容略）　Select the best response to the question after hearing a short conversation：

① Who most likely are the speakers?

A.Roommates　　　　B.Neighbors　　　　C.Colleagues　　　　D.Students

② What does the woman want?

A.Change for $20　　　　　　　　B.Two fives and a ten

C.The exact amount　　　　　　　D.An inspection

（3）选择题型示例（阅读、听读内容略）

① What does the man want to do?

A.To change seat with the girl.

B.To sit together with the girl.

C.Invite the girl to sit with his friend.

② What is the time in Guangzhou now?

A.9:08 eight past nine

B.8:07 seven past eight

C.7:08 eight past seven

③ What may the passenger have lost?

A.A coat with black color.

B.An umbrella with plastic handle.

C.A cell phone with silver square buttons.

④ How does Rebecca feel about flying long-haul flights?

A.It's always been exciting.

B.it's sometimes beer tiring.

C.The distance away from home is too long.

⑤ Which type of aircraft Rebecca hasn't flown?

A.B737　　　　　　　　B.B747　　　　　　　　C.B777

⑥ When did Rebecca become a purser?

A.in 1996　　　　　　　B.in 2000　　　　　　　C.in 2002

⑦ In this program, who is not invited?

A.A purser　　　　　　B.An air traffic controller　　　　　　C.A captain

（4）判断题型示例（对、错）

① In the case of electrocution, electronic devices should be switched off before you can help.

A.Right　　　　　　　　B.Wrong

② The first thing you should do before giving first aid is to make sure that it is safe to take care of the patient.

A.Right　　　　　　　　B.Wrong

③ To resuscitate patient, you can blow four or five full breaths into his mouth every ten seconds.

A.Right　　　　　　　　B.Wrong

# 第四节　面试常用英文语句及单词

　　航空公司在招收面试新学员时，考查的是综合英语水平及良好的应用能力，必然要求掌握基本的民航英语词汇，以及对客服务中的一些实用语句，有的可能会在考题、问题应答中出现，有的也会在情景模拟的考核环节使用到，还可以用在自我介绍里。在本节中，介绍面试中常用的英语语句、短语、问题应答、常用单词等。

## 一、常用英文短语及语句

### 1.英文语句示例

（1）It's nice to have you aboard China____Airlines.（欢迎您乘坐中国____航空公司班机。或欢迎您乘坐中国国航航班。或者欢迎您乘坐中国南航航班……）

（2）May/Can I see your boarding card/boarding pass？（我可以看一下您的登机牌吗？）

（3）This one is the seat recliner button. If you press the button, the back of your chair will recline so that you can relax and be comfortable.（这是椅背倾斜钮。如果您按一下，椅背就会倾斜，这样您就会感到轻松而舒适了。）

（4）Please don't put your box in the overhead compartment. It's too heavy, I'm afraid you'll have to put your bag under the seat in front of you.（请不要把您的箱子放在行李架内，它太重了，恐怕您要把行李放在您前面的座椅下面。）

（5）That lady would like to sit with her husband. Do you mind switching the seat with her?（那位女士想和她的先生坐在一起，您介意和她换个座位吗？）

（6）You should take your assigned seat, for the plane must keep its balance when it takes off.（为了使飞机在起飞时保持配载平衡，请您按指定的座位入座。）

（7）You could draw down the window-shade and turn the reading light off and fasten your seat-belt so that you can take a good nap.（您可放下遮阳板，关掉阅读灯，系好安全带，这样您能好好休息一下。）

（8）This one is the call button, if you need us for anything, please push it.（这是呼叫钮，如果需要我们帮忙，请按一下。）

（9）The plane is about to take off. Please don't walk about in the cabin.（飞机马上要起飞了，请不要在客舱内走动。）

（10）If we have any further information, we'll let you know immediately.［如果有进一步的消息，我们会立即通知你（们）的。］

（11）You may not leave the baggage here. The aisle shouldn't be blocked. Please put your box in the overhead bin.（您不能把行李放在这儿，过道不能堵塞。请把您的箱子放在行李架内。）

（12）Would you please return to your seat? The plane is taking off soon.（请您回到您座位上好吗？飞机马上要起飞了。）

（13）Excuse me Sir/Madam, would you please fold the pram? I can help you to put it in the front/rear cabin/wardrobe compartment.（先生/小姐，您能否将婴儿车收叠起来，我帮您放置在前舱/后舱/衣帽间。）

（14）Would you please return your seat back to the upright position? Just press the button on your armrest.（请将座椅靠背调整到正常位置好吗？只要按一下您扶手上的按钮。）

（15）It might interfere with our navigation and communication system. You are not allowed to use a mobile phone, CD player, FM receiver.（由于会干扰导航和通信系统，请您不要使用手机/激光唱机/调频收音机。）

（16）The toilet for first class passengers is located in the front of the cabin and the one for other passengers is in the rear.（头等舱旅客的洗手间在客舱前部，其他旅客的在后面。）

（17）The flight has been delayed due to some mechanical troubles. The engineers are making a careful examination of the plane.（由于机械故障，航班已延误，机械师们正在对飞机进行仔细检查。）

（18）Sorry, sir. This flight does not have the extra special meal you need. Would you like to have some vegetarian food instead?（对不起，先生。航班上没有您需要的特殊餐，用素食代替您觉得可以吗？）

（19）According to quarantine requirements of China, you can't bring in fresh fruit. You have to dispose of them or give them to us before landing.（根据中国检疫的规定，您不能把新鲜水果带入境内。您必须在落地前把它们处理了或交给乘务员。）

（20）Would you please return your seat back to the upright position and stow your tray table? We'll be landing soon.（请将座椅靠背调整到正常位置，收起小桌板。我们的飞机很快就将着陆。）

### 2.英文短语示例

（1）Good presentation skills（有良好的表达能力）。

（2）Strong determination to succeed（有获得成功的坚定决心）。

（3）Willing to learn and progress（肯学习、进取）。

（4）Ability to deal with personnel at all levels effectively（善于同各种人打交道）。

（5）Mature, dynamic and honest（思想成熟，精明能干，为人诚实）。

（6）Ability to work independently, mature and resourceful（能够独立工作，思想成熟，应变能力强）。

（7）Positive active mind essential（有积极灵活的头脑）。

（8）A person with ability plus flexibility（有能力和适应性强）。

（9）A stable personality and high sense of responsibility are desirable（个性稳重，责任感强）。

（10）Initiative, independent and good communication skills（积极主动，独立工作能力强，拥有良好的沟通技能）。

（11）Bright, aggressive applicants（反应快，有进取心）。

（12）With a pleasant mature attitude（开朗、成熟）。

（13）Willing to work under pressure（愿意承担工作压力）。

（14）Willing to assume responsibilities（勇于挑重担）。

（15）Ability to work well with others（愿意配合他人工作）。

（16）Energetic, fashion-minded person（精力充沛，思想新潮）。

（17）Mature, self-motivated and strong interpersonal skills（思想成熟、上进心强，具有极丰富的人际交往能力）。

（18）with excellent health and pleasant personality（身体健康、性格开朗）。

（19）Strong leadership skills（有领导才能）。

（20）while possessing a great team spirit（有很好的团队精神）。

## 二、面试常见英文问题及答案

### （一）关于英文问题提问

面试中英文问题提问内容，基本上和前面阐述过的中文问题类似，比如关于日常生活习惯、专业学习情况、家庭成员、工作经历等方面的问询了解；关于职业选择、岗位认知、公司了解等方面的问题；还有考查应试人员连续表达及思考理解能力的问题等。但在外航公司的面试中，考官往往还会问到考生有无出国经历或是否有在国外生活的体验，以及是否有独立生活的能力、适应能力如何等方面的常问问题。一般从总体上来讲，面试官在英文提问的环节中，都是有针对性的提问，不同的应试者所问的问题也不会完全相同，要求应试者在回答这些问题时，从自身的实际情况出发，真诚表达，不能鹦鹉学舌。通常每个考生的提问与回答时间，会在15分钟左右。

在英文问题提问的考核环节中，对应试考生的成绩分类会有优秀、良好、合格及不合格四个档次。第一个档次优秀：问题应答及时，理解能力好，表达完整通畅，沟通交流基本无障碍，英语口语良好，表达流利；第二个档次良好：基本上能进行口头上的交流，表达基本完整，对问题有一定的理解能力；第三个档次合格：能用英文进行简单的语言交流，能回答英文提问的问题；第四个档次不合格：英语交流有困难，语言不通顺，不具备表达能力。

## （二）英文提问及应答示例

（1）What do you know about working for airline companies specifically?

I have done lots of studies on the airline profession and I know that airline profession is not as some people thought of: appealing appearance, elegant uniform plus good salary. Airline professionals provide caring services to passengers, employees need to be highly responsible, need to work diligently. I will do my best with my friendly smile and my sincerity.

（2）So you would like to become a stewardess what made you decide on this type of occupation?

I am easy-going and congenial, with a strong sense of responsibility and good team-spirit. I love travelling very much, and I enjoy working with people.

（3）What's the most important thing of being an airhostess?

Flying is stressful thing and if an airhostess can ease that tension, it will make a favorable impression for the airline. The most important task of being an airhostess is helping passengers relax during their flight.

（4）If on the plane you encounter unreasonable passengers, what would you do?

First of all stay calm, can not be impatient, and handle it with sincerity. While providing services, I will listen to the suggestions of passengers, pay attention to the feedback of the passengers, take initiative in communicating with the passengers, and know the needs of passengers, let passengers feel the care of the crew to him or her, and subsequently resolve the conflicts.

（5）Have you had any nursing experience? How about taking care of children?

No. I have never done any nursing. I haven't done anything like that before. but I love children and I can learn how to look after them. I know it's not an easy job to be airhostess, but I'm young, besides I have hard-working spirit, excellent learning ability, ambition and good health.

（6）First of all, I'd like to know why you have interest in this kind of occupation?

I have good presentation skills and positive active. I like travelling very much and I enjoy working with people. Oh, to tell you the truth, I love the sky. When I was a child, I imagined flying into the blue sky some day.

（7）Do you think friendly service is very important for the airline staff？

Definitely I would think this is one of the most important aspects when dealing with the public in any way. I have optimistic attitude and work hard. I believe that I am competent enough to fill the job.

(8) What's the special features for a flight attendant?

To be a good F. A. we need to be courteous helpful and efficient. I am an optimistic and confident girl. I have full confidence in a bright future, I believe I can do the best.

(9) Which qualities are required for flight attendants?

First of all a flight attendant has to love his or her job, being positive and optimistic, not afraid of challenges, ready to learn from his or her superior and colleagues so to strengthen the knowledge in the field, think more and think more ways to do the work, strive to improve own service level, so to ensure the comfort and the safety of the customers during their journey.

(10) Why do you enter the examination for this company?

Your company has many years of flight safety record, the society reckons the excellent services of the company. This is mainly why I choose to work for this company.

(11) What part of your face is the most attractive? Why?

I think a smile can be most attractive feature for me and anybody else, because it lights up my whole face. A friendly smile can pass a good intention to people.

(12) Do you know what are the responsibilities for the aircrew?

The main responsibility of the flight crew is to ensure the safety of the passengers in case of an emergency. Other responsibilities are providing for the comfort of the passengers and serving meals, and serving assistance.

(13) Have you considered the difficulties that this job will cause you?

Yes, I realize that the hours away from my home are long, and that I must deal with sorts of people. This can make a person feel lonely and homesick, but I think I can overcome it. Travelling to different places and being in new situations seems like an exciting challenge.

(14) What are your strengths? And what are your weaknesses? How are you going to overcome these weaknesses?

My strength is that I am cheerful, easy to get along with people, understanding others, usually I have a lot of good friends. One of my weaknesses is being candid, which sometimes can offend people. But I love airline service work, I am willing to overcome my weaknesses, to strengthen the learning and professional training, to improve self-control ability. I believe I can deal with varies issues with customers.

(15) A child on the plane cries without stopping, how will you deal with it?

First I will check with the parent passengers, whether the child is sick, whether the child needs to drink water or milk, if necessary the team will provide immediate help. If we have children's toys, we can present children with the toys. We can also take the child to the service area so as to bring the child to a different environment. If there are unoccupied seats, we can also help the child to take the seat in the less occupied area.

(16) If you can not communicate with the passenger?

First I will see if another stewardess can speak his language. If not, I will continue to communicate by sign language or by drawing pictures.

（17）Talk about things that interest you in your life or study?

I like reading biographies and other inspirational books, I like making friends, also love to help people, often participate gatherings with classmates and friends, enjoy playing table tennis, like singing and dancing.

（18）Do you get angry easily?

No, I like to treat everything around us with smile. I know how to control my temper. I only get angry if I see someone hurting somebody else.

（19）Do you know how to put on makeup?

Yes, I took some beauty classes a few months ago. I hope I can make a good performance today.

（20）Have you thought about the toughness of being a flight attendant? If you are hired by my company, how are you going to be a qualified flight attendant?

Being flight attendant involves hard working, I am long prepared for that. If your company hires me, I will set serving customers whole heartily as my working philosophy. I will deal with customers with patience, enthusiasm, love and care. I will be responsible, not fear for hard work and provide the most satisfying service to the customers.

## 三、面试英语必备单词及词组

在此，精选了一些民航面试中常用的英语单词及词组如表4-1～表4-3所示。

表4-1　面试英语常用单词（一）

| 英语单词及词组 | 译成汉语 | 英语单词及词组 | 译成汉语 |
| --- | --- | --- | --- |
| flight | 航班 | board | 登机 |
| flight attendant | 乘务员 | boarding gate | 登机口 |
| flight crew | 机组、空勤人员 | boarding card | 登机牌 |
| supervisor | 监督人、检查员 | boarding time | 登机时间 |
| airhostess/light hostess | 空中小姐 | boarding procedure | 登机手续 |
| baggage holder | 行李架 | boarding pass | 登机证 |
| flight number | 航班号 | baggage compartment | 行李舱 |
| flight time | 航班时间 | baggage allowance | 行李限额 |
| flight delay | 航班延误 | baggage claim | 行李领取 |
| holding room | 候机室 | inquiry | 调查、咨询 |
| Aisle seat | 靠过道座位 | international flight | 国际班机 |
| departure time | 起飞时间 | checked baggage | 托运行李 |
| domestic flight | 国内班机 | contraband | 违禁品 |
| luggage | 行李 | cancellation | 取消 |
| first class | 头等舱 | booking office | 售票处 |
| business class | 商务舱 | economy class | 经济舱 |

续表

| 英语单词及词组 | 译成汉语 | 英语单词及词组 | 译成汉语 |
| --- | --- | --- | --- |
| luggage allowance | 行李规定重量 | compartment | 舱室 |
| connecting flight | 转接航班 | connect | 连接 |
| route | 航线 | life vest container | 救生衣存放处 |
| gateway | 机场 | foldaway meal tray | 折叠式小桌板 |
| airport transfer | 机场交通车 | reservation | 预订 |
| transit | 过境 | be abroad | 出国 |
| visa | 签证 | nationality | 国籍 |
| time zone | 时区 | nonstop flight | 直飞航班 |
| stopover | 中途停留 | confirm | 确认 |
| non-smoking area | 非吸烟区 | airsick | 晕机的 |
| oxygen mask | 氧气面罩 | security check | 安全检查 |
| portable oxygen bottle | 便携式氧气瓶 | entry door | 登机门 |
| explosive | 易爆物 | extinguisher | 灭火器 |
| customs section | 海关区 | first aid kit | 急救箱 |
| duty free | 免税 | health certificate | 健康证明 |
|  |  | passport | 护照 |

表4-2　面试英语常用单词及词组（二）

| 英语单词及词组 | 译成汉语 | 英语单词及词组 | 译成汉语 |
| --- | --- | --- | --- |
| passenger service | 旅客服务 | operation | 操作、运营 |
| in-flight meal | 机上餐饮 | earphone | 耳机 |
| entry visa | 入境签证 | disembarkation card | 入境卡 |
| headset | 头戴式耳机 | toilet | 厕所 |
| seat pocket | 座椅后口袋 | window seat | 靠窗座位 |
| sunshade | 遮阳板 | smoking area | 吸烟区 |
| night stool | 马桶 | armrest | 扶手 |
| attendant seat | 乘务员座位 | unfasten | 松开 |
| interphone | 舱内电话 | reading light | 阅读灯 |
| personal belongings | 个人用品 | cushion | 坐垫、靠垫 |
| seat number | 座位号 | lavatory/toilet | 洗手间 |
| button | 按钮 | call system | 呼叫系统 |
| blanket | 毛毯 | eye shadow | 眼罩 |
| carpet | 地毯 | curtain | 帘子 |
| call button | 呼叫铃 | magazine | 杂志 |
| carry-on baggage | 手提行李 | passenger cabin | 旅客座舱 |
| cabin service | 客舱服务 | cabin door | 舱门 |
| volume control | 音量控制 | pillow | 枕头 |

续表

| 英语单词及词组 | 译成汉语 | 英语单词及词组 | 译成汉语 |
|---|---|---|---|
| make a connection | 中转 | leg | 航段 |
| register | 登记 | online | 在线上 |
| registration | 登记 | formalities | 手续 |
| website | 网址 | round-trip | 往返的 |
| shuttle bus | 班车 | present | 出示 |
| lobby | 大厅 | passenger comments | 乘客意见簿 |
| newspaper | 报纸 | cabin light | 客舱灯 |
| paper towel | 纸巾 | cup | 杯子 |
| charge | 费用 | membership card | 会员卡 |
| counter | 柜台 | connecting airport | 中转机场 |
| transfer counter | 转机柜台 | check-in counter | 办理登机柜台 |
| redeem | 兑换 | aisle | 过道 |
| check | 托运（行李） | request | 请求 |
| souvenir | 纪念品 | exceed（more than） | 超过 |
| San Francisco | 旧金山（美国） | tag | 标签 |
| Cathay Pacific | 国泰航空（香港） | declare | 申报 |
| partner hotel | 合作伙伴酒店 | departure | 出发 |
| Asia Miles | 亚洲万里行 | | |

表4-3　面试英语常用单词及词组（三）

| 英语单词及词组 | 译成汉语 | 英语单词及词组 | 译成汉语 |
|---|---|---|---|
| proactive | 能干的 | be capable of | 能够；有能力 |
| communicator | 沟通者 | solver | 解决者 |
| professional | 专业（的） | gain an edge | 获取优势 |
| extensive | 广阔的 | workspace | 工作空间 |
| geography | 地理 | knowledge | 知识 |
| possess | 拥有 | option | 选项 |
| remain | 保持 | pressure | 压力 |
| daily | 每日的、日常的 | in advance | 提前、预先 |
| emergency | 紧急情况、突发事件 | alternative | 供选择的、备用的 |
| regularly | 定时地、定期地 | update | 更新、变更 |
| anticipate | 期望、预期 | apologize | 道歉、表示歉意 |
| lifestyle | 生活时尚 | valid | 有效的 |
| invalid | 无效的 | category | 种类 |
| quote | 引用 | self-confidence | 自信 |
| competition | 竞争 | public morality | 社会公德 |
| politeness | 礼貌 | modesty | 谦虚 |

续表

| 英语单词及词组 | 译成汉语 | 英语单词及词组 | 译成汉语 |
| --- | --- | --- | --- |
| honesty | 诚实 | strive | 奋斗 |
| shaping the morality | 提高个人修养 | responsibility | 责任 |
| understanding | 理解、谅解 | love | 爱心 |
| virtue | 美德 | respect the old and care for the young | 尊老爱幼 |
| beauty | 美丽 | a sense of humor | 幽默感 |
| communication | 沟通 | patriotism | 爱国主义 |
| true love | 关爱 | contributions | 奉献 |
| diligence | 勤奋 | challenge | 挑战 |
| thrifty | 勤俭节约、节俭的 | innovation | 创新 |
| ambitions | 梦想 | conviction | 信念 |
| virtue and morality | 仁义道德 | dedication spirit | 奉献精神 |
| patience | 耐心 | combined | 合起来的 |
| career | 职业生涯 | choosing | 选择 |
| restriction | 限定、限制 | self-discipline | 自律 |
| cherishing time | 珍惜时间 | development | 发展 |
| gratitude | 感谢 | optimistic mind | 乐观心态 |

## 思考练习题

1. 你准备如何向面试官介绍自己？能够用中英文进行自我介绍吗？
2. 你的英语能力怎样？是否可以流利地朗读英文广播词呢？
3. 是否了解中英文面试考题的题型结构？英语语法掌握得怎样？
4. 对英文机考部分的题型是否做过了解？觉得自己有把握考好吗？
5. 目前掌握了多少词汇量？能够使用英文进行正常交流和沟通吗？

# 第五章
# 民航求职与应聘过关的途径

**本章提要**

目前站在整个行业基本面上看,民航服务是一个新型的朝阳产业,并且随着我国航空事业创新与改革的步伐加快,民航运输业发展的势头迅猛,特别是在国家推动全面深化各领域的协调发展,倡导"一带一路"的合作发展框架协议下,也为我国的民航运输业开启了新的腾飞历程,无论是机场规模、数量还是飞机的架次,都发生了数倍提增,预示着我国已从"民航大国"开始向"民航强国"的征程迈进。相应地来讲,民航服务岗位对各类人才的需求量也会同步提升,民航人才需求的规模亦会随之扩大。就整个民航运输事业的人才需要而言,民航服务队伍的培养、选拔与建设,不仅仅关乎空乘人才的职业需求,必然也包括了整个空勤、机务、地勤、安检、安全管理等所有涉及的服务岗位人才。本章重点阐述对民航职业的真实领悟,民航服务职业的分类及素质要求,求职就业方向,阐明空乘职业的晋升道路,以及学习与职业规划书的制订,还有民航面试中脱颖而出的要点把握。

# 第一节　对民航服务职业的真实领悟

## 一、民航服务职业分类情况

民航服务是一个庞大的职业体系，从总体上涵盖了航空公司运营服务过程中的各个职业岗位，是从旅客购买机票到行程结束，所涉及的各个流程中全体服务职位，由此可见，空乘服务只是民航服务队伍身影中的一个岗位代表。了解与认识民航服务职业，会对将来的求职就业打开加更宽阔的航空职门，选择更加适合自己的职业岗位，尽量避免一条道走到黑，难以入职的现实情况出现，达到学以致用、人尽其才的教育培养目的。就学员们自身来讲，除了做好专业课程的理论学习与实践锻炼，在模拟演练的过程中亲身体验服务操作及面试能力需要，做好应聘面试的前期准备工作，同时还要有对民航服务职业的正确认识，这样才能树立起职业的真实理念，消除与纠正在求职就业过程中的心理偏向，实现顺利入职。

**1. 对民航服务职业的认知**

（1）敬业爱岗的责任感和自律性　首先应该明确的是，民航服务不同于其他的服务行业，由于工作环境的特殊性，民航服务人员是航空公司直接面对旅客服务的窗口，优质的服务质量直接代表中国民航和各航空公司的品牌服务，是民航综合水平的体现；其次，身为民航服务人员，当穿上制服时，代表的就不是个人了，小则代表所在的航空公司，大则代表着一个国家，甚至是整个中华民族；再次，当行走于国内外的各大机场，只要穿上了制服，各种使命感和责任感会不由自主地约束自我的散漫性，还有自身的言行度。

日本有一位企业家说过，做制服有三个境界：一是为满足企业形象而做；二是为满足穿着者的工作环境而做；三是能真正面对某个行业的顾客，让他们一见到制服就知道，有人要为他们服务了。因而穿上制服，就等于增加了一个工作状态和生活状态的切换开关，穿上制服就说明要开始工作了；进入工作状态，就意味着飞行前要顾及体型及形象，顾及旅客的心理感受，必须精致地化好妆、盘好头发，把制服穿戴整齐；还要控制猛吃，以免使自己的身体走形把制服撑爆，也不能面容憔悴，或者不到位的容妆让旅客产生反感。另外不管男女生都要学会熨烫制服，这是必备的一项职业技能。

在某航天博物馆里，挂着一家航空公司的空服员捐出来的工作制服，令人惊讶的是，她从入职到退役所穿的制服尺码从来都没有改变过。其实，航空公司里像她这样爱岗敬业的乘务员不在少数，如果不是对自己职业敬畏的一份责任感驱使，怎么可以做到这么无视年龄增长，依然保持苗条的身材呢？当做好了民航服务职业的选择，就必然带着一份自律性。

（2）审时度势及与时俱进　在航空公司的资源管理中，包含硬件和软件两部分。硬件中的主体就是飞机，随着科学技术的不断向前发展，飞机的更新迭代速度已经越来越高，这也要求民航服务人员对于设备自动化管理的水平也要与时俱进，及时提升。再者就是软件了，软件涵盖了所有的相关人员，一架航班的运输服务，从旅客购票、登机及到达目的地、拿行李、下机的全过程，需要保障的工作人员精确数字可达到140人，如果加上产业领域的服务供给及业务拓展人员数字还会更大。可想而知，对于民航服务人员的管理要求也是最具挑战性的，因为服务中面对的旅客知识结构及文化层次的不断改变与提升，员工素质条件的匹配，行为能力水平的提升，也必然会越来越受到公司管理层的高度重视。

综合近十年来的基本情况看，航空公司在招收新员工的时候，更关注的是个人的综合能力，其中的一个条件，就是对学历的要求已经越来越高。从事民航服务的人员，在靓丽外表的背后其实是持续的学习力保障，持之以恒的进步需求支撑，还有日复一日、年复一年的不中止的知识汲取。包括学习各种专业知识能力，服务技能，社会交往及生活知识，需要有审时度势的眼光和心态，不断提升自我服务实力，保持足够的职场竞争力。

（3）提升心理素质和适应能力　民航服务人员跟其他服务人员最大的不同就在于，他们要有应对各种突发情况的处置勇气和果敢执行力，民航服务业以安全性为运输保障基础，光鲜亮丽的服务形象都是建立在安全服务的基础上。所以，航空服务人员不仅要树立正确的安全理念和意识，提升心理素质，同时要不断提升安全处置的技能，对运输旅客要有发自内心的共情力。应该知晓，随着全球大的气候条件及运输环境的改变，在工作中面临的各种"黑天鹅"事件也会越来越多，比如类似新冠肺炎疫情，劫机事件，飞行过程中有可能遇到的一些特殊情况等，这类险情需要敢于管理，勇于面对，要有敢于承担责任的坚定而强大的内心，要有适应飞行环境的能力。

空乘工作，在人们的眼中是在空中飞来飞去的令人羡慕的职业，但在实际工作中却承担了人们所想象不到的辛苦。说到底，航空公司的管理有点类似于部队管理，除了四大航在全国开设子公司外，其他各家航空公司为了立足市场，占领先机，也在国内的大中城市设立分公司或子公司，这就决定了一旦进入这家航空公司，就要有服从分配的意识高度，工作上不能挑三拣四。比如，有可能东北人来到了三亚、海口，也很可能是广东人来到了云贵地区，甚至会是在云贵川的属地化，常年在高原缺氧的环境中生活和工作；还有远程国际航线时差的不同、飞机需要处理的急救事件等，假如没有吃苦耐劳的精神和适应能力，能承受得住这份工作的必要付出与压力吗？另外，民航人员最忙的就是节假日了，既然是接受了"摆渡人"的角色，那么就需要接受国内外各航线上的飞行服务；接受各种语言习俗、各种性格特征旅客的不同表现与服务需求，以及随时可能发生的突发事件；接受放弃节假日和家人孩子团聚的那份念头。

总之，应聘空乘服务类职业，需要具备强大的心理素质，同时需要高度的适应能力，这些都需要提前做好接受这份职业的训练准备，把自身的素质条件逐步向期望职业靠近，否则，即使是侥幸通过了面试，入职民航服务的职业岗位，也难有长久的坚持。

**2. 民航服务的职业分类情况**

从民航服务职业的大范围上，可以把民航服务的工种主要分为三大类，即空勤类、地面类、其他服务类，基本细分情况如下。

（1）空勤类人员　包括飞行员、乘务员（即为全体机组人员，其中包括安全员）。

（2）地面类人员　包括机场接待服务人员、值机服务人员、民用航空器维修人员、空中交通管制员、飞行签派员、航空电台通信员。

（3）其他服务类人员　即是从旅客购买机票到行程结束，除前面两类服务人员以外，其余所涉及的相关岗位上的服务人员。

根据国家及民航局制定的"十四五"发展规划，可以推测在未来几年内，民航业对民航运输安全管理、空中乘务、飞机机务、航空服务管理等专业人才的需求量将进一步扩大，安检、维修、机场管理等方面的人才，未来的发展趋势也必然会非常火爆。就目前而言，空中乘务人员、航空运输安全管理人员、安检以及维修人员四类职位最为紧俏。所以近年来，全国各大航空院校及普通类本专科院校、中职类院校，按照航空业发展的前景目标，制订出了一系列的人才培养计划，并依据岗位的实际需求，陆续开设了空中乘务、航空服务、飞机维修、航空运输等热门专业，为国家及行业培养急需的实用型的民航服务类人才。

相应来讲，在各个院校开办民航服务类热门专业的同时，不仅满足了各航空公司对于民航服务类人才的使用需求，同时也进一步拓宽了学校毕业生的就业面，提升入职率，优化一次性的就业实效，也为即将走出校门的学员们，打开了更加广阔的就业视野和成长平台。

### 3.民航服务类专业人才的就业方向

民航服务类各专业学员的就业分流情况，大致划分或流向七个方向，包括空勤、地勤、教职、管理岗位上人才储备等，具体如下。

（1）空中乘务员　将来可以在乘务的职业岗位上实现职务的晋升。

（2）空中安全员　可以从事航班上的专职或兼职安全员工作，有多条晋升渠道。

（3）兼任双证　即可当带班乘务长，也可当空警。

（4）航空公司培训中心兼职教员　条件必须是在飞行的空乘和安全员，可以少飞一些时间，但获得的课时费和飞行小时的报酬基本上没有差别。

（5）担任新乘培训部的教员　为公司行政管理岗人员的未来扩充，做相应的人才储备。

（6）机场地服　乘机咨询、引导、接待人员、值机柜台人员、特殊人群的对接服务人员。

（7）其他工种　机场安全检查工作、售票窗口、其他民航相关的服务工作等。

因此，从上述内容所列的就业分布情况来看，航空服务类专业的就业辐射面和范围还是比较广的，可以放大到航空公司空勤及地面服务、管理等的各个细分工作岗位上，实现入职各航空公司的工作愿望。另据权威预测：到2025年左右，中国民航运输业至少要增加20万～30万航空服务人员的就业岗位，空乘人员队伍亦将超过45万人，从业人员的规模将是目前的5倍左右。其实并不难想象，在疫情过后，民航业必然会释放出一定的人才需求空间，以满足国内外各航线在航班恢复正常后的对客服务需要，未来的前景十分看好。

安检人员配戴的标志如图5-1所示。

图5-1　安检人员配戴的标志

## 二、民航服务对人才的素质要求

从某个方面来讲,民航业也是国家发展的风向标之一,也是国家对外形象的一个展示窗口,因而对国家的经济、政治、文化、交往、旅游、商贸等各行各业的发展起到了巨大的影响及推动作用,同时,身为民航人也应当为民航事业的蓬勃发展感到无限自豪。如果想成为一名合格的民航人,就需要孜孜不倦,勤劳无畏,自律心甘情愿地付出自己的青春和汗水,展现民航人所需要的基本素质,更好地满足旅客的乘机服务需要。

如果按照职能划分的话,民航的职业也可分为三大类:机组人员、地勤人员、管制人员,大家在自己的工作职能范围内,各司其职。下面讲述一下各职能所要具备的基本素质。

**1. 机组人员所需的基本素质条件**

机组人员包括航班飞行机组人员和客舱乘务组人员。其中飞行机组的主要任务就是负责客机的安全飞行,把旅客安全、高效地送达每一个目的地,因此高素质的飞行队伍是保障飞行安全的重要基础,所以必须要求飞行员不仅要具有高水平的职业素养,还应该具备良好的职业道德,缺一不可。而对于安全保障而言,职业道德显然才是两者的首选。职业道德,其中也包含三方面的核心内容:敬业精神,规章概念和工作作风。

(1) 对飞行人员的素质要求 一是作为一名飞行员,首先必须拥有这个行业要求的职业道德水准。做到敬业爱岗,严格执行规范操作,具有一定的思想觉悟、科学理念、安全警觉性和责任担当精神。

二是职业技能的拥有。实际上职业技能也包含三个方面的具体内容:飞行技术、管理能力和心理素质。从严格意义上讲,飞行员属于专业技术类人员。随着当下先进科技的高速发展,飞行技术已经在很大程度上体现为先进知识和技术相结合下的实际运用,飞行员要通过严格的标准考核,熟练掌握先进的客机操作技术,具备高空险情排除与危急处理技能。

三是管理能力。这项素质条件,则是飞行员对机组资源管理的综合能力。不言而喻,机长本身具备的管理职能高低,则是时刻考验着航班飞行安全的前提条件和保障因素,因为机长是保障飞行安全的核心人物,负责领导机组,包括乘务人员在客机上的一切活动。

四是强大的心理素质。这项素质条件是飞行人员必不可少的。试想飞机在万米高空飞行,飞行机组随时都要做好应对各种突发情况的心理准备,这就要求飞行人员必须具备良好的心理素质。在非正常情况下,心理素质的优劣会直接影响到操作技术水平的发挥,是否能表现出化险为夷的应急能力,从而也会影响机上全体乘员的人身、财物及客机设备的安全性。

五是领导者角色。虽然表面上看起来,好像机长与空乘这两者之间并没有什么太大的关联性,实际上对于航班机组来讲,机长就是空乘人员的最高领导者,机上的一切大事小情都由机长说了算,不听飞行员指挥,是会犯组织纪律上的错误的。从另一个方面讲,了解航班飞行人员的素质条件与职能要求,也会增长空乘服务人员的信心,全力配合好机组人员的工作,这样才可能给广大旅客朋友们,提供既有安全保障又有周到细腻服务的空中旅程。

（2）对乘务人员的素质要求　乘务人员，作为飞行机组成员的重要组成部分，在为飞机提供正常安全的飞行及对客服务中，都起到了十分重要的作用。那么作为一名合格的空乘人员，到底需要拥有怎样的素质条件呢？从航空公司的角度看，乘务员必须要具备以下几项职业素质。

① 情绪控制能力　良好的情绪控制能力是乘务员必备的素质条件之一，其中包含有效控制和表达自身情绪、有效调节和管理情绪的能力。假如当飞机出现延误、火情、颠簸等突发紧急情况的时候，乘务员首先就必须做到不急不躁，以沉着冷静的心态面对旅客，从而稳定旅客的现场情绪，以保障客舱的安全秩序，进而按照航班的管理规定，对情况采取有序而妥善的解决措施。

② 协调沟通能力　乘务员岗位是一个特殊的职业标识。由于工作环境的客观限制与执行要求，对于个人的沟通、协调能力的要求也特别高，不管是正常情况还是紧急情况，都需要乘务员的语言沟通能力，协调应对技巧。不仅是对旅客服务中的沟通协调，还有与机组成员和地面各部门服务人员之间的沟通协调，都需要做到及时有效的积极沟通。

③ 应变创新能力　在乘务工作中，随时可能遇到一些突发性的特殊情况，或者是带有仪式性的服务需求，必然要求乘务员拥有应变与创新的能力。身为一个空中乘务员，除了调节好自己的情绪，做到恰当及时地有效沟通和协调以外，还需要有随机应变、沉着冷静地处理各种突发情况的能力，以及满足旅客空中服务需求的创新技能。学会灵活变通，具备创造精神，在短时间内建立起全方位的立体思维，而不能是单一性的自我意识和自我保全，要考虑到旅客满意。

④ 语言表达能力　语言表达能力对于空乘人员来说，的确是非常重要的一项职业素质。跟旅客或机组人员，以及地面人员之间需要的各种沟通，都会直接地建立在语言表达的基础上。因此，有了良好的语言表达能力，才可以让恰当有效的服务沟通，最终成为为旅客提供及时服务的桥梁，也并不难知晓，具备良好的语言表达能力是每位空乘人员必须做到的。

除了具备以上的各项职业素质及能力以外，还需要有基本的专业知识与理论素养，良好的身体素质、英语能力和自身应有的文化底蕴等，这些都是对空乘人员的硬性条件要求。

**2.对地勤人员的素质要求**

民航地勤服务的关键作用及职业功能，是充当快速通畅地连接各个部门之间关系的纽带角色。可以把服务者、被服务者及服务环境这三大现场元素紧密地组织与结合起来，为空中运输提供有序的前期安排和登、乘保障，使得民航运输这一交通形式更加有科学性和条理性。从工作的细节内容与职能区别上看，地勤人员的主要工作职责有售票、通用、值机、行李、安检和引导等。作为一名优秀的地勤人员，应该具备如下基本素质。

（1）熟练的专业技能

① 服务意识　作为地面服务人员，旅客就是顾客，顾客就是我们的衣食父母。我们的工作就是为旅客排忧解难，使旅客们自购票的那一刻起，就心怀满意，憧憬愉快的旅途。

② 沟通能力　对于地服人员来讲，沟通能力在平日的工作中也很重要。旅客们来自天南地北，五湖四海，正常的陌生感会在人与人之间形成隔阂或障碍，所以，就需要地勤人员快速而有效地跟旅客沟通，了解旅客的各种需求和心理，并及时提供支持和

帮助。

③ 解决问题的能力　民航企业在提供运输服务的过程中，因为这样或那样的客观因素，比如在天气、空管、人为等特殊的情况下，难免会出现个别航班不正常的情况，这时就需要地面服务人员，及时帮助旅客解决长时间等候中的生活需要，克服眼前的困难，维持好旅客在现场的候机秩序，并随时对密度大的区域加强保障，确保航班运输的顺利进行。

（2）良好的服务态度　另外，地勤工作不仅关系到航空公司和机场服务水平的高低，更关系到旅客生命和国家财产的安全。地勤服务工作是民航运输业务的开端，俗话说"良好的开端是成功的一半"，那么要想成为一名出色的地勤人员，首先就要有高度的责任心、爱心、耐心和包容心，合起来看，就是要端正工作态度，考虑到机场和民航公司的整体性。在现实情况中，机场经常会由于各种原因发生一些人事纠纷事件，有的旅客会把自己心中的闷气撒到其他旅客身上，引发旅客之间不必要的各种矛盾与冲突；把气撒到工作人员身上，说难听话，甚至是带有责骂的话语，这时，就需要地勤工作人员以极大的包容心去忍受旅客的无理言行，劝导安慰。

（3）正确的认知理念　实际上，地勤工作也是包含服务与安全两种性质的工作内容，如何能从枯燥的安全检查、秩序维护、引导解说等简单的动作中，确切地认识到对旅客生命和国家财产的重要性保障；使自己从日复一日的迎来送往中体会到人与人之间的尊重，理解到地勤工作的使命感和责任重大，这无论是对于新入职人员还是老员工们来讲，都是十分必要的职业认知。

另外，对一个地勤工作人员来说，同样也需要拥有一个健康强壮的身体素质，才能满足强效的工作需要，应对辛勤的工作付出，做好让旅客感到尊重与礼貌对待的地面服务。

**3. 对空管人员的素质要求**

民航空管或称空中管制人员，属于本行业内的一个特殊工种，也需要有一个优于常人的工作能力和自身的人格魅力。其主要工作的领域包括两个：航空电台通信人员、空中交通管制人员。

（1）航空电台通信人员　他们主要负责引导飞机飞行，进场和离场，发放放行许可信号，提供机场和电台信息、情报等。在这项职业岗位上工作的同志们，常常需要熬夜值班，时刻保有较高的岗位工作关注力，要有真切的敬业精神，熟练的工作能力，以及过硬的专业和行业知识作为铺垫才行，还要有严格守时的工作态度。

（2）空中交通管制人员　所谓空中交通管制，就是对航空器的空中活动进行管理和控制。空中交通管制的根本任务就是避免航空器相撞，避免航空器和地面上的障碍物相撞，维护交通秩序，保证安全有效的空中交通流量，为每架航班的安全起飞、正常飞行和机场降落保驾护航。因此作为一名合格的空中交通管制人员，其职业操守与行业素质就显得尤其重要。

首先，空中交通管制人员工作的性质，决定了管制员必须具有高度的责任感，严谨的生活作风，严格的纪律观念，过硬的管制知识和技术；其次，除上述大体素质外，管制员还应具有良好的心理素质和心态，比如工作果断机智不优柔寡断；再次，管制员在实际工作中还应具有一些专业能力，其中包括对数字的分辨力和记忆力、空间的立体思维能力、语言表达能力、工作层次性及精力分派、未来趋势的预测能力、决策能力、情绪和心态的自我控制能力、突发事件的应变与协调能力等。以上这些方面，都是作为一名合格的空管人员必须具有的职业素质和工作能力。

民航业作为我国的重要战略产业，在国家的各项有利政策与发展支持的鼓舞下，正朝着由"民航大国"通往"民航强国"的道路上飞奔，人才作为一个行业发展的排头兵，到任何时候都是需要的，并且将来会有更多的职业岗位提供或工作成长空间。但是，要想成为一个真正的民航人，应深知这个行业在发展中存在的各方面现实情况，还有对人才的选拔要求，周全地考虑有利及不利于自身求职应聘的诸多因素，及早地做好素质条件、综合知识、专业能力及面试的准备工作。

阅读链接5-1

## 全球三大航空联盟

到目前为止，全球有三家最大的航空联盟：星空联盟（Star Alliance）、寰宇一家（One World）及天合联盟（SkyTeam）。航空联盟则是由多家航空公司之间达成的合作协议，联盟组织为加盟的航空公司提供全球性的航空运营网络和一体化服务，使得有跨国出行需求的旅客在转机时更为便利和快捷，有效地节省途中时间和出行费用。

（1）资源共用　联盟成员中的各航空公司间，可以相互调度职员、共用维修设施和运作设备，以及相互间的地勤支援、空厨作业等。

（2）代码共享　联盟公司之间享受方便性的全球航空网络，极大地打开飞行空间，扩大市场份额，公司航班可以飞往更多的地方，并且航班起飞时间更加灵活和有弹性。

（3）方便旅客　出行人员可以有更多的航班和时刻选择，并且能够从一体化的转机服务中，方便地购买到价格低廉的机票，还可以共享休息厅与常旅客计划等。

另外，旅客在联盟成员公司制订的奖励计划中，使用同一账户搭乘不同航空公司的班机时，均可赚取飞行里数，实现积分互通。

其中成立于1997年的"星空联盟"，是世界上第一家全球性的航空公司联盟，总部位于德国法兰克福。起初，有五个成员公司组建：美国联合航空、加拿大航空、汉莎航空、北欧航空及泰国国际航空。后来加盟成员不断壮大，发展迅速，已拥有包括中国国际航空公司、深圳航空公司在内的28家正式成员。联盟航线涵盖了194个国家和地区，以及1330个机场，实现了将票务、值机、贵宾候机室、航线网络及其他服务融为一体的联盟运营服务。

1999年，美国航空和英国航空联合国泰航空、澳洲航空以及原加拿大航空，成立了"寰宇一家"航空联盟，总部在美国纽约（原在加拿大温哥华）。"寰宇一家"航空联盟绝大多数成员都是一些高端航空公司，仅有少数几个因为航线扩展需要，而被邀请加入的小规模航空公司，目前有14位正式成员，其中包括日本航空和卡塔尔航空，海南航空有加盟意愿。

成立于2000年的"天合联盟"，总部设在荷兰的阿姆斯特丹。创始成员包括：达美航空、法国航空、墨西哥国际航空与大韩航空。虽然该联盟的成立时间比较晚，发展却是三大航空联盟中最快的一家，成员有19家航空公司。其中包含：中国东方航空公司、中华航空公司及厦门航空公司（中国南方航空公司，已于2019年1月正式退出该联盟）。

## 三、民航职业的挑战与机遇

### 1. 了解空乘人员的职业生涯

或许在人们的印象中，空乘职业无非就是靠着自己年轻、长得漂亮，吃青春饭而已，然而实际上，在航空公司各种客机上执行对客服务的许多乘务人员当中，有的都是已经做了妈妈，或者孩子都已经上了大学，有的甚至是快五十岁的中年人了，可见空乘职业的寿命也是很长的，并不比其他行业或工种的寿命短。但是，为什么人们对空中乘务职业有一些不合实际的认识呢？可能大家在外出乘坐飞机时，往往见到的都是一些有着青春靓丽的面孔、苗条的身材，灿烂的笑容，甜美的声音的空姐，由此就产生了对空乘一致的固有印象。

造成以上看法的原因，大概会由这么几种情况所导致：一是人们的习惯性认识，这是由于航空公司对空姐以往的招收条件所引起的，中国最早招收空姐时，就包括年轻漂亮这一条件；二是空乘形象的保持，空中乘务是一种高空作业的特殊服务职业，也是国家、公司对外的形象窗口，同时也是一个流动的国门，所以要求乘务人员在妆容、服饰、发型、气质、精神等诸多方面保持优雅的形象，给人的感觉就很漂亮，不显得老；三是近年来航班上的空乘人员流动性也很大，有些女孩子干不了这份辛苦活，害怕工作中的劳累，有的没做几年就转行或离职了等。所以，空乘出现在人们视野中的非一般形象，也就不足为奇了。如果选择了空乘这份职业，就要有一个坚持的态度和一颗职业必要的恒心，才能在收获一份职业的必要成长中，加薪升职，否则很有可能会带来后悔。

对于空乘职业而言，只要在工作岗位上兢兢业业，始终如一地负责任，不违法、违规，大可不必担心工作的长短，可以踏实地做到退休年龄，安稳地拿退休工资，还可以在其他方面为这个行业发挥余热和贡献力量。国内外的航空公司皆是如此，外航更喜欢年长的空乘。

空乘人员的职业生涯可以分为这几个阶段：目标确认期、专业积累期、入职适应期、职业成熟期、职业晋升期、职业调整期，每个阶段都有其必然的职业行动和生涯内容。

（1）目标确认期　可以追溯到高中阶段的志愿选择与填报，即是对自己将来从事空乘职业工作的志愿挑选，包括专业认知、就业心理、兴趣爱好及性格特征等。

（2）专业积累期　即是从进入高校学习空乘专业，一直到在本专业毕业前后的几年时间内，对空乘专业或航空类相关专业的理论知识学习，专业技能培养，形体礼仪训练，形象气质兼修等，为空乘职业提供前期所需条件奠定，不断地向目标职业靠近。

（3）入职适应期　这个阶段是职场上人人都要经历的，不仅是针对空乘职业。入职适应期因人而异，有的人可能两三个月就能适应工作环境，全身心地投入工作中来，也有的人适应期会长一些，比如半年左右，甚至会更长。所以在职场上出现的形形色色的跳槽、离职、转行等现象，很多原因就是不了解职业的适应期，同时也要求大家尊重自己的选择，不轻言放弃，这样才能体会到职业成长过程中的酸甜苦辣，在历练中成熟。

（4）职业成熟期　到了这个阶段，也是职场人最开心和满意的时候，因为已经成功地通过适应期，熟知眼前的工作流程和操作要求，言行协调，心手并用，眼中有职，再也不是从前的那个冲动的自己了，一举一动都显得成熟稳重和大方自然，努力和工作表现，常常会受到机组及公司的肯定和赞赏，个人也感觉比较开心，愿意取得更好的工作业绩。

（5）职业晋升期　随着职业成熟期的到来，晋升也是自然而然的职业表现了，所以不要急于对自己下决定，感觉自己不行，往往是因为还没有到这个阶段。晋升可以是：两舱乘务员、乘务长、主任乘务长等各种级别的职务，职载荣耀。

（6）职业调整期　是指空乘人员在自己的工作岗位上，经历了几十年的长期工作时间后，选择退役，调整职业。比如50岁左右的人员，可以转为培训岗或管理岗，到60岁以后享受高质量的退休生活，享受无忧无虑的天伦之乐。

### 2.做好应对职业挑战的准备

乘务工作需要不断地学习与汲取新的知识营养，保持对新生事物的接受与认同，对个体的心理表现有所理解。因为科技在发展，人们的思维在变，旅客群体结构中的差异化在扩大，对事物的认知和理解也会更加独立与不同，特别是接触到其他国家或民族旅客的机会增加。客舱又是一个狭小的公共空间，不像在家里生活或在学校学习，感觉烦闷时可以出去走一走，飞机上是不允许有任何分心的，注意力要全部集中在客舱内，集中在飞行安全和旅客的服务需求中。空乘职业需要高度关注力和自律性、安全意识和警惕性、强大的心理素质和压力承受能力等，这些都需要做好应对空乘职业的所有准备，因为工作中随时都有可能遇到对自己耐力和心力的极度挑战，承受是必须的。

其实，对空乘职业的挑战准备，包含有如下几个方面。

（1）认可空乘职业选择　心里接受自己当初的专业及日后的职业选择。

（2）标准素质打造　严格依照空乘应聘与入职的标准，做好素质条件准备。

（3）职位升迁环境与条件创造　勤奋进步、坚持不懈、提高服务水平、团结互助。

（4）薪酬期望值　对自己将来薪酬的期望值，也是促使自己向上的动力源泉。

（5）在岗位担当和坚守中跳跃　有多大的担当，才会有多大的收获和拥有；有多少岗位的坚守，才会有多少坚守中的工作进步和人生跳跃。担当和坚守是对职业选择的一份承诺，也是对国家、航空公司、家庭、个人的一份最好报答，勇敢地用自己健康的职心、靓丽的形象和坚守担当的空乘职业表现，迈上更高的职务阶梯，实现职场人生的可喜跳跃。

再者，对民航运输业来说，安全是赖以生存和发展的基石，在各航空公司不断追求的战略品牌中，一旦离开了安全也就从根本无法谈及发展了，甚至会出现无法生存的状态和不良后果。基于此，所有的问题都需要为安全让道。没有安全理念的服务根本谈不上是好的服务，当翻开乘务员手册时，眼前出现的法律赋予乘务员的最高职责是保障人机的安全运达。这就决定了民航服务的根本性质，必须时刻树立起安全意识和职责，不忘守护安全底线的挑战。

另外，在外部环境中，由于受到新冠肺炎疫情，或者以后还可能会出现的其他公共卫生事件影响，人类将面临越来越多的新环境下的飞行服务挑战。不仅如此，对于每一个职场中的人来说，还要建立起职业的危机感与竞争意识，不放弃对自己的进步要求，做好必要的强大自我能力的准备工作，在创新中开新局，随时接受新的挑战，使职业化危为安。

**3. 空乘职业的晋升通道**

一般来讲，航空公司的空乘职位，其职业成长中的晋升通道，基本上会是这样的：实习新乘、普通舱乘务员、两舱乘务员、乘务长、主任乘务长等职务。

空乘职业晋升通道如图5-2所示。

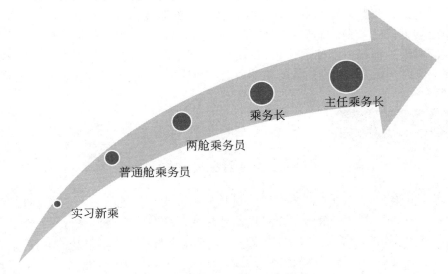

**图5-2　空乘职业晋升通道示意图**

（1）实习新乘　各航空专业服务类的学员，参加航空公司乘务人员的招聘，通过面试选拔入职的新进空乘，参加公司组织的相关培训和学习，获得乘务员所需要的职业资格证书，有了空乘资质，进行乘务岗位的实习工作，由机上教员带飞。

（2）普通舱乘务员　普通舱乘务人员，一般划分为三个等级，即三级、二级、一级普通舱乘务员，三级为最低级别，分别执行普通舱的对客服务，负责区域内的乘务工作。

（3）两舱乘务员　也有二级和一级的区别和划分，负责两舱中旅客需要的服务工作，其中级别不同，薪酬待遇也会有所不同。

（4）乘务长　在航班上，同样都是称呼乘务长的人员，其实也有高级和一般之分，比如高级乘务长职务、乘务长职务。

（5）主任乘务长　也跟乘务长职务的划分级别相似，航班上有高级主任乘务长级别的人员，也有一般主任乘务长级别的人员，职务称谓一样，但职位身份和待遇却有明显的差别。

从上述不同的职业级别、职务的晋升划分中可知，实际上空乘人员的晋升空间还是非常大的，有很多阶梯可以攀登，并非是人们常常想象的就是当空姐，或都是口头上通称的"空姐"或"空哥"那么简单，也不存在职务岗位上的区别和工作职责的划分。航空公司对乘务人员的成长平台和升职空间的设置，是十分人性化和带有科学道理的，有激励性，比表现、比成绩的同时，也会给到他们比进步、比收入的工作结果和分配方案。中国人提倡的"多劳多得"这句非常现实的话，对于空乘职业和工作岗位上的人员来说，同样也是很适合的。

经过航空公司招聘面试的层层筛选，脱颖而出的应试者将开启自己飞往蓝天的职业旅程，迈向精彩的空乘职业生涯之路。在这个特殊职场的磨炼中，将从一名新入职学员，通过工作的锻炼和岗位磨砺，一步步地成长为一名优秀的乘务人员、乘务长、主任乘务长，成为同行中的佼佼者，把职业的光环一再放大，照耀着其他空乘人员的前行道路，把积累的成熟工作经验传授给一批又一批的新学员，使空乘职业内涵得到更好的延续。

而对于内航公司而言，空乘职业也和其他许多职业一样，当在乘务的职业岗位上干到了一定的时间或年龄，尽管有些对工作依依不舍的职业情怀，但现实情况是，要开始考虑到角色转变问题，最起码要考虑到岗位和身体的转变，以更好地适应与担当起一份工作的实际需要。但是，即使退休了或转职了，留下的蓝天传奇故事也将会成为航空公司的荣耀，成为一代又一代民航人的精神力量，为后来人打开更广阔的民航职业通道。

阅读链接 5-2

## 世界上年龄最大的空姐

世界上年龄最大的空姐，是美国的贝特·纳什女士，她从21岁开始到现在的80多岁高龄，一直从事空中服务工作，也就是说她已经在高空整整飞行了六十多年了，已从当初的"空姐"晋升到现在的"空奶"级别，不得不令人为她称赞和叫绝。贝特女士穿着漂亮的航空制服，每天穿越于蓝天之上，不仅是她个人的一份骄傲，她也成了亿万人心目中的职场榜样，更是引起人们对她的好奇心，她的故事也在各国多家新闻媒体上广为传播。

1957年，处在美国航空业的发展时期，21岁的美国姑娘贝特也看好这一行业的前景，报名当空姐，经过公司选拔，漂亮的贝特幸运地成了一名空姐。她在蓝天上飞行了几年之后，结婚生子，为了能更好地照顾家庭和孩子，贝特也曾考虑过自己退役的事情，从事其他行业。因为当时，航空业正处于初步发展阶段，机型老、客舱小，航班设施落后，再加上客机上的服务人员数量较少，空姐常常会忙得焦头烂额。有时一个人要负责多项工作，不仅为旅客提供餐食和饮料，还要打扫客舱内的卫生，安抚旅客的恐惧情绪等。再加上航空公司对空姐每周的飞行时间都有规定，可想而知，空姐的工作并不轻松。但是后来，为了给生病的儿子花钱看病，迫于生计问题，她只好打消了退役和改行的念头，一直坚持了下来，继续做一名空姐。虽然贝特儿子的病情得到了好转，而从此以后贝特再也没有从空姐这个职位上退役，就这样一飞就是六十多年，从此也改写了有空姐飞行史以来的年龄记载。

虽然美国对于飞行员有65岁的强制退休年龄，但是对乘务人员的年龄并没有特别的限制和退役要求，所以才能够让贝特·纳什女士有实现高龄飞行的愿望，可以继续当空姐。不过像贝特这般"空奶"级别的空姐，在全世界都还是绝无仅有的新鲜事例。虽然贝特女士的年事已高，服务经验却十分丰富，而且反应也很灵敏，不管公司有什么新的管理政策、执行规定、新机型的操作测试等，她总是样样过关，而且比其他的年轻人做得还要好。贝特说："消费者最需要的是受到重视，他们想得到最好的服务是一点关心与爱。"本着这一真实的服务理念和旅客需求的服务真谛,她乐此不疲,年复一年,却仍笑容灿烂。

自美国航空机票价格为仅12美元时开始,一直坚守的60余年的时光里,贝特·纳什女士在空姐岗位上,经历了十多任不同的总统,但她却依然化着靓丽的空姐妆容,穿着高跟鞋为旅客服务。贝特·纳什女士,无疑是一名非常称职和十分优秀的超级空姐,已经成了这个行业的表率,她的传奇经历也鼓舞了众多的年轻空姐们,从她身上学习到职业的励志。

——资料来源于央媒及相关报道

#### 4. 空乘职业的薪酬和机遇

(1) 空乘人员的薪资构成 空乘职业相对来讲,收入高,薪资多自然是毫无疑问的,因为执行航班的飞行任务,不仅有基本工资,还会有飞行出差补贴,岗位津贴及福利,通常乘务人员的薪酬福利由基本工资、飞行出差补贴、年终绩效工资、津贴及福利、长期激励薪资等部分构成。

一般来讲,乘务人员每月的合计收入都是很可观的一笔数字。在正常情况下,一名正式入职的乘务员,假如一个月飞的时长达到100个小时以上,月薪收入大概会在8000元左右;航班飞龄在三年以上的空乘人员,如果晋升为乘务长的话,月薪可望达到12000元左右;飞龄时长达到十年以上的,职务晋升为主任乘务长,进行对客舱乘务组的管理工作,月薪收入通常会在20000元左右;随着年龄的增长,乘务人员退出一线岗位后,可以公司内部转岗,从事部门管理工作;还可以到培训部门,对新员工进行教培等,月收入会在50000元上下。

空乘职业薪酬结构如图5-3所示。

(2) 空乘职业对个人的影响 空乘职业对个人的影响是深远和较大的,除了能够掌握一定的化妆技巧,在穿着打扮方面更吸引眼球,语言沟通能力较强,气质出众,令人羡慕以外,其实从深层次方面来看,空乘职业对个人的影响,还有如下各种好处。

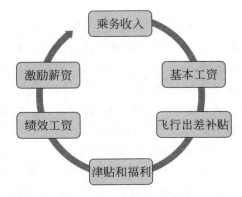

图5-3 空乘职业薪酬结构示意图

首先,是素质比较高,对事物、他人的理解和看法,具有成熟的认知和见解,会更多从对方的角度上思考问题,有大众关爱心理,更容易受到周围人的欢迎。

其次,在做事方面自然会理性多一些,能够客观地对待身边所发生的一切,不会钻牛角尖,更不会走进死胡同里出不来。

再次,不至于因为一点生活中的小事而想不开,所以有一份坦然的人生胸怀,拥有大度和从容的生活态度,能够自律自强,可以面对与战胜生活中的任何困难。

另外,知识广泛,见识丰富,谈吐不俗,这样的优秀品质和博大胸襟,是平常人难以达到的和令人仰慕的。所以一朝入职空乘,则会终身受益,能够处理好生活中的各种人际关系,会更爱自己的家庭和亲人,从而拥有一份幸福美好的生活。

（3）空乘职业带给个人的机会　空乘职业带给个人的机会或机遇也是比较多的，不仅可以让自己免费周游世界，饱览祖国的大好河山，品尝各地美食，见识各种风土人情，还有一份可观的收入，靓丽的形象和高雅的气质，还能够结识各种各样的人，在别人身上学到更多处事态度和社会知识等，这都是有些职业中的人所不能做到或者根本也无法体验到的。空乘人员退役后的职场前途也会很宽泛，比如做公司高管、培训师、专业教师、企业礼仪形象顾问、专题类节目主持等。基于空乘职业涵盖的知识面、认知度、心理素质条件及专业能力水平，所以具有一定的延展性。

但同时也应该认识到，客机作为交通运输中一个相对的高层次承载工具，必然也会受到旅客对特定化服务的高标准要求。俗话说花钱买享受，顾客永远是上帝，航空公司对航空服务项目内容的优化与服务水准的提升也在所难免。这种优化与提升会直接链接到对服务人才的严格选拔与条件要求上，必须跟得上时代发展的脚步，一切以满足顾客需求为前提。所以，对于空乘职业的选择来讲，机遇与挑战同在，机会与竞争并存，有能力者胜。

大家不妨思考一下这样的问题：我想要怎样的工作？我能够做什么事情？我要通过哪些努力来实现自己理想中的目标，走上想要的工作岗位？航空服务的角色特点是什么，我能做到吗？如何做得更好，需要哪些方面的努力？……这样对职业的选择会更踏实些。

## 第二节　对民航服务职业的价值认同

民航服务是对于人的服务，必然要做好让旅客接受和满意的空中旅行服务，运载方和公司员工没有任何服务上的折扣和推辞可言，也别无选择。中国民航业提供的空中运输服务，是公司的一扇窗口岗位，是中外旅客评价中国民航服务的直接来源点，也是航空公司实现经济收入和自身发展的主要途径。做好优质服务，时刻考验着每一位乘务工作者的耐力、情绪、心理承受力，更需要保持一份清醒的职业价值认同感，在接受与认可这份职业给自己带来的诸多好处的同时，也要接受为这份职业的所有付出，让自己的青春年华在奉献中绽放光彩。

在本节中，讲述如何树立正确的职业理念，认清乘务工作的职业性质和特点，明确乘务职业的社会责任感，理性地看待求职与就业等。

### 一、必然强调的职业理念

1.职业理念也是入职条件之一

人们在生存生活及社会活动中的行为方式，通常会受大脑中的思维判断，以及价值认可与否的影响，可以说有什么样的想法就会有什么样的行为表现，所以一个人对事物认知的观点和理念，也很大程度上决定着接下来的言行表达方式和行为结果。这对于乘务工作同样适用。换言之，对乘务岗位的理解与认知度如何，服务态度建立的基准点在哪里，服务质量的评判心理怎样，选择乘务职业的出发点在什么地方等因素，最终决定了在工作中的综合表现、进步快慢、成绩结果，也能看出将来会有怎样的职场发展，能否实现顺利晋升。

据相关资料显示：在对安全、服务、价格等民航运输问题的关注度的调查中，旅客对服务的关注度占到70%，也就是说旅客选乘飞机这种交通方式，其实更看重的是民航服务。航班服务作为航空公司移动的窗口岗位，提供给旅客的服务方式、服务内容、服务质量的高低等，也是社会共同关注的焦点和高光话题。对于民航公司来讲，对客服务可以起到建立民航企业与客源关系的桥梁作用，也是彰显民航服务最鲜明的一面旗帜，不言而喻，对客服务质量的优劣，服务内涵的大小，服务态度的好坏等，必将会直接影响旅客在购买、乘坐、多次选择方面的欲望，以及实际性的结果选择，满足个人或团体的出行需求。

其实也并不难想象得到这样的现实问题：航空公司实现利益最大化的方式，直接来源于公司所有航线运输客机的高效益收入，而每架航班的运输收益最直接的来源就是客机的入座率，也就是机上的旅客人数，以及每条航线上的往返总次数。再进一步细化来看，公司的运营效益或总体收入情况，还会直接影响到公司每一位员工的年终奖及各种补贴，甚至是员工工资的基数。那么显而易见的是，让旅客对本公司的服务满意，才能留住旅客的心，进而成为公司"忠实粉丝""铁粉"，永久地选择和乘坐公司的航班，并且旅客也会成为公司的免费宣传员和选乘推荐人，这样的服务，才是民航服务质量要求的目的及上上策。

作为一名民航人或将要成为的一名民航人，了解民航运输过程中的服务性需要，知道服务的影响和前因后果，及早地树立起正确的民航服务理念，也是现实入职民航的条件之一。

图5-4为空乘专业学员和指导教师。

图5-4　空乘专业学员和指导教师

### 2. 职业理念树立的客观性

当前，我国航空运输业正处于蓬勃发展的崭新阶段，在"人类命运共同体"、实现全球"经济一体化"、加大"供给侧改革"等诸多利好的新形势下，必然会给我国的航空运输业带来良好的发展机遇，同时也会面临着一些新的挑战。应该看到国际形势的复杂化、生存环境的竞争性、自然灾害的影响，还有这些问题所带来的各种矛盾冲突，都会或多或少地对民航运输业造成一定的影响和限制。这些因素，都会考验一个民航从业人员的坚定信念和职业理想，假如没有树立正确的服务理念，思东想西是很难做好民航服务工作的。

现实中，往往很多人在选择一份职业的时候，只是看到了光鲜的一面，忽略了职业应有的另一面，只看收入，不问工作实质，这是对职业的不完整看法，也是非常欠理性的职业对待。任何职业都是一个"圆"，就像人类生存的地球一样，本身就带有多面性，而并非只是自己眼中当下看到的这些，还有另外一些暂时还没有看到的事实存在，得到和付出是对等的，理念和结果也会是一对双胞胎。所以，选择了乘务工作这份职业，一定要树立对这份职业应有的服务理念，才能真正做好将来的服务工作，在工作中进步。

航空公司的经营效益，离不开乘务人员在服务岗位上的工作表现，抓好航班服务才能促使企业发展。而满足公司的服务需求，首先就是要抓好服务人才的挑选工作，进而才能谈及服务的品质好坏与顾客的满意度，这其中的多重因素成分最终都必然会成为各航空公司招收服务人才面试的真正理由与实际内容。对应聘航空公司的人员来说，如果不理解服务需求，不懂得对客服务的现实性，没有树立正确的服务理念，又谈何入职呢。清楚了这一点，对于民航类专业的学员及将来想要进入航空服务领域的人才来讲，会由衷地感受到航空面试的重要性与必要性，客观理性地接受面试选拔，而不是抱有随意性的心态。

## 二、认清乘务职业的性质和特点

### 1. 了解旅客的乘机现状

旅客选择乘坐飞机出行的动机及原因，可以概括为三个方面：一是为了节省路途中的时间；二是对乘坐客机舒适度给予认可；三是个人身份、形象或经济实力等要素的彰显。随着我国民航运营能力的不断拓展，以及空中航线的普及性推广，使得原来只有高端人士选择的乘机出行方式，逐步打破阶层的限制，开始大踏步地走向大众化，也在无形之中推动全民出行时代到来，与地面交通一起完美地演绎中国大交通时代的风采。但是，从另外一个方面来看，在全民出行时代的新形势下，航班旅客群进一步复杂化，比如近年来航班上出现的一些旅客的不文明行为，发生扰乱客舱秩序的现象，危及航班飞行安全的状况，甚至是带有严重犯罪性质的伤害事件等。

客舱本来就是一个公共交通工具，也是一个流动的公共场所，聚集着来自五湖四海和天南地北的旅客朋友们，并且随着中国改革开放的深入以及国家发展步伐的加快，客源分布的现状会进一步被打乱，没有任何层次界线可言。基于旅客的乘机现状，相应地对航班上乘务人员的服务技能要求也会越来越高，客舱服务就不再是单纯性的物品服务提供和言行服务提供，而要具备一定的观察和分析能力，掌握必要的心理学和行为学知识，建立专业性与科学性的服务观，拥有包容和接纳的情怀，主动迎接与服务好八方来客。

因而，航空公司在招收及录用乘务人员时，必不能像某些方面的工作岗位那样，可以偏重于对专业成绩的考核或某项技能的掌握，对于空服类专业的学员们来讲，要想做到出类拔萃，硬性的专业成绩只是其中的一个条件，还有许多要考核的重要条件，需要学员们在拥有较高情商、较好表达、较好形象的同时，还要具备必要的洞察力和成熟的心理素质。

### 2. 认识乘务职业性质和特点

在"航空旅行"中，旅客所处的空间就是客舱，所面对的工作人员就是乘务员和安保员，通常情况下旅客们都认为乘务员理应全程提供客舱服务，基于有时航班在颠簸及起飞、下降时，有不知情的旅客还在要求这样那样的服务提供，比如临时关闭洗手间，禁止在洗手间抽烟等的规定，个别旅客不理解，并且出现过和乘务人员大吵大闹、发生争执的现象。殊不知，客舱服务除了餐饮服务和乘坐舒适相关服务，更重要的服务是提供有安全保障的运送服务。所以对乘务职业来讲，做好服务是分内之事，做好安全保障是头等大事，因为从安全角度上看，服务做得再好，只要出现一个安全事故，那么再好的服务也等于零。

事实上，乘务人员的安全职责和服务能力强弱，对航班服务质量是至关重要的，在这方面要有一个深入的认识。在民航公司，每天运行着成千上万架次客运及货运航班，运送的旅客中，有普通百姓，也有明星和政要，有国内的也有世界各地的旅客，而在古代，人们想去一个城市或一个国家，往往需要几个月甚至几年的时间，就像唐僧取经一样，跋山涉水，排除千难万险才能到达想去的地方。现在，飞到北极、南极也就是10多个小时的空间距离，一日之内就可以实现心中的许多愿景。在这么短的时间内，从此站把客人安全地送到彼站，只有我们对生命存有高度的敬畏感，旅客才能做到在他们乘坐于万米高空的飞机上，放心大胆地敢于将生命交到我们手中。敬畏生命对于乘务职业来说，就是对自己生命的高度认知，在此基础上才有权利承诺实现对旅客生命安全的保护，任何时候，任何情况下，乘务员最终守护的都是人机安全的一份职责，体现强大的服务能力。

### 三、理解乘务职业的担当与价值体现

电影《中国机长》中有这样一幕，飞机落地后，机长郑重地说了"敬畏生命、敬畏规章、敬畏职责"这"三个敬畏"，生命、规章、职责，就是民航人一直都要恪守的信条，每一条恪守的信念中，都源自对这份神圣职业的高度理解和忠诚心愿，这也是每个中国民航人的深切感受和真实感悟。如何从做到三个"敬畏"中，来理解乘务职业的担当与价值体现呢？接下来，不妨先来了解一下民航人始终坚守与笃信的"三个敬畏"。

第一，敬畏生命。"生如夏花之绚烂，死如秋叶之静美。"这是印度诗人泰戈尔对生命辉煌和壮丽的由衷感慨。但生命在一些天灾人祸面前，有时又显得是那么的脆弱和渺小。"5.12"汶川地震，让中国人对生命有了进一步的理解，那些在地震中没有来得及逃脱的人，深土下妈妈抱着孩子的母爱造型，坚持超过了生命终极线而成功获救的老乡……这一幕幕催人泪下，感人至深的灾难场景，也无不向每一个人发出"敬畏生命"的呐喊声。所以中国政府和人民会举全国之力全方位营救受灾人员，中国人民解放军不惜一切代价抢救个体生命，而这些也都是敬畏生命的鲜活例证，也是每一份职业所应有的工作信条。

第二，敬畏规章。就民航员工而言，每一个岗位，每一位从业人员，都面临着几十本的规则章程需要了解、学习和掌握，为的就是在每一次的工作中能把威胁和差错降至最低。航空运输规则、乘务员手册、客舱安全管理等大大小小上百部的手册，涵盖了民航内所有的工作细则、人员管理、安全运营的方方面面。乘务员飞行携带的飞行包里，每天都要带着一本厚厚的客舱乘务员手册，不管是参加培训还是航班飞行，都离不开这本手册的保驾护航。只有对手册里的规则和章程了然于心，怀着自己的敬畏之心，学习和遵守，才能把自己的岗位工作做得扎实和细致，做到精益求精，准确识别及善于发现威胁，从而防范差错的产生。

第三，敬畏职责。责任心应该说是一种职业人格中的自我意识，能够正确地看待与

处理好工作中出现的问题及职场关系，认识到自身能力的薄弱点和长短处，不给自己找借口，不能为了躲避问题而推卸责任，而应该是面对问题与坎坷时，迎难而上，想办法找点子。立足生存的现实社会，谁都有自己的职责，都有自己的负担和坚守。作为民航员工，敬畏自己的职责，竭尽全力地承担自己的各项责任，这也是对待这个职业的前提条件。

"心存敬畏，行之高远。"这是晚清四大名臣之一的曾国藩先生的敬畏观，意思就是，只有心存敬畏，才能走得长远。在他看来，只有心存敬畏，才能有如履薄冰的谨慎态度；才能有战战兢兢的戒惧意念；也才能在变幻莫测、纷繁复杂的社会里，做到不分心、不浮躁，不会被私心杂念所干扰，恪守住心灵的从容和淡定。敬畏生命、规章、职责，是民航工作者对于民航职业的全新领悟，就如"川航8633"机组一样，他们把"三个敬畏"发挥得淋漓尽致，把敬畏信条与价值根本连在一起，创造了民航史上一个经典的英雄式成功案例。

古人云，人须有三畏：畏天，畏地，畏己。其实这里的"畏"，就是现在所说的"敬畏"。对于机组人员来讲，由于工作所处的环境非同一般，高空中的服务作业，就必然决定了这个职业本身的特殊性质，与众不同的工作特点，须时刻怀有一颗敬畏之心。在对职业的敬畏中诠释出对这个职业的担当精神和价值体现；以敬畏之心克服工作中的艰难险阻，勇往直前；并从"三个敬畏"中，升华对本职业的职责担当与价值体现，以及更深层次的理解。

## 心理素质打造

近年来，航空公司在招聘面试新员工时，基本上都会有心理素质的考评项目，一般都不会省略这个环节的考核内容，从中也能知晓，具备较强的心理素质是民航工作的必备条件。那么，对于将来要参加民航面试的学员们来讲，又该如何提升与打造好个人的心理素质呢？换句话说，就是通过哪些方面的训练措施达到强化心理素质的目的呢？其实心理素质的提升训练，离不开意志力培养、情绪控制、机智训练、自我意识增强及个性塑造等方面的把握。

（1）意志力培养　说到意志力，可以想象一下体育健儿的训练和比赛情况，日复一日、年复一年的高强度训练，在多少个日日夜夜的严寒酷暑中，经过坚持不懈的努力，才有奥运赛场上的夺冠时刻，才能看到五星红旗高高地飘扬在赛场上空，国歌奏响的激动人心场景。其实说来，每个人并不是天生就有多么强大的意志力，而是在后天的不断磨炼和锻炼中，得到增强和提升。所以，个人意志力的培养，也可以尝试通过体育训练来提高，比如每天早上或晚上坚持跑步或做其他运动，冬天不恋暖被窝，夏天不恋空调房，节假日不懈怠。

（2）情绪控制　情绪控制力也是心理素质强弱的一个表现。比如在日常生活中，会看到这种情况：有人遇到一点点小困难，就哭爹喊娘，要死要活，难以控制自己的悲伤情绪；而有的人遇到天大的难事，也不声不响，却是有条有理地处理好问题，两者对比一下，很明显就会知道谁的情绪控制力强，谁控制不住自己的情绪。对于民航工作者来讲，情绪控制力是必须要有的一项心理素质条件，遇事不慌乱，冷静沉着，严格执行管理程序。改变以后习惯性的心理思维及行为举止，凡事先从需要上着想，排除个人意愿为准则的想法。

（3）机智训练　也可以说是机智性和果敢度训练。平时养成细微观察和专注的好习惯，拓展知识面，学会思考和分析，透过现象抓本质，锻炼自己的精准判断力。建议学习一些心理学方面的知识，进行智力方面的有效训练，并结合前面的两项要素，做到遇事不慌张，快速做出反应，不被眼前的假象所迷惑，用理性处理问题，尽力排除情绪化的干扰。

（4）自我意识增强　就是要管理好自己的情绪和心性，理性地看待一切，不能只追求单方面的成功或急于求成，要实事求是地对待自己的一切，客观地看待人和事。成功不骄傲，失败不低迷，抱着一颗平常心，找不足，补差距。并且学会自我安慰和理解自己，打消求胜心过强、只能成功不可失利的想法，孤注一掷的赌徒心理更是要不得。做到虚心向学，自觉努力，能汲取别人的优点和长处，才是不断进步和最终取得好成绩的必要做法。

（5）个性塑造　一千个人就有一千个个性，有的人争强好胜，有的人不争不抢；有的人对名利看得过重，而有的人对生活十分在意；有的人思想包袱过重，有的人每天过得都很轻松……所以人生在世，个性不同，追求不同，在生活和工作中的表现也就不同，但是作为一名乘务员，必须不能放任自己的个性，而是要刻意地塑造好自己的个性，时刻把握住自己的内心，发扬优点，剔除缺点。比如通过打球来磨炼个性，赢了大声喊出来，输了也要大声喊"加油！"这样的平和意识与性格，才是更有益于自己的。

乘务是航空公司直接面对旅客服务的窗口，直接代表着中国民航和各航空公司的形象，也是民航服务水平的重要体现。基于高水平的服务呈现，航空公司不仅对乘务员的外形条件、文化素质有一定的要求，而且对于综合素养和心理素质方面也都提出了相应的标准，所以，心理素质方面的提升和强化，也是学员们在面试准备中要关注到的基本内容。

## 四、明确乘务工作的社会责任

在航空公司的企业文化里，大部分会以"爱心回报"为己任，履行政治、经济、社会、环保和公益行动的社会责任，尽最大努力维护公司享有的国际国内良好口碑，全力塑造好民航企业的品牌形象，始终把国家需要、社会责任、人民生命与航空公司的运营工作紧密地联系在一起。得益于空中航线的快捷性，无论是地震、水患自然灾害发生时，还是疫情爆发期间受国际政治连带的撤侨、接回海外留学人员的行动，及防疫专项物资运送，医疗专家及医护队伍的驰援，以及国际间的帮困、援助等一系列的运输工作，民航人每一次都是首当其冲。

可以从下述几个方面，进一步明确乘务工作在公司整体运营中的社会责任体现。

（1）在接受国家下达的各项紧急飞行任务时，航空公司积极配合国家和人民的需要，保证完成好每一次的飞行任务。每当执行紧急任务时，公司内的各层、各岗位人员，主动请愿到第一线，将自身融入公司的整体发展中，将公司的发展置于国家大的可持续发展背景中，为更好地推动交通强国，民航强国的国家规划建设实施，砥砺前行，贡献个人和集体的力量。

（2）在运输旅客过程中，公司全体员工秉承的都是"生命高于一切"的承运原则。当航班上发生了危重旅客的事件时，客舱乘务员在第一时间内，会采取及时必要的机上急救措施，航空公司也在所不辞地把营救旅客的行动放在首位，忽略飞机返航、备降带来的成本压力。有时为了抢时间挽救一个病人的生命，不惜牺牲公司利益，配合病人及家属，等上机、腾座位、让席位，乘务员全程精心照顾，帮助病人协调联系地面及医院，妥善安排。

（3）乘务人员不仅在飞机上救人，在地面救人的例子比比皆是。近年来，各大航空公司的好人好事新闻不断地出现在媒体上，其中最吸引人眼球的就是空乘当街救人的新闻。比如2021年4月南航深圳公司飞行才满两年的乘务员孙浩茹，在爬山的途中抢救一名心脏骤停的70岁老人的故事就广为传颂。据孙浩茹回忆当时的场景，她说：有了初步判断后她又询问病人家属，了解病人的既往病史，获悉老人有心脏病和高血压病史，随身还带着硝酸甘油等心脏病急救药品，更确定了自己对老人的病情判断，立刻对其实施"CPR"（心肺复苏），并为病人实施口对口吹气，完全把自身的安危抛在脑后。这种敬畏生命的社会美德和行为，就很好地体现出了作为一名乘务人员的职责担当和使命践行，产生了良好的社会影响力。

上述一个个鲜活生动的事例，无不叙述着航空公司及全体工作人员的博爱胸怀，更离不开公司每一位乘务工作者的无私奉献，才能确保民航运输事业的有序前行和公司的发展壮大。寒来暑往，一如既往，乘务人员对机上的每一名旅客都不能有分别心，不能有慢待行为，并用个人的实际行动，诠释民航人及乘务职业那份自豪的社会担当和责任荣耀。

## 五、理性看待求职与就业

航空公司的运营实现，就落实在一线前沿工作上，最终就体现在客舱的服务工作上，空中服务这个平台，树立的不是个人形象，而是公司形象、行业形象乃至国家形象，创建优质的服务品牌，靠的是高质量的服务赢得旅客的信任。反过来也就不难理解，为什么航空公司在选拔乘务人才的标准上，要求那么严格了，是岗位工作需要使然，也就会使得相关专业的学员们，还有参加面试应聘的人们，能够更加理性地选择与对待这份职业。

显然，想当"空姐"仅靠漂亮的脸蛋已经很难过关。基于乘务职业的工作内涵及实际需要，企业在招聘的时候，对视力、身高、体型都有严格要求，体能测试、心理测试、外语测试、专业服务技能等"门槛"也很难逾越。此外，责任心，认真、投入程度，也都是现在用人单位更加看中的招聘条件，因为空乘职业也是非常辛苦的，从业人员必须具有吃苦耐劳的品质，有长跑型的岗位黏合度。而英语能力和专业水平，则是空乘晋升的最大瓶颈。

一般国内航线，对英语能力要求并不会很高，录用大专学历毕业生即可，但国际航班对空乘人员的英语要求相对较高。国际航线招录空乘人员，不仅要考核英语的语法知识，考生的阅读、听力能力，还要求应试人员会机上涉外服务礼仪、英语服务用语、英语广播词，能与客人进行无障碍的英语对话，流畅的沟通交流。一些国际航空公司，如荷兰皇家航空、阿联酋航空、港龙航空、德国汉莎航空公司等，则对人员的学历、职业技能方面的要求会更高。

同时还要知道，在航班上工作，生活上也要适应飞行的工作需要，比如夜班或国际航线执飞的时差颠倒，长距离航线的飞行工作，都会使得作息时间不能按时或固定。乘务员承担的是摆渡人的角色，节假日也是航空公司最繁忙的季节，顾不上家人，但要配合好机组让旅客感受到节日的气氛。空乘职业经历的挑战，也就是要掌握好跟人打交道、和他人交往的技巧，这也是乘务职业带给个人的能力优势，而当服务意识、服务技能和人际交往能力逐日积累时，会发现自己的"蜕变"，收获到这个职业带来的回报享受和成绩安慰。

毋庸置疑，乘务工作岗位是民航业的重要窗口，长期以来，经过一代又一代空乘人员的艰苦奋斗和无私奉献，才使得我国的民航事业有了一个突飞而高效的发展。但人前的风光无限，总是源自背后的汗水付出。外表的靓丽，谈吐的优雅，举止的大方，都是建立在爱职、敬业、勤奋、踏实的基础之上，因为高空作业，气流颠簸，长线飞行，时差颠倒，不仅需要强健的体魄，更需要娴熟的技能，强大的心理素质作支持，才能有起早贪黑，披星戴月，与亲人聚少离多的无怨无悔……从这个角度上理解，乘务职业也是一种心灵美的高尚职业。

# 第三节　做好个人的学习及职业规划

学习规划书的制订可以很好地帮助同学们，对即将到来的民航面试有一个细致和全面的学习审定、能力判断，并在自我审视的过程中，做好改善、修正和提升，使之更符合求职应聘条件，达到面试的实际需求，为入职民航公司打好先期基础；而职业规划书的制订，可以帮助学员们及时调整求职方向，找到更满足自身实际情况的职业目标，有的放矢，克服就业中的盲目性，并为以后的职业成长浇水、施肥。这样不仅能帮助职业愿望的实现，也会更有利于职场的发展和职业的成长，鼓励个人在工作岗位上的进步性和积极性，实现入职和晋升。

在这一节中，讲述对学习规划书及职业规划书的认识和了解，以及学习规划书的制订细节内容，还有如何做好规划书中的落实和要求，需要有哪些方面的具体措施和原则等。

## 一、学习规划书的制订

### 1.了解学习规划书

顾名思义，"学习规划书"就是大学生基于对自身的理性认知与客观审视，从而制订出切合实际与需要的学习规划目标与执行方案。学习规划书也可称为大学学业规划书、大学生涯规划书，是大学生校园学习生涯中不可缺少的一个重要组成部分，因为大到一个国家都会有国家的中长期远景发展规划，小到个人、团体组织都会有各种各样的规划，大学生当然也不例外。制订一个完备的学习规划书，其现实目的就是更好地促进学习，把握住大学阶段的前行步骤或学习节奏，让自己在这几年的大学生涯中收获持续的知识营养，不断增长专业技能，身心成长得更快，这样才能使自己毕业走出校园时的步伐更加坚实，找到一个宽广的职业平台，把个人的知识才能奉献给社会，立足职场成就理想人生。

从结构方面来看，学习规划书的内容基本涵盖了自我认知、专业了解、目标定位与执行计划等几个部分。需要结合自己的专业特点和兴趣爱好，做好课程方面的计划与课外学习的安排，包括专业课学习、人际交流交往、社会实践及技能证书获得等诸多板块。实际上，学习规划书就是一个全面提升自己的周详策略，一方面是为了做到有的放矢，另一方面还可以避免学习中的无序性，因为规划不好就很可能会走弯路，白白浪费掉大好的校园时光。

从核心上来讲，学习规划书只是一个督促手段，通过规划找准定位，核心关键点最终还是要落实到个人身上。因而规划书必不能束之高阁，要想让规划书起作用还需要时常翻阅对照，做到心中有数，脚下有根，按照规划书上的理性设计与初心愿望，及时地提醒自己，强化行动力与心理认可度，这样在规划执行的具体过程中方向盘才不会偏离前行的方向，不断地接近规划中想要达到的目标，确保规划内容的正常且有力实现。

另外，需要强调的是学习规划书也不是制订好了就是一成不变、一劳永逸的，还需要随着自我的成长与学习经历以及认知方面的提升，及时地进行调整与修正，或者进一步地制订出每个阶段的细小规划。比如在总体规划下再制订出一个学期或近阶段的规划，让学习规划更符合与贴近当下的真实状况，便于准确把握，同时也更有激励性和推动价值。

其实，大学校园就是一个充满无限可能性的塑造人才的地方，俗话说"只要你肯努力，一切皆有可能"。当然在大学里，不仅仅只是老师来成就学生，同时更需要学生本身的自我成就，制订"学习规划书"就是一个自我约束、自我管理、自我奋进、自我塑造的良好方法。

2.学习规划书的制订

## 学习规划书

大学是通往社会人生的起步和开端，是放飞心中理想之地，也是人人向往的学习殿堂，当接到那份沉甸甸的录取通知书，踏进曾经梦想的××大学校园的那一刻起，心情仿佛已遨游在蓝天，充满了无限的快乐。《钢铁是怎样炼成的》书中有这样一段话："一个人的生命应当这样度过：当他回首往事的时候，他不因虚度年华而悔恨，也不因碌碌无为而羞愧。"作为新时代的大学生，又该如何做才不至于让自己"虚度年华"和"碌碌无为"而真正地实现自己的初心呢？其实需要一个很好的学习规划来帮助自己，为自己设立一个正确的学习目标和努力方向，希望这份学习规划书能让自己的青春在大学的烘炉中得到更好的锤炼，让人生中最美好的年华在大学里美丽诠释与绽放，让大学生涯因规划而精彩。

既要仰望天空，也要脚踏实地，制订学习规划书的目的就是为自己铺一条两者兼顾的奋发之路，认真地描绘人生的未来美景。

（1）自我认知

① 性格了解　从性格上了解，认为自己有这几方面的表现：一是表面稳重，内心活

泼，不急不躁；二是勤奋，有上进心，有耐力；三是追求完美，凡事讲求原则和秩序；四是直爽，心直口快，不计后果；五是心地善良，喜欢帮助他人，愿意结交朋友，能够和身边的同学友好相处。

② 优缺点认知

a.优点　头脑比较冷静，一般情况下不会做出太冲动的事；思路很清晰，善于解决复杂的问题；有时间观念，独立性强，有担当精神，有执行力；认为自己是一个很正直的人，也很有关爱意识，有怜悯心和同情心，不会损害别人的利益。

b.缺点　不善于表现自己，只顾埋头苦干，不问前程如何；有时不太注意细节上的问题，关注不到全面的情况，显得有些呆头呆脑；语言太过直率，因而往往很容易得罪人，自己却还不知道；不善于变通，有些一根筋地想问题，容易钻进牛角尖；在交往交际方面自己过于顶真和直白，有时候会遭到他人的反感，吃了不少亏，经常对自己懊悔不已。

③ 学习力评价　在学习力方面，有一定的自觉性和主动性，比较自律，对于老师布置的学习任务都能按时完成，喜欢学习新的知识，并且勇于向高难度的课程挑战。在高中阶段参加过几次知识型的竞赛活动，也取得过一些奖项，以前是老师眼中的优秀学生。到了大学，相信自己也会一如既往地向前冲，保持之前的良好学习习惯和干劲，完成好大学学业。

总之，觉得自己是一个勤奋、好学和执着的人，通过对自我的客观认知，发现性格中的不完整和自身的优缺点，以后慢慢地改变和纠正行为中的缺点，弥补性格中的不足，努力地改变自己，建立自信心，另外培养好个人的情商，释放出更多的正能量来。

（2）专业透析

① 入学情况　我报考××大学的原因其实很简单，就是冲着学校开设的空乘专业而来的，是想毕业后当一名让同学和亲友都羡慕的空姐，不仅形象靓丽，而且收入也很高，还可以跟着公司航班到外面走一走，看一看，不用自己花一分钱就能到祖国各地旅游，况且每天看到的都是乘客的新鲜面孔，不会产生烦躁和疲惫，何乐而不为呢。

可是，当初在了解空乘专业的报考条件时，我却迟迟拿不定主意，担心考不上，还有家长的不赞成，生怕自己白费功夫，吃力不讨好。我的爸爸是在事业单位做管理工作的，妈妈是一名小学老师，按照他们的想法是劝我放弃心中"不合时宜"的想法，因为我长得不是十分漂亮，还有些微胖，作为女孩子，他们希望我报考师范或金融之类的专业，像妈妈一样当老师，或者是以后进银行或公司做财务工作，工作环境好，不用到处奔波。爸妈给予我的前途设想固然有一定的道理，可是我并不完全赞同，我喜欢有挑战性的工作。虽然爸妈的劝说，再加上当时我的心里也很犹豫，对自己报考空乘专业没有足够的信心和必胜的把握，但是最终经过认真思考，我还是决定试一试，万一被录取了呢。后来，我坚持锻炼，体重减轻，也终于得到了爸妈的支持，顺利地考上了××大学的空乘专业。

今天，我终于如愿以偿地走进了这所大学的空乘专业进行正常的学校训练和学习，真是有点来之不易。这个过程浸透了我高中时的学习汗水和身体锻炼的决心，我将好好把握学习机会，决不辜负爸妈的理解和支持、自己的选择，还有老师的辛勤培养。

② 专业了解　时光如梭，一晃进入大学将近一个学期了，在老师们的亲切教导下，我对空乘专业逐渐有了更深入的了解和认识，乘务工作的美好前景更加坚定了我学习的自信心，我现在不再是刚入学时的那种单纯想法和心态，而是对自己选择到空乘专业学

习有了更加宽泛的认识。随着我国航空事业突飞猛进的向前发展，机场、民航公司、航班、航线不断的开辟，需要越来越多的乘务人员充实到空乘服务的工作岗位上去，这不仅是民航业发展的实际需要，也是国家总体发展中的一个必要组成部分，作为当代的年轻学子就应该与时代的发展需求步调一致。既然我当初选择了这个专业就应该义无反顾地学习好，掌握更多的理论知识和专业技能，为将来的工作打下坚实的基础，无论以前我是抱着怎样的目的来到学校的，但是经过这么长时间的专业学习和熏陶，我的思想也发生了很大的飞跃，自己也在不断进步。

通过这段时间的学习和了解，我更加喜爱上了乘务工作，希望自己在专业学习的道路上走得更远，有更多的收获，多向老师请教，多向身边表现好的同学学习，发扬前辈们的工作干劲和服务精神，不松劲，不偷懒，学好本领，顺利实现自己当空姐的梦想。

③ 就业形势　目前受到社会大环境的多方影响，大学生的就业形势也出现了紧张局面，一是毕业生人数连年递增，就业岗位竞争激烈，单位对人才的选用条件更加苛刻；二是受到全球新冠肺炎疫情的冲击和影响，很多企业还处于正常的恢复状态中，对人才的需求量也有所下滑；三是市场经济在发展转型中，一些相关的政策和服务体系急需调整，一方面用人单位对人才能力与知识结构快速地更新着，另一方面毕业生的就业心态也在发生着变化，难免存在着脱节与不能完全对接的状况，这是目前总体的就业形势。

作为空乘专业的毕业生，也会和其他的毕业生一样遭遇上述就业状况，然而这只是短期现象，不会长久地影响大学生就业的，更不会耽误大家的美好前途，将来就业形势肯定会有一个翻天覆地的大变化，机场会建设得更多、更漂亮，航班也会更加舒适，乘坐飞机的人越来越多，也会需要更多的乘务人员，那么就业就会很顺畅。其实，越是在这样的严峻形势下，越是要下定决心好好学习和训练，只有使自己更加出色、更加优秀，才能在竞争中脱颖而出，而不会被眼前的就业形势所吓倒。

从大的方面看有国家的出手支持和对大学就业政策的保护，从小的方面看还有学校和老师在为大家深入地挖掘就业岗位。只要清楚自己努力的方向，保持积极乐观的学习心态，敢闯敢拼，就一定不会被职场所抛弃，我想对自己说"第一个上机的人就是你！"

（3）自我定位

① 毕业设想　学习空乘专业就是将来为当一个形象优雅、服务标准的空乘做准备的，所以做空姐是我的第一职业选择和毕业设想。毕竟我是因为对这个职业感兴趣才报考这个专业的，况且还是经过自己内心的慎重思考，顶着爸妈的反对意见，好不容易才进入了这个大学学习空乘的，如果没有其他的原因我是不会放弃自己当空姐这个梦想的。

但是，任何事情都会有万一，一颗红心，两手准备。假如我在毕业前不能顺利地被航空公司录取，我也会争取多应聘几家航空公司，相信总会有适合我的空乘岗位；万一因为自身的条件不够，无缘空乘，有和空乘相关的就业岗位，只要工作环境不差，待遇说得过去，我想也可以考虑一下；当前面两个想法都不能实现时，我就打算考研，让自己更上一层楼，以后再找合适的工作岗位。

因为新时代下，摆在大学生面前的道路不止一条，关键是要找到内心希望的那条道路也不容易，要抓住每一次到来的机会，知道珍惜眼前的大好时光，加强学习自律性，全面完善自己，塑造好自己的服务形象、把好礼仪行为的关口、养成专业习惯，为将来的第一就业目标"空姐"踏实奋斗和努力，我相信自己一定能行的。

② 目前状况　就自己的目前学习状况而言，我只能给自己打八十分，心中总有些忐

忐不安。回想起刚到学校那阵子，换了一个新的学习环境，由于一时还适应不过来，没有正确地调整好自己的学习状态，以至于思想散漫，行为迟缓，白白浪费掉了许多的大好时光。

总结原因有以下三条。

一是进入大学的学习阶段，本身的年龄也相应地增长了，由中学时代的少年成长为大学时代的新青年，在学习上要有一定的自律性。不能再像高中时那样，需要爸妈经常催促，离不开老师的时时提醒，而在大学的学习过程中不仅要靠老师的指导，更要有必要的自觉性，一旦放松了自我的觉悟和警惕性，就会变得自由散漫起来。

二是高中时代的"管、教、练"，特别是高考冲刺阶段的紧张与激情，神经绷得紧紧的，处于高度备战状态，到了大学以后情况完全不同了，心里觉得总算是舒了一口长气，再也不需要像高中那样拼命了。实际上，大学与高中是两个完全不同的概念，高中的知识积累固然重要，但目的很单纯，心里想的就是迎战高考，大学就不同了，这里的学习是在积累人生的专业知识财富，为将来的社会工作做准备，学不好会耽误一辈子，更不应该掉以轻心。

三是一下子接触到空乘专业课的学习，其实还是有些难度的。头脑中需要对一些概念化的理论知识进行消化和理解，因为在这之前从来没有接触过这方面的知识，思想上需要重新建立一套空乘专业的学习体系，也需要一个心理上的转变和适应的过程，如果把握不好，就很容易出问题，荒废自己的学业，影响个人的就业前途。

其实专业课的学习不仅仅是在课堂上，更是课堂下的独立思考和用功，要找到自己的专业学习方式，虽然感到学习上的压力，但也必不能因此放松，任其发展。只有让自己沉下心来，再拿出迎战高考的干劲来，咬牙攻克难关，才能使大学阶段的学习系统正常运行。好在后来我及时地发现了自己的这一状况，在心里告诉自己："不能再这样下去了！"必须及早地为自己制订一个学习规划书，我真害怕毕业时不能实现当空姐的心愿。

③ 学习方向　　从性格上讲，我是一个沉稳严谨的人，属于踏实类型的，学习能力也很强，但也有一些固执己见，在某些方面显得不是很随和，想问题有时很单纯，缺乏一定的自我表现力。考上了空乘专业才知道，作为一个乘务人员不仅需要强大的专业理论知识，还要从头到脚地打造好个人的完美形象，塑造好亲切温柔的内外素养，要在服务中显示出柔性、温情和暖言。所以，我为自己设定的学习方向如下。

其一，要把专业理论课吃透、学好。不懂的要问老师，不仅限于书本上的知识学习，还要找课外书籍补充学习，从网上找资料学习，从各方面了解我国航空业的发展情况。

其二，就是把言行举止方面的形象学会、练习好。在课堂上仔细观看老师的动作，模仿练习，在课下找同班的同学一道练习、互相纠正、互相促进。

其三，下功夫练习好自己的微笑。我以前老是觉得自己的门牙有点大，不好看，总是喜欢抿着嘴笑，现在老师要求必须露齿微笑，而且要按照乘务人员的形象标准露六到八颗牙齿，嘴角微笑成15°角，真是感到有些为难，不过我不气馁，一定按照空乘的要求来做。

其四，要学会内外兼修。老师在课堂上说乘务人员的美是从内到外的，是自然而生发的，强装的笑脸不甜，勉强的话语不真诚，在乘客面前来不得半点马虎和虚情假意，乘务工作不是在表演，是真心实意做好航班服务。我虽然是一个真诚的人，但还不够温柔和体贴他人，要认真领会老师所讲的服务内涵，说话要委婉，举止要得体大方，能够让乘客感受到乘务人员如亲人一般的真诚和温暖。我想针对这个问题，除了平日的学习以外，还要多看一些空姐的图书，读一读前辈们的感人事迹，从她们身上学习好的服务经验和思想品质。

其五，树立起为乘客服务的信心和责任感。乘务工作不只是我先前想的人美和工资高那么简单，还关系到许许多多的国家发展大事，有可能作为刚进校不久的大学生还不能够完全明白。但是我要学着把自己的眼光放大，放得更长远一些，用心理解老师所讲的深刻道理，提高自己将来做好空乘服务的信心和决心，要有境界和眼光，不能只盯着"钱"和"玩"，否则即使是侥幸当上了空姐，也难有好的表现，说不定还会被公司淘汰。

（4）学习规划

① 第一学年　学习好各科专业基础知识，争取做到堂堂到课，认真听讲，不掉队，不亮红灯；跟着老师的讲解提高自己对空乘服务的认知，理解乘务工作的非凡意义；学会向老师请教，向身边的学姐学哥学习，和同班好友多交流；继续锻炼，保持现有体重。

② 第二学年　在第一学年的基础上总结自己的学习情况，找差距、补不足，按照课程的学习要求跟上老师的节奏和进度；礼仪、形象符合空乘人员的标准要求；练习好普通话的正确发音，普通话达到二级甲等水平；提高自己的英语听力和会话水平，拿到英语四级考试证书；通过计算机二级考试；尽量争取到航空公司实习的机会。

③ 第三学年　一是要把自己所学的专业知识做个系统的归纳和梳理，把平时模拟训练中的实操动作进行全面的回顾与反复练习；二是继续学习好各门功课，尤其是英语口语表达能力的练习；三是保持言行举止方面的良好习惯，一切都按照乘务人员面试条件和综合素质严格要求自己，不断地完善自己的面试能力，提高一次性面试通过率。

④ 第四学年　如果我能提前被航空公司录取当然是很幸运的，我会一边在岗位上做好实习生的工作，一边收集资料，很好地完成毕业论文；如果不能提前就业，我会利用好在校内的学习时光，细致地为自己制作一份个人简历，积极地作好面试的各种必要准备；收集航空公司的背景资料，了解招聘信息，主动给航空公司投简历；请求老师的帮助和推荐，为自己开辟就业通道，做好当空姐的准备工作，用实际行动证明自己当初的选择是正确的。

另外，为了保证以上规划方案的顺利实施，还必须强调以下几条。

一是课堂上认真听讲，不能走神，内心不被外面的不良因素所干扰。

二是利用好课余时间把刚刚学习到的东西复习一遍，及时消化，不留难题，对训练动作反复练习，直到掌握为止。

三是我之前有英语基础，考级不是问题，但口语会话是难关，一定要下决心突破，每天晚上朗读一个小时，课余时间和同寝室的同学互相用英文对话，到校园广场大声地说英文。

四是到图书馆查找与航空有关的各方面资料，了解国内外民航发展状况以及对空乘人才的使用要求，向老师借书看，保证按时归还。

五是有空乘方面的竞赛活动积极报名参加，争取拿到好成绩，如果不能得奖也不必气馁，毕竟参赛就是一次很好的学习交流机会。

六是学习也不能耽误学校和班级开展的其他活动，不做书呆子，要做有血有肉、有情商的人，还要和同学们搞好团结。

七是经常给爸妈打电话，把自己在学校的情况告诉他们，节假日争取回家和他们团聚，不能让家人为自己担心，还可以从爸妈那里得到更多的帮助和支持。

八是我小时候上过书画课，有一些这方面的基础，业余时间向美术专业的老师请教学习，说不定将来还可以利用这方面的技艺更好地为乘客提供服务呢。

（5）总结及说明

大学是与社会接轨的一座桥梁，要筑得牢固与坚实，只有这样才能把通向职场人生的路走得更加顺畅，更加坚实。因而需要为自己制订一个正确的学习方向和执行方案，并且督促自己一步步地朝着这个目标努力和奋发，使自己不断地向前进步，有了这个合适的目标，才会有一个值得风雨兼程的目的地，学习规划就是学习道路上的一个方向盘。

"千里之行，始于足下"，为自己制订好了一个学习规划，我一定按照规划上的目标，从现在起步，把当下做起点，开始向着前方而努力。学习规划书是我经过慎重思考后制订的，既然为自己找到了这个学习路线，就要把路线很好地执行下去，避免以后走弯路，不迷失前行的方向，最终到达自己心中理想的目的地，当上合格称职的空姐。

### 3.写作注意事项

有了脚踏实地的规划就像小舟有了舵手一样，可以指导自己有序地行驶在知识学习的海洋里，不会迷失自己心中的航向。但要特别注意以下几点。

（1）学习规划书一定要讲求真实性。根据个人的实际情况而制订，不能好高骛远，也不能不切实际地拔苗助长，这样只会挫败自己的自信心和积极性。

（2）要掌握细节有可操作的原则。制订规划书是为接下来的到位执行而服务的，所以要客观实用，注意每一个环节都不能脱钩，否则就是写了也难以执行下去。

（3）尽管当下制订好了完整的学习规划书，但也要根据日后的实际情况给予合理的调整，符合自己的实际需要，做到计划和现实的紧密结合，才能保证学习规划的正常实施，有一个好的理想结果，为自己当空姐的美好愿望保驾护航。

俗话说机遇总是青睐有准备的人。大学生学业生涯规划作为职业生涯规划在大学阶段的体现，是自身理想和社会现实相结合的产物，也是人生中不可或缺的一道必备程序。只有制订出良好且真实的学业规划，才可以使得广大青年学子面对高速发展的现代社会时，把将来就业的道路走得更加通畅些，而不至于产生后悔和造成懊恼的结局。

"一寸光阴一寸金，寸金难买寸光阴"，应当珍惜眼下大好的学习时光，做一个既有梦想又肯付诸实际行动的理性者，这才是最可取的明智之举。

## 二、做好个人的职业规划

### 1.职业规划对专业成长的推动性

有人说"人才的竞争从零岁就开始了"，虽然有些夸张，但也足见当今社会生存竞争的激烈程度，无论从多少岁开始考虑以后的发展道路，都或多或少地存在着职业先期规划的成分，因为人生的成功道路离不开实实在在的职场工作能力，更离不开一个良好有益、循序渐进的一贯的知识学习与素质修炼。另外还要尽早开始积累岗位能力，做好求职准备，方能做到有备无患。

客观地讲，其实每个人都应该为自己的学习、生活或职业制订出一份合理的规划书来，包括在校期间的知识吸收、书籍阅读、朋友交往以及财务计划、旅游拓展、职业了解、学习请教等。有目标可寻，有方向可明，督促自己的学习，完善个人的行为举止，用正向的思维态度做事，凡事做到事先谋划，就可以避免事后的后悔。而对于在校的学员们来讲，"学习规划"这几个鲜明的字眼，或许也早已是司空见惯了的，并不会显得那么陌生，只是有些人迟迟地未能付诸行动而已，可能也不完全排除有些人不了解或还不太熟悉。关于制订职业规划书的现实意义、目的及内容细节，还可从以下几个方面具体了解。

（1）生活中有一个词语都非常熟悉："未雨绸缪"，简单地解释就是在天还没有下雨时，先把房屋的门窗修缮好。一般引申为事先做好准备工作，以得到理想与期望的结果，也隐含有预防发生意外。那么职业规划书的制订，也是为走出校门求职就业而要做的先前准备工作，从某种意义上来讲其实就是未雨绸缪，关于这一点，智慧的中华先祖们已经把这个既浅显又深刻的道理教给大家，又有什么理由不把好的传统思想继承下去呢。

（2）在当今这个处处充满激烈竞争的新形势下，大学生的就业也面临着诸多的挑战性，更何况用人单位对毕业生的选择条件越来越苛刻，俗话说"机会留给有准备的人"，只有那些知道谋划做事，并不断地按照制订的良好规划完善自我的人，才有更大的把握和机会胜出。职业规划书可以帮助自己理清将来的就业思路，找到当下和未来的人生方向，从而一鼓作气地去奋发努力，而不至于迷失自我，浪费掉大好的光阴和时间。另外，职业规划书也是为自己制订一个正确的职场目标，会引领你一路前行，顺利地踏上社会人生的道路，避免不知道要往哪一条求职路上走，或者费了半天的劲也找不到自己真正要去的职业道路。

（3）随着时代的发展与进步，想必"规划"二字早已是人人皆知的字眼了，比如国家有五年发展规划的制定与实施，2021年已到了"十四五"规划时期；民航业也跟随着国家的整体规划需求，制定本行业的"十四五"发展规划；其实各行各业都会有自己的年度工作规划、月度生产规划，甚至小到家庭或个人在生活中的某一次活动，都要提前制订好周详的活动规划和执行方案……有具体的时间、地点，有详细的操作步骤。制订规划的目的，就是更有秩序性地、更有原则性地、更有把握性地做好各方面的实际工作，有条不紊。

空乘学员制订职业规划书的目的：一是从专一的角度上看，是为了克服那些盲目面试、随意就业的不良求职行为，实现理性就业；二是站在全方位的角度上看，不仅是为了走出校门的求职就业，更是为了促进在校内的能力储备和专业成长，为将来就好业而做的基础性的规划、准备工作。只有这样，才不至于到面试时手忙脚乱，导致就不了业，或者是就业不稳，朝三暮四地行走于各个公司的面试场，即使入职了也会在职场中游荡，无法找到职业的立足之地，从而影响个人的岗位成长与职业进步，不利于升职和加薪。

### 2. 职业规划书的基本内容

职业规划书与学习规划书有所不同。学习规划书只是一个阶段性的学习构思、布置与安排，而职业规划书则是一个长期性的方向和目标设定，关联到在校内时的重点提高和完善，也关系到出校时的选择。如果说学习规划书是一把打开学习大门的钥匙，那么职业规划书就是一盏照亮个人前行的航灯，有了钥匙没有光亮也得不到理想而充分的学习，就更谈不上学习直接带来的实践效果了。因而说职业规划书是关乎能否在人才选拔的竞争中拔得头筹，满意地归位于职岗，得到提升和加薪，迈向更大平台及获得成功的必要砝码。

职业规划书的内容一般包括如下几个方面。

（1）职业能力分析　专业能力认知、兴趣爱好了解等。

（2）职业环境分析　就业状况、人才选拔、社会环境与家庭环境分析等。

（3）职业目标确定　目标设立与目标范围确定。

（4）职业规划　短期职业规划及中长期职业规划。

（5）职业目标实施细则　了解人才政策、修学专业课程、技能证书获得、人际关系拓展、就业渠道通畅、就业单位筛选、就业岗位认定等。

（6）职业规划中的反馈与修复　对职业选择目标的再次确定，及时修复不利的因素；弄清引发目标变动的具体原因，确定目标修订的必要性；对修订结果有一个客观的认识。

（7）补充事项或其他说明。

**3.掌握职业规划的制订原则**

在当今严峻的就业形势下，在人才主动抢占先机的情况中，职业规划已经开始成为大学生求职就业新一轮的热门策略与迎战利器。职业规划不仅仅是个人的事，也关系到是否符合企业选择人才的标准要求，关系到学校人才培养的素质与就业竞争力的高低。只有知道路在何方，才能沿着这条路顺利地到达目的地，有一个明明白白的求职行动。严格说来，职业规划也是大学生必不可少的一项实操技能，会让自己更加优秀，从而赢得最佳的就业机会。

那么，制订职业规划书的基本原则又是怎样的呢？相比较前面所讲述的学习规划书，职业规划书的制订更接近求职的实际需要，有和学习规划书相近的形式，也有针对职场从业的客观实际内容，比如能力匹配、职业取向、价值审视等，以知认职，以能定职。

（1）以能力为匹配　从个人的专业课程学习情况，平时的兴趣爱好，日常生活中的性格表现等综合方面来考虑与评价职业能力。比如自己是学什么专业的，具备了怎样的知识结构，在职场中的职业归类，可以从事哪些方面的工作或者可以在什么岗位上工作，工作内容、范围、涉及面等。当然也不仅限于此，还可以通过专业或知识的拓展，来扩大自己的求职面和从业内容。

（2）切合职业取向　通过长期的观察就会发现，现实中的每个人，几乎都有着"普能"和"专能"的本领，在能力方面，可以说没有人是一无是处的，因此不能轻看任何一个职业人。有的人言语表达能力强，有的人技术活干得漂亮，有的人擅长与人打交道，而有的人特别能吃苦，特别愿意付出，还有的人具备细微的观察能力，拥有高效率的工作成绩等。所以要了解个人的实际情况，在求职时最佳的办法就是"对号入座"，用己所长来实现更快的入职；如果基于对职业的渴望、选择心理，不愿意改变职业取向，那就需要改变自己，做好职业取向上的一致性。

（3）对价值审视　首先，对职业所属单位或企业在文化、理念上进行审视，而不能只为了得到一份可观的工资，而不顾企业的经营目的是否正确，是否和国家、社会、人民的需要相一致；其次，还要对所选择的一份职业从择业理性上给予确认，包括对职业的理解程度，对职业内容的认可，对岗位付出的接受，有诚实的意愿和态度，以及成熟的心理素质，有团队意识。

（4）做好条件补充　就空乘职业条件及面试需要而言，为了提升面试通过率，还可以从航空公司的招聘条件出发，进而有针对性地考取一些等级证书。

① 普通话等级证书　将来在民航系统工作，尤其是在空乘职业岗位上工作，普通话

是有严格要求的，必须发音标准，不能带有明显的方言语调，所以普通话等级证就显得很重要，而且有的航空公司在报名面试的条件中，还会特别强调对普通话的考核项目。

② 专业方面的证书　从事民航服务类的工作，还必须要有岗位符合的专业证书，可以单考或在职培中考取。例如空乘资格证书、安全员资格证书、安检员资格证书等。根据所学的专业及从业岗位的实际需要，参加本行业相关部门组织的专业考试，获得与岗位工作相适应的职业资格证书。

前面章节介绍的诸如茶艺、酒艺、餐食文化、心理学、服务礼仪等方面的一些其他专业能力证书，可谓艺多不压身，为乘务工作添加出彩能量。

③ 外语类等级证书　比如：大学英语四、六级证书；专业英语四级、八级证书；各类小语种的等级证书。在众多的面试者中，如果拥有过硬的外语条件，可以增加取胜分量，想要在面试中脱颖而出，就不能不考虑这些等级证书，配合相应的措施准备，以符合面试公司的条件要求。

……

可以依据上面给出的几项内容，参考前面所述的学习规划书制订的详细示例，及示例内容的基本叙述，进行职业规划书的具体制订。职业规划并非是一劳永逸的，需要根据个人在职场中或职业发展的实际情况，分阶段进行更正与修复，以保证个人在职场中的进步和成绩表现，符合或更接近规划中的当初设想。假如偏离得太远，就要及时纠正或者重新制订自己的未来规划，否则，这个费心劳力而思考制订出来的规划，是没有实际意义的。

总而言之，想当好一名空乘，首先就要丢掉"吃青春饭"的观念和想法，更要去除"我漂亮我怕谁"的偏知，以"高相貌定分值"的时代早已经不存在了，必须做好个人的眼前学习和将来的职业规划，在思想上筑牢长期的工作打算，在行动上做好必要的面试入职准备，并看到乘务岗位上的职业发展前景和晋升空间，一步一个脚印地朝前走，而不是闭上眼睛摸大象式的盲目。只有这样，学员们在走进校门时及走出校门后，才能踏实地进行专业课上的学习和训练，有一个理想的面试成绩，利于求职与就业；也才能在入职后，经过数年的职业奋斗，从国内航线的普通舱晋升到头等舱，再进入国际航线，从短途到长途……实现个人在职场中的有序发展；从职务角度上看，也可以从乘务员入手，逐步晋升到乘务长、主任乘务长等，直到退休，如果到了这个年龄以后转岗或转职，职业生涯甚至可以延续得更长。

## 第四节　用实操技能提升面试通过率

航班上的对客服务是一项带有实操性的技能工作，并非是一项通常性的简单劳作，其乘务职业本身就带有高素质性的服务形象、安全职责与使命担当。基于民航服务的复杂性工作表现和职业内涵结构，所以乘务职业的面试也必然带有客观性、标准性的严格考查，难度大、通过率低，是民航公司招录空乘人才的普遍认知，也是事实情况。因此，各家空乘人才的培养院校，为了使得本校的学生能够顺利地通过各航空公司的面试考核，成功地飞上蓝天，入职民航业，无不是挖空心思地在教学培养、就业通道上想方设法，这也是必要的做法。但除此以外，还可以通过加强各项实操技能的训练，进一步提升民航面试的通过率。

在这一小节中，从实践演练的角度，讲述实操技能的提升方法，介绍日常开展的技能训练、观摩学习、竞赛考核等实践实训，还有模拟舱演练、模拟面试演练的相关内容。

## 一、通过实操训练夯实技能基础

### 1.日常的技能实操训练

目前国内越来越多的本专科及中职院校，都设置和开办了乘务类或相关专业，十分注重对学生们的实操技能训练，并针对学生们的学习与训练需求，除了引进教学资源，还会从航空公司聘请各类专业代课老师，很多学校购买飞机模拟舱供学生们实操演练，甚至有的学校花大价钱购买真飞机用于教学。其目的都是希望通过专业人士的教授与指导，还有模拟机舱的仿真演练，让学生们将课堂理论与眼下实践结合起来，发挥真看、真听、真感受的视角与操作应用，增加专业体验的场景和实战经验，提升学生们对专业的认知度和实操效果。

实际上，专业学生们的日常技能实操训练，还可以在原有教学的基础上进一步拓展。一是在课堂集中训练、分别纠正与考查的基础上，分组、结对子，互帮互助，进行课上课下在形体表现、形象举止、言语表达方面的修正练习；二是要催促和监督大家养成良好的日常行为习惯，做到课上与课下的统一表现，不能放松对自我的专业要求；三是培养大家的专业学习主动性和能力提升上的进取精神，不能满足一时一刻，要有长久的坚持和保有，形成比进步、比提高、比自觉、比成绩、比突出的美好风尚，激发内心对提高职业技能的热情。

另外，从学生们自身方面来看，其实在课下的训练也十分必要，可以尝试开展如下方法。

（1）宿舍练习法　大学宿舍也是一个小集体，亦如同一个团队，在宿舍这个集体内，其实每一位住在里面的大学生，都是团队中的一份子，是一名队员，完全可以在课余时间内，利用宿舍开展好这个小团队内的专业练习活动。比如步态、微笑、行姿、站姿、坐姿、蹲姿，互相之间进行纠正，提出好的意见与建议，共同进步和完善；不仅如此，还可以练胆，练气质，练习英语口语的发音，练习盘发、整理发型、服饰搭配；再者也能够探讨职业上的相关问题，开展对行业、公司、岗位的了解和理解认知等，促进专业学习、素质修炼和能力提升。

现在许多高校的宿舍都分别设有寝室长、楼层长等，完全可以有计划、有目的地开展好宿舍内各种形式的学习活动，不可小看集体的力量，一旦形成向心力和凝聚力，就会爆发出强大的前进动力。相信很多人都能从新闻上了解到："学霸宿舍"七人、八人同考研究生，宿舍五朵金花、六姐妹考研成功等的宿舍励志故事，别的宿舍能成功，咱们也不是没有成功的可能性，人们常说"只要功夫深，铁棒磨成针"，用心总会有不一样的收获。

（2）自觉塑造法　在日常的行为活动中，要时刻提醒自己"我是一名乘务员"，严格按照乘务人员的职业形象及言谈举止来做事，养成良好的日常习惯，克服随意、拖拉、懒散的不良做法，保持努力和进步心态，可以让身边的其他人监督自己做到、做好。把专业习惯形成一种自觉自愿的行为，不必非要等到老师提出要求再执行；不单单靠课堂上的错误纠正才去改变；不依赖任何外部的催促力去行动，一定要找到内在的渴望元素与思想动力，按照行业、公司、岗位上的面试要求，塑造好面试需要的专业形象和能力水平。

（3）内修提升法　学会真正的思考，才会有真正的突破和改善。时下民航业及各家航空公司在招收人才时，都非常注重内在的素质成分，假如外在的形象很好，没有内在修养的配合，也难以满足招聘时的合格标准，只有做到内外兼修，才可能赢得公司面试人员的欣赏。因此，要求大家在课余时间，不能只顾着玩手机或做其他消磨时光的事情，可以看一些课外的实用书籍，或在网上查看、学习，比如文学、经济、地理、历史、科学类的内容，了解国内外的时事政治，关注党史学习，修学一项艺术技能，小语种的学习等。总之，多找点有利于自身修养方面的事情来做，这样，才会在打造好专业形象的同时，也打造好个人的内在素质。

### 2. 从观摩学习中优化专业水平

"观摩"，其实就像是一面大镜子，不光会放大自己的优点和缺点，还能在另一个角度审视自己的问题，也可以了解到，时下的观摩教学作为一种新型的教与学的互动方式，使得学员们在这种教和学的情景下，会明显提升学习的专注力，会更加认真，并且还会发挥出不一样的特别想象力。观摩学习可以分为以下三种形式。

（1）课堂观摩　在老师的引导下，开展多种形式的角色转换和角色扮演，把书本上的内容转换成现场的实地教学。比如利用服务场景的观摩教学，包括迎送客、客舱服务、接待礼仪的角色扮演与互动；教师与学生们的教、学角色互换；请其他专业的师生参与观摩互动等。更好地引导学员自由探索自身解决问题和处置问题的能力，从而激发学员们的兴趣及参与度，提升大家对理论知识掌握的积极性，并将理论知识转换成实际需要的认知度，训练学员们随机应变、灵活处置、团队合作的综合素质。

（2）学校观摩　走出去，带领学员到一些有同类专业的学校进行观摩学习。通过实地走访、交流了解、现场观摩相结合的形式，开展好观摩学习的教、学方法，有效地解决个别学员不想做、不会做、不愿做的思想和行为，鼓励先进，鞭策后进，共同提升专业水平。通过实地观摩学习后，回到本校，还可以有如下方面的深入行动，强化观摩印象。

① 总结好现场观摩学习的收获和认识。

② 找出自己的不足，进行改正，树立起正确的专业学习理念。

③ 明确今后的学习重点，制订好学习规划。

（3）公司观摩　在观摩教学中，可以考虑与航空公司方面进行联系与沟通，争取让学员们能够有机会到民航公司的实训基地参观了解和有目的性的学习，如果条件不允许的话，其实也可以请进来开展现场指导和观摩学习，让学员们有一个直观和具体的感受，加深对本专业的了解，提高学习兴趣，进而达到优化专业水平的切实目的。

### 3. 参加竞赛考核提升服务定力

关于这一方面的具体做法，从以下几个方面来进行探讨。

（1）本专业学员的各类竞赛考核活动，一般在校内开展，比如礼仪、茶艺、插花、手工、英语、演讲、知识等方面的比赛。

（2）院校之间的各类比赛，组织不同的院校，开展好联合性的专业竞赛。

（3）参加国际国内、行业、公司举办的相关专业方面的赛事等，检验自己的能力和水平。

实际上，每年都会有各种各样的民航服务及服务礼仪展示方面的大赛，学员们可以根据举办方的参赛要求，参与由学校组织的竞赛或个人报名参赛，以增加自身的临场经验，开阔视野，增强对乘务专业的理解，提升服务定力，为将来的面试做好必要的铺垫。

图5-5　空乘大赛场景

图5-5为空乘大赛场景。

## 二、做好模拟舱服务演练

### 1. 模拟舱演练的目的和实效

在模拟舱进行实操类课程教学的目的，其实就是培养乘务员的观察能力和情景意识。乘务员通过观察旅客的外部表现，去了解旅客的心理活动，具备敏锐而深刻的观察能力，也是每一个优秀乘务员，必不可少的重要心理素质和岗位技能。

首先，通过模拟服务演练的程序，可以让学员们明确各项服务程序的目的及任务，有真情实感，有摸得着、做得到的亲身体会。其次，通过观察，能够使得学员们明确巡视客舱的目的与意义是什么，带着目的就可以在巡视时，观察旅客着装服饰、言行表现等，进而区分出不同的国籍、不同的职业、不同的旅客个性来，并根据旅客这些不同的特点提供有针对性的服务。再次，通过前面一系列环节，就可以进一步导入对特殊旅客服务的课程学习。另外，在模拟舱的餐饮服务时，可以观察旅客在选餐时的各种不同需求，然后找出旅客用餐的一般倾向，提供符合旅客心理需求的周到服务，进而再引导出特殊餐食的服务流程教学内容。这样由浅入深，以点带面，在模拟舱内的学习，可以很好地消除学员们在课堂学习上的枯燥感，增添必要的趣味性和生动性，把理论知识分解和转化为实践教学。

第一，有了明确的观察目的和任务，可以观察敏锐，对细小的变化也能及时捕捉。这样使服务工作能做到在旅客开口前，迎合他们的心理需求。例如：××航班上，有一名旅客初次乘飞机，因上机时提着随身的行李，心情又比较着急，所以浑身冒汗，入座后他左顾右盼地在寻找空调开关，结果误动紧急出口的舱门，所幸现场的乘务人员及时制止，才避免了一起安全差错。可见，乘务人员在工作中观察力的重要性，要始终进行全方位的观察。

第二，培养学员们的情景意识也是非常关键的。情景意识，通俗地讲就是训练学员是否进入到服务状态里面，进到模拟舱穿上制服进入的就是工作的状态，使自己的身心都融入这个职业角色中。采用这种带有角色扮演和小组模拟方式等的授课形式，让学员们通过对机型知识的掌握，了解自己的号位分工，岗位职责，服务区域，服务对象，服务"四个阶段"的工作流程，尤其培养在突发状况下的各项处置能力，心理稳定性和果敢态度。

例如，当发现客舱内出现某个着火点，应该拿什么设备进行处置，紧急设备的存放位置又在哪里，需要把信息传递给谁，援助者能够找到谁，需要向谁报告等的实用性演练。这样就可以直接引入，紧急情况下的处置流程、对应急设备使用掌握的环节学习。

第三，除了训练学员的观察力和情景意识外，还涉及语言表达能力和身体语言的训练。在狭小的客舱空间里，一些常用的手势、眼神等肢体方面的无声语言，甚至比有声语言用得更加频繁，也是格外重要的，可以在模拟舱的演练环境中，强化非语言的服务功能。

第四，从客观和实用的角度上看，模拟舱服务演练的教学目的和培养方式，是可以有效地弥补在专业教学过程中，课堂上所缺失的直观感和体验环节，特别是对于乘务类专业的学员们来讲，也需要有这样带有真实感和灵活性的教学模式。

### 2.模拟舱演练关注事项

（1）在进行模拟舱（图5-6）及模拟舱服务（图5-7）演练时，希望学员们抱着认真的态度去对待，投入角色。

图5-6　模拟舱

（2）无论是乘务员还是旅客，其中包括机长、安全员、乘务员、乘务长，以及孕妇、孩子、老人、生病旅客、残疾人士、宗教信仰者等各种角色，都要从心理上认同和接受，然后按照指导老师的要求和安排，认真地履行好扮演角色的具体任务。

（3）不能刻意地挑选角色，应该进行多个角色的体验，从中找到角色的真实感受。

（4）配合好小组成员，完成指导老师分派的程序演练与实操项目，不打折扣。

（5）客观并及时地做好模拟舱演练后的总结和汇报，找出不足，思考改进与提升。

图5-7　模拟舱服务

## 三、开展好模拟面试演练

针对民航服务人才招聘的特殊性，以及严格的考核标准要求，由院校或自行组织进行适当的模拟面试演练，也并非没有可取性。模拟面试演练，即是按照真实的面试程序，进行面试预演，以期达到熟悉面试，了解面试，取得真实面试效果的目的。常言道熟能生巧，通过多轮次的模拟面试演练，从中吸取面试中所要掌握的口语表达方式、动作协调性、快速反应能力、问题回答的结构和技巧，消除面试时的压力感和紧张情绪，关注面试的现实性、残酷性，为接下来的真实面试奠定基础，提升面试中的有效期望值。

### 1. 面试演练评委人员

一般航空公司的面试团队，会由本公司人力资源管理部门人员、空乘培训部人员、乘务组主管部门的人员、公司资深空服人员和心理方面的专业人士等组成。评委成员中的每人都关心和代表着一方的意见和建议，他们手中的每一票都很重要和关键，被期待。但这也不会改变团队成员一致的大方向，尽管细节看法略有微议，但也不会影响到最终的目标选择。模拟面试演练就是为真实的面试打基础，因而在面试评委人员的组成方面，必然参照真实的面试进行。可以请航空公司培训部人员、空服人员、学校心理方面的老师、空乘专业的老师、学校就业办人员等共同参与，组成模拟面试小组。以更好地在面试演练中纠正不足，对某些存在的缺陷问题，提供最直接的改进性帮助，这样演练的真实效果才可能实现。

### 2. 面试演练的确切要求

（1）模拟环境　从习惯性认知及本能反应的角度上看，熟悉的场地或面试环境，可以在心理上增加必要的适应性，反过来考虑模拟面试的环境对待，最好是选择在一个特定的场所，不能只设在教室里，有条件的话可以在户外或宾馆进行。这样的面试场景，一是可以让学员们首先对面试有一个慎重和真实性感觉；二是改变一下环境，他们投入的心情方式就有所不同。否则，激发不起大家的兴致，总认为是模拟的又不是真实的，难有特别的在意表现。面试官也无法从中对个人进行具体有效的指导，达不到模拟面试的真正目的。另外建议，可以邀请一些学校其他专业的学生和老师现场观看，人越多效果就越好，通过类似的模拟面试演练，不仅能给大家练胆、增信，还可让参加演练的面试者，在身临其境中激发潜能。

（2）真情实感　航空公司在招聘各类人才时，通常是公布招聘岗位、人员条件，报名面试者先填交个人报名表或直接投简历，航空公司经筛选后，通知预选人员进行面试。也有的航空公司要求网上预报名，在面试现场还要填写报名表、送交个人简历，进行初选、复选和终选。而有的航空公司不仅要在网上报名，还要求报名面试者寄送个人的相关复印件资料，进行审核，通知面试。演练中，前期的一些程序和步骤可以省略，模拟面试重点项目放在考查学员们的形体礼仪、口语表达、逻辑思维、团队意识、助人爱心、亲和力表现等项目的客观测试上。

模拟面试，对于临场应试能力的发挥及心理稳定性会有一定的帮助，通过一轮仿真的模拟演练，起码等于多了一次面试机会。从心理认知层面上讲，必定会增加真实体验感，对减少面试压力、增强面试者信心有一定的积极性意义。在模拟面试的演练过程中，为了强化民航面试场景中的真实感觉，尽可能地参照航空公司面试的基本流程进行，而不是随意地自我设定环节，缺少应有的真实性。这样，通过场上良好有序的面试演练，不仅在形体礼仪要求、口语表达和思维反应能力上做到必要的真实性，也可对问题的回答方式、叙述性问题的内容排列结构上，比如开头、中间和结尾部分，增加润色技巧与应对策略。

（3）调整纠正　从客观实际上讲，模拟面试演练就是为了完善面试中的每一个环节，以求达到或接近航空公司的面试标准要求，最终能够顺利地通过面试，尽快收到录用通知。所以在模拟面试中，要特别强调给现场面试演练的人员挑毛病、找问题、纠正缺点与错误，这样才可以通过本轮的模拟面试收到一定的提高效果，否则也就失去了模拟面试的现实作用。对存在问题的纠正，包括自我纠正和他人纠正，自我纠正就是针对自己在本轮模拟面试演练中的具体表现，反思后想办法提高；他人纠正即是根据面试官给出的意见和建议，个人进行修正与调整。

（4）学习领会　在学习中提高自己的面试表现，在提高中符合人才的选拔标准。其实模拟面试的过程是一个极佳的学习过程，也是一个领会和提升的过程。一方面个人可以通过考官的精心评述，具体领悟到一些平时没有关注到的面试细节及思想境界，而他们的这些宝贵意见或建议，则提出和点明了一些面试中无法缺少的东西；另一方面可以对比别人的表现，来完善自身的做法，更直接明了，易于改进；再者，现场接受面试指导的印象会更加深刻，更有记忆力。

3. 模拟面试演练可行性探讨

由浅至深，由表及里的反应过程，是人的大脑对于事物反应与接受力的呈现结果，由此来制订和设置模拟面试的预审做法。也可知模拟面试演练，是把面试中可能出现的不良倾向解决在面试之前，加深应试者的面试印象，减少面试的恐惧感和不适应心理。这样就会大大地减少或避免，在真正的面试中有可能会产生的一些不必要的失误，提高应试人员的面试通过率。而对于应试者而言，也是一次非常具体和必要的面试指导过程；对于校方来讲，也是极其重要的一环，可以从中发现一些不足，进而加强有针对性的训练与指导，增加应试者对技能掌握的均衡度，进一步提高整体就业率和上岗率，其可行性值得探讨。

必要的模拟面试指导，会使得应试者在面试表现中更加自信和坦然，在动作上更加娴熟和饱满，在语言表达上坚定而有力，神情自然不做作，良好的面试状态，更容易受到面试官的青睐和看重，与那些没有经过模拟面试指导的人员相比较，会有更理想的面试成功率。

成功面试，必定离不开对面试的足够重视，而接受面试指导是迈向面试成功的第一步。所以在模拟面试演练时，要全神贯注地投入每一个流程环节和面试过程中，使自己真正做到一丝不苟，完全进入状态。模拟面试中的举止将意味着在真正面试时的表现，三心二意肯定不行，否则将会失去一次绝好的面试体验及提升机会，实在是机不可失，要倍加珍惜。

# 民航安全守护

据香港媒体报道，2021年9月11日，正值美国"9·11"空袭事件20周年之际，有人透过香港机管局网页称：一架国泰航空的客机被放置炸弹，引起旅客的恐慌。航班落地后，机组释放紧急滑梯，撤离机上人员，个别旅客在撤离过程中受到轻微擦伤。后经仔细检查，执法人员并没有在机上发现任何可疑物品。香港警方强调：炸弹恐吓是一项严重罪行，一经简易程序定罪，最高可被判处罚款5万港元及监禁3年，如按照公诉程序被定罪，则最高可被判处罚款15万港元及监禁5年。虽然此事件被证实是虚假消息，但是发布虚假威胁信息的人，肯定是会被绳之以法的。由此联想到，航空公司如何保障航班上没有被带入爆炸物等危险物品呢？最关键的一个环节，就是依靠民航安检人员的一双火眼金睛。

安检是民航空防安全的第一道防线，从某种意义上说，有时也是最后一道防线，在民航系统反恐工作的战线上，始终发挥着不可替代的重要作用，担负着保卫国家安全和旅客生命财产安全的重大责任。不过，有时在安检员的岗位上，虽然责任重大、使命神圣，往往也有难言的苦衷，并不是说他们不想在此岗位上工作，而是有些旅客的胆子太大了，根本就没有把乘机安检和安全问题放在心中，作为一名安检员时刻就要和这些人斗智斗勇。

以下，几个案例可以从中了解安检工作的辛苦和职责："前两天碰到一个旅客，戴着口罩，规定需要旅客摘掉一侧口罩让我们看一眼，但这位旅客就是不摘，说机场里空气最脏，最后通道都堵住了，一直在那吵，把我气得想流泪，又不是我坐飞机，我不查你，也不查别人，那有人藏危险品在口罩里怎么办？"当旅客频频抱怨机场安检程序烦琐，为什么这不能带，那也不能带，为什么要脱衣脱鞋摘腰带，为什么要检查得那么细致时，可是，为什么就不想一想：安检工作的每一个细节，都是为了谁的平安？

一些旅客在安检中，被安检人员检查出来的危及乘机安全的隐患并不在少数，比如：表面上看是从宾馆带了一把普通的梳子，其实里面还藏着一把小刀；一条普通的腰带，过安检时被检查出来，腰带扣里藏着刀片；有人一直称自己的电脑价值不菲不让动，但电脑硬盘里却藏着一把匕首；还有硬币造型的打火机，说成是坐公交车的硬币；有人说我用这支钢笔，一会儿给你们写表扬信，其实哪里是一支钢笔呢，只是外套酷似钢笔的尖刀而已……想想就让人直冒汗，以上这些东西，一旦被带上飞机，后果就会不堪设想。

由此，也不得不对安检岗位上工作的同志们，升起一颗敬意之心，没有他们的执着、认真、负责的态度，和一丝不苟的精心检查，哪有每一架航班的安全保障！同时，也劝某些人，坐飞机时遵守民航的安检规定，绝不能把违反安检规定严禁携带的违禁物品带到机场，更不要企图侥幸地带上飞机。安检工作不是想象中的乘机服务，而是必须接受的安全保障，是为自己、亲人和他人系上的"安全带"。另外，有个别抵赖和无理取闹者，无视法律底线者，弄不好就会受到法律的严惩。在此，祝愿每一位民航人工作顺利！祝福每一位旅客旅途平安！

——资料来源《停机坪》

# 第五节　民航面试脱颖而出的通关要素

常言道：三百六十行，行行出状元，参加民航面试这一行更不会例外，要想成为面试中的状元，在众多的应试人员中脱颖而出，必须做到百无一疏。除了要了解和把握好在前面几个章节中，介绍过的人才招收录用条件、面试程序标准、面试准备事项和临场发挥要点等一系列的面试方案，还要从相关的细节处着手，弄清楚面试的关注点，找准民航面试中的细节和方式方法，才能够真正地做好思想和行动上的充分准备，迎接面试。

在本节中，也是本教材的收官章节中，重点讲述参加民航面试的几个核心要点，明确如何走出面试误区，面试中可能丢分的地方在哪里，从而更好地找准面试中的细微处和方式方法，把自己的实力完整地展现在考官面前，赢得欣赏和好评，赢来期望中的惊喜。

## 一、民航面试的关注点在哪里

### 1. 走出面试误区

在应对面试考核的过程中，许多人失败的原因，不是因为自己的学习成绩不够优秀，长得没有别人漂亮，或者没有足够的努力和下功夫，而是在心中没有摆正面试的确切位置，在思想和行为上对面试还存在着一定的误解和偏差，最终导致面试中被刷，伤心至极。

（1）心理偏差　造成心理上对面试存在偏差的主要原因：一是轻视的心理，总是认为本身的各方面条件都不错，充满了必胜的把握，没有必要像别人那样死用功，甚至还有可能会嘲笑那些没有自己聪明的人，殊不知山外有山，人外有人，强者更有强中手；二是任意的心理，还有一些人对自己将要参加的面试，只是当成一种走形式而已，并没有引起内心的真正重视，把老师的要求当耳旁风，没有行动上的准备配合；三是无所谓的心理，有个别人的家庭条件比较好，或者是职场上的通道较多，反正是无所谓；四是自暴自弃的心理，对摆在个人面前的专业学习和职业选择，心理上不够确定，或者说拿不定主意，想法上朝三暮四等，都势必会严重影响到个人的面试效果，难以有一定切实而有效的面试成绩。

（2）理解偏差　在对所选择的职业了解得不够透彻，不清楚岗位人才需要哪些方面的条件和标准，不知道这个职业的内涵是什么，注重哪些方面素质的情况下，很多人也可能会把民航服务与其他工作的性质等同起来，对本职业的认知与理解的高度不到位，重视程度不够好。可以想象得到，当面对考官的一连串的提问时，回答的结果肯定是漏洞百出，考核场景中拿捏得不准确，没有使自己走进这个职业应有的理解中，又怎么可能得到面试官的必要赞同呢？

还有一些人，认为民航服务不就是服务工作吗，干吗非要有那么多的技能呢，当面对同一考场上的竞争选手的时候，在同样的情况下，不会才艺，别人会；普通话没有别人说得标准，发音不如别人柔和；反应能力不如别人灵活，讲述缺乏灵魂和生气……可想而知，当场比试时是不会占什么优势的，因为空乘服务不是一项简单的操作。

（3）表现偏差　表现偏差，会涉及在面试场上放不开，显得过于拘束，比如声音听不清楚，表达不够流畅，或者答非所问，离题千里，找不到中心，抓不住能力的切入点，其实这些表现上的偏差，不理想的面试状况的出现，就会很直接地告诉考官，面试者临场经验不足，或者没有做好平时的准备事项。比如在平时的模拟演练中，不够用心和认真，投入不到位，没有通过反复练习而掌握住基本的乘务要领，或者不熟悉面试常识，也有可能是对面试的关注力缺失，没有引起自己对面试过程的真实了解和心理上的足够重视，对面试场景非常生疏。

### 2.了解面试的基本要求

在中国智慧者的眼中，早就有"知己知彼，百战不殆"的光辉思想，而这种思想的闪耀点已经渗透或深入现实生活中的方方面面，对所做事情的知晓是为了做得更好，熟知其内核是为了更有做好的把握。因而，参加面试一定要先了解面试，知道面试的基本要求，清楚面试的考核点及环节流程；还要了解面试公司的发展现状，以往的用人情况，经营理念；以及内航、外航的不同考核标准和具体的面试要求，细致地做好面试环节中的相应准备。

对面试的了解要具有真实性，抱着客观和理性的态度，严肃地对待，不懂的问题多请教老师，放低身段和心理上的高傲行为，避免眼高手低，虚心向学，不断进步，取得佳绩。

### 3.全面审视自己与之符合的条件

依据前面所讲到的面试内容和相关要求，结合面试航空公司的实际招收情况，对比自己目前已拥有的能力程度，找出不足和差距，学以致用，并且用好，用到位，发挥效果。因为面试是一个博弈的过程，航空公司招聘某个人的目的，通俗地讲就是符合岗位需要，把本职工作干好。从初试到复试，主要考查两个大方向：形象气质和综合素质，长得美是面试者的优势，但是这个优势在空乘面试里只占一小部分的考核比，面试者的能力、才干才是重中之重。

在此强调的是，对于将来要参加面试的学员们而言，一定要做好时间上的合理安排，包括专业学习规划、从事职业了解、知识技能补充、素质提升、形象塑造等，要珍惜大好的校园时光。特别是疫情影响的这两年里，不要再白白浪费机会与时间盲目地参加面试，首先要做的是先把考核点一点点弄清楚，记录下来，再通过查漏补缺的方式找到自己的短板，拿出方案，然后弥补短板，完备需要的优点和长处，快速提升自己，顺利通过面试。

## 二、作好充分的思想和行动准备

### 1.面试的共性是标准

民航面试的考核标准，是面试官手中持有的尚方宝剑，也是唯一的面试解锁密码，可以阻断面试者的面试后路，也可以打开面试门锁，出现这两种截然不同的面试结果，究其原因就来自应试者本身的条件是否合格，是否符合岗位的标准需求；能否令面试官有耳目一新的感觉，或者是似曾相识的心理认识；在面试现场的表现，是那么熟悉，那么自然而然，没有什么可挑剔的地方。

关于面试标准的具体细节，前面的内容中已经讲得很翔实了，关键是学员们如何落实标准的问题，在航空公司的招聘标准面前，不要心存任何侥幸过关的偏执，该怎么做就怎么做，应该做到标准的地方更没有必要马虎过去，实事求是会比较适用。

### 2.没有操之过急的能力

滴水穿石，积流成河，职业能力和面试成绩，无疑都是靠在日常中的一点一滴的积累和坚持不懈的用心，成就自己的永远只会是本人。外因力量再强大，没有内因的意愿配合是很难有成功二字可言的，尤其是对于应聘民航职业的面试，更加是不可能的。所以，在平时的专业学习、形象训练、素质打磨、能力积累中，必须要日积月累地坚持下去，不能放松对自己的严格要求，用职业的标准、素质具备和真才实学，来应对面试，而不能是临时抱佛脚，光想一口吃个胖子，只注重结果，不考虑过程，是不现实的。

所以在这个世界上，根本就没有操之过急的某项能力，做任何事情都必然离不开熟能生巧的能力转化，有一个从量变到质变的飞跃过程，可见能力的积累是多么重要了。

### 3.用好自己的优点资本

"人无完人，金无足赤"，这其中的道理，就是在说任何人都会有自己的优点和缺点，有长处和短处，任何人都不可能是十全十美的。但是，也有"用己所长"的做事道理，其意思就是说，在做任何事情时，一定不能用自己的短处去和别人的长处进行比较，应该拿出自己的强项来，以强制弱，才能占有行动上的优势。同样的道理，在民航面试中，也要找出自己的优势和强项，并且能够很好地利用自身的优点，放到航空公司的面试中来，与民航职业岗位的实际工作需要紧密地结合起来。

因而在面试中，不能过分谦虚和讲情面，生怕考官觉得自己太张扬，其实有种这想法是可以理解的，但是现在站在自己身边和前面后面的竞争对手，他们每个人的能力都不凡，并且都具有各种优秀的品质，你不展示优点和长处，别人可能就抢了先机。只要是对所面试职业有益及实用的才能，就不要刻意地在面试官面前隐藏起来，而应该是尽力地展现好，争取得到面试官的好感，认可面试者的优点和长处，能够在以后的工作岗位上得到实力发挥。

## 三、民航面试中可能出现的丢分部分

### 1.欠缺柔和性

说话不经考虑，不给面试官留余地，话中带刺老呛人；过分高看自己，传统国学、琴棋书画、英语能力可谓是样样精通，天下就没有自己不会的。但是，生硬态度会让考官不乐意、不接受、不认可，很可能会被刷掉。尽管有许多的才艺加身，可是缺少了乘务工作所需要的柔和态度，以及委婉巧妙的处事策略，也是很难得到面试官青睐的。

### 2.缺少亲和力

很多人只看到空姐外表端庄优雅，五官端正，便认为只要符合这些条件就可以了，往往却遗漏了招聘简章中的那句"亲和力强"。也就是从面试者的面容与面部表情给考官的第一感受是否亲切。这一点每个航空公司基本都是围绕着最基础的"具备亲和力"展开的。

### 3.状态不稳定

在面试现场，状态不佳，具体表现在左顾右盼，或一直低着头，没有与面试官必要的眼神交流；或者是当场一时忘词，结结巴巴地表达不完整，语言混乱；表现出来的形象气质不符合民航面试的职业要求；再者是没有做好肢体语言、面部表情方面的有效管理。

### 4.过度整容

特别是最近这几年，整容的女生越来越多，面试官比较容易能看出来谁整过，并不是说整容的女生一定不会被录取，但是，面试中的网红脸一定不是公司的首选，甚至大部分的航空公司可能还会比较排斥。而且，整成一张明星似的脸，如果缺乏自然的面部表情，不能突显出亲和力，也不一定会加分。想要微整可以，千万注意尺度，否则物极必反。

### 5.表达能力差

表达不准确，不够细腻，没有重点；语言组织能力差，缺少层次感，结构混乱；逻辑性不强，前后矛盾，前言不搭后语，有失连贯性；普通话说得不标准……试想，这样的表达方式，考官接受不了，旅客又怎么能够接受呢？面试者表达的意思让经验丰富的考官都有些弄不明白，更何况是那些心中不耐烦的旅客呢？

### 6.英语能力差

时下，越来越多的航空公司专注考生的英语能力考核，以适应旅客人群结构变化所带来的服务需求，更好地满足不同地区和国家旅客的特别服务需要。针对英语能力的专项考核，丢分可能是英语口语表达失误，语言不流畅，语法错误；缺乏英语沟通能力，无法正常使用英语进行日常交流；英语考试成绩不理想，英语水平不够理想；不恰当的词语使用等。

### 7.应变力不够

航班是一个特殊的公共交通工具，不仅需要服务能力，更需要安全意识和观察力、机上处置各种问题和突发状况的反应和应变能力，因而在面试中，特别是到了复试的考查环节，也就是航空公司在考验应变能力的关键时刻。所以要做好充分的事先准备，特别是会涉及考官要问的常见问题时，一定要用心掌握回答技巧和问题思路，不能明显丢分。

## 四、找准民航面试的正确打开方式

### 1.从面试细节处着手

其实不仅需要知晓面试，明白面试，还需要找对和找准面试的正确打开方式，能够关注到细微的节点处，同时做好对自我管理的把控，鼓足面试的勇气，为面试过关添加能量砝码。

（1）纠正发音　在之前做过的诸多场次的面试中，有一些考生其他的条件都不错，但是当他们一张口说话时，还是会让人感到有些纠结和无奈，因为方言口音去不掉，普通话说得不标准，按照面试的条件要求，这一环节点上的考核是不太可能得到高分的。还有就是一些考生说话喜欢带有口头禅，甚至有的人"三句话不离本行"，让考官听起来真是有些无言以对，假如在以后的对客服务中，口头禅丢不掉，一是不符合公司的服务要求，二是做不好对客的服务，很有可能会给旅客带来误会，像这样的人怎么可以录用到民航服务的工作岗位上呢？

所以，还是要强调，纠正普通话标准发音，丢掉口头禅和习惯用语。可以通过微信语音练习的方式进行，逐步去掉自己没必要的口头禅，同时还可在多次听微信语音时，来回反复地练习与矫正自己的口语发音，掌握普通话的标准口语和流利度。

（2）增加临场经验

① 可以通过上述所讲的模拟面试、模拟舱演练等的基本方式，增加必要的服务体验和现场感受，丰富个人的临场经验。

② 可以与自己的好友、室友、同桌、男朋友或女朋友，进行互相的观察，彼此点评，还可以经常模拟面试的具体场景，强化面试知识，增加临场经验。

③ 可以邀请老师参与面试指导，纠正和改进问题，把面试体验日常化和行为化，成熟面试心理，增加面试信心，扎实临场经验。

（3）表现自信　自信不仅是一种内在的气质，也是其他气质存在和表现的依据及支柱。参加面试的考生，要想真正赢得考官的青睐、重视以及信任，就必须用足够的自信心来打动考官，否则，纵然才华横溢、志向高远，也只能被无情地淘汰。所以在任何时候，能否拥有坚定的自信，都会对一个人的成功产生重要影响。那么要想取得面试的成功，就必须充分展现自己坚定的自信。

另外，自信可以从面试者的外形、语言、姿势等各个方面上体现出来，而不仅仅是靠考官的提问来展现对自信的评判。但要切忌自信过了头，结果变成自傲，给考官一种言过其实、行动力不足、浮夸狂妄的感觉。而要想正确地把握住"自信"与"自傲"之间的这个度，首先是能够正确地看待自己的实力和水平，不妄自菲薄；其次是保持谦和有尊的行为方式，牢记山外有山，人外有人；再者就是不畏首畏尾，瞻前顾后，而是要放松身心，全面展现坚定自信。

### 2.从自我管理处把控

也有一些考生平时的表现都很好，准备得还算充分，自身的条件也挺好，但就是一到面试考场就失控，表现得差强人意，导致接二连三的面试失败，内心倍受打击，究其原因，就是没有在自我管理方面把控好，到场就慌，难以有一个比较正常的面试发挥。在此还要强调的一点是，所有的面试前期准备，只是做好了面试的一半功夫，还有一半就是临场表现了，除了利用增强临场经验的方式方法，还需要具备自我管控的能力，即做好心理上的充分准备，知道如何做好对自我情绪、面部表情、言行举止等方方面面的管理和把控。一是管住自己的嘴不能乱说，说话有道理，符合实际情况和面试需要；二是管理好自己的表情，不能挤眉弄眼，东张西望；三是控制好肢体行为，该配合的动作不能省，不该有的举止动作一定要管住，不能无缘无故地伸手踢脚，或身体左右晃动；四是使用肯定语，避免模糊字眼等。

对自我管理的把控，熟悉面试是一，强化临场经验是二，还有更重要的一点就是有较强的胜出意愿，把此次面试当成唯一，除了全力以赴还是全力以赴，努力使自己变得强大起来，不三心二意，才会有一心一意的超常表现。举个日常生活中的例子：比如平时都是习惯性地做事方式，时间上也无所谓，甚至毫无控制，没有效率的观念，可是一旦遇到特别的情况，整个人的意识马上就会高度集中起来，就会发现此时的做事效率特别高，人也显得很有主见，执行力超好，在单位时间内的做事速度比平时快了许多倍。

因此，当对面试的关注度和意识高度集中的时候，在面试中的发挥就会有不一样的结果。

### 3. 鼓足自己的勇气

只要条件符合航空公司的人才录用标准，各项准备工作都做得充分到位，其实也没有什么可过多担心和畏惧的，专业能力具备、思想和心理上有确切准备、有形象塑造和行动准备，下一步就是鼓足自己的面试勇气，自信地推开考场的大门，直接面对考官的考核，理所当然地接受公司的面试检验，为自己长久以来的职业理想添加一抹亮色。

可能有人会说，与面试官的约会是一场不平等的约会，也是一场不能讨价还价的单方交易，诚然，参加民航面试必须要遵从对方的意见，残酷到没有商量的余地。然而对于学员们来讲，参加面试的路上尽管充满了各种艰辛和汗水，甚至还有些伤感，但是并不能阻止前行的步履和到达工作岗位的决心。面试并非是空中楼阁，让人抓不着看不清，其实在这场充满博弈、较量和有些扑朔迷离的面试中，知者近、戏者远、勇者胜、傲者失、用心者则有惊喜，丢掉虚无缥缈的想法，用心投入，其结果也是一目了然和显而易见的。

## 五、把自己的实力展现在考官面前

说一千道一万，最终的落脚点还是在面试展现上，如何才能够把自己的真正实力展示在考官的面前，收获来自对方的满意度呢？还可以从下述几个方面找到答案。

### 1. 表现专业

在专业上的表现，除了体现在着装、发型、举止手势外，在回答某些专业问题时，适当地用一些专业性的术语，使考官感觉面试者对这一领域有一定的认识，对所面试的职业岗位有过用心的了解。类似航空环境、空中的突发情况、业内知名的案例、行业政策、民航局规定、国际民航现状……其实都是可以从借鉴中友善、贴切地表达出来，增强面试分量。

### 2. 略加发挥

对于面试中考查的一些问题，即使已圆满地回答了考官所问，不妨略加发挥，使回答的深度超出考官的预期，但这种发挥应点到为止，不宜倾其所有。其目的是要让考官意识到面试者其实还有很多话没有讲出来，有所保留，不然说个没完，会让人产生爱卖弄的感觉，甚至觉得你在班门弄斧，故意显得自己的高明，实则是考官面前的小伎俩。

### 3. 体现个性

在许多情况下，个人的个性品质可以弥补在技能方面的欠缺，比如，你是一个勤奋好学的人，一定要在面试中表现出来；你是一个有爱心的人，也要体现出来；你以往所做的有感动力的好事情，更不能遗漏掉，让考官发现你技能方面虽然还差一些，但却很有潜力可挖，将来在技能上会得到很好的提升和突破，或许决定录用你。

### 4. 把握发问机会

在面试终审环节，航空公司领导会直接参与，问面试者有什么问题要问，这也是考查学员的一个关键环节，面试官希望面试者提出问题，这是再次展示职业能力的好机会。但不宜在此时提到待遇、福利等与自身利益相关的问题，而应问及一些对航空公司热议的或存在的问题，考官可能会立即反问面试者的意见和观点，说明面试者对该公司有详细的了解和做过相关的功课，很看重这次面试机会，做事踏实不浮躁。

面试成功离不开个人因素，正是功夫不负有心人，在同样的天时、地利的条件下，做好人和，则是面试胜出和过关的一项利器与法宝。

阅读链接5-5

## 民航发展展望

党的"十八大"以来，在中央经济工作会议精神的指导下，民航业按照《国务院关于促进民航业发展的若干意见》的中心思想，坚持改革创新，各方面工作都取得了优异的成绩，实现了"十三五"期间的稳步发展，机场数量、机队规模、人才队伍、航线开辟等有序扩大。在"十四五"规划的开局之年，虽然面临着全球性新冠肺炎疫情的冲击，但在国内国际双循环的政策方针指引下，于变局中开新局，于危机中谋新机，不断探寻新思路、新方案，没有停止前进的步伐，在实现民航大国向民航强国转变新的征程中，以崭新的姿态迎接新挑战。

（1）抓住市场化机遇  在提升服务水平的同时，也使得市场化程度越来越高，服务能力越来越好，服务的辐射圈更大，覆盖面更广。随着航线网络的拓展，从更大程度上满足人们的出行便捷需求，基本上实现了城市圈通航，经济圈通航的发展势头。据北京大兴国际机场副总经理孔越透露：从北京到上海、广州、深圳的飞行航班，几乎每半个小时就有一趟，有时每20分钟左右就有一趟航班通往，真正地体现出了"公交化"的航班趋势。

（2）不断增强吸引力  近年来，空客、波音这些海外的航空巨头争先把海外的第一家工厂安居在中国，不难发现中国航空运输业所具有的强大吸引力及巨大的潜力空间。在新的经济格局下，中国已成为全球第二大经济国，民航也在世界航空领域占据重要地位。

（3）运营能力提升  在排除疫情影响的正常情况下，民航客流量年均增幅都在10%左右。据波音公司管理层预测，到2030年，选择中国民航客机出行的人数将达到15亿人次。随着我国综合国力的提升及国内外旅游业的迅猛发展，我国已成为世界上仅次于美国的第二大航空运输国，其中北京、上海、广州已成为三大国际航空枢纽。

（4）竞争力提升  在打造真情服务的同时，中国民航的服务能力和水平得到了全面的优化和提升，运营环境和运输条件进一步得到完善，服务领域不断拓展，竞争力有序提升。在国家签署的一系列双边协定与多边合作框架协议下，中国民航不仅与沿线国家之间实现通航，同时随着各个领域的合作与发展需要，还开拓出越来越多的国际国内各条航线，加大机场建设力度，壮大各类民航人才队伍的规模建设，为持续良好的民航发展注入新鲜活力。截至2020年末，中国民航已开通国内航线4686条、国际航线895条，实现了定期航班通达62个国家的153个城市，运输总周转量从2005年开始，已经连续16年位居世界第二。

（5）自主能力增强  随着具有完全自主知识产权的单通道大型干线飞机C919的

下线及试飞成功,中国自主研发与创新能力得到彰显,中国在航空领域的创造和贡献能力,令全世界无不感到惊讶。据国航客舱部乘务员管理一部高级经理杨静轩表示:ARJ21机型是中国按照国际标准自行研制,拥有自主知识产权的新型涡扇支线客机。其舒适性、安全性的客舱设施,极具人性化等,与现代的干线客机无明显差别。期待今后有越来越多的国产客机。

展望未来,中国民航业正以强劲的发展势头,高效的设备研发与制造能力,良好的服务水平和质量,优越的运营环境,在新时代中国特色社会主义的发展道路上高速前行。

(本章图5-4～图5-7由武汉商贸职业学院提供。)

### 思考练习题

1. 谈谈对民航乘务职业的充分理解和认知?
2. 你觉得空乘是吃青春饭的吗?了解乘务的生涯发展吗?
3. 乘务人员需要怎样的综合素质条件?该如何做到?
4. 请从三个"敬畏"中找到安全职责担当与职业价值体现?
5. 乘务职业有怎样的性质和特点,为什么要强调心理素质?
6. 你对乘务工作的社会责任是怎么理解的,请举例说明?
7. 如何规划好当下的学习和未来的职业成长?
8. 打算通过哪些方面的实操训练方法来提升自己的面试能力?
9. 通过本章内容的学习,谈一谈你对面试的认识和心得体会?

# 附录

## 附录一　中国主要机场及其三字代码表

| 所属省/市 | 机场名称 | 机场代码 |
|---|---|---|
| 北京 | 北京首都国际机场 | PEK |
| | 北京大兴国际机场 | PKX |
| 天津 | 天津滨海国际机场 | TSN |
| 山西 | 太原武宿国际机场 | TYN |
| | 运城张孝机场 | YCU |
| | 大同云冈机场 | DAT |
| | 长治王村机场 | CIH |
| | 临汾尧都机场 | LFQ |
| | 忻州五台山机场 | WUT |
| | 吕梁大武机场 | LLV |
| 河北 | 石家庄正定国际机场 | SJW |
| | 邯郸机场 | HDG |
| | 秦皇岛北戴河机场 | BPE |
| | 唐山三女河机场 | TVS |
| | 承德普宁机场 | CDE |
| | 张家口宁远机场 | ZQZ |
| 内蒙古 | 呼和浩特白塔国际机场 | HET |
| | 鄂尔多斯伊金霍洛国际机场 | DSN |
| | 呼伦贝尔东山国际机场 | HLD |
| | 包头东河机场 | BAV |
| | 赤峰玉龙机场 | CIF |
| | 通辽机场 | TGO |
| | 乌兰浩特义勒力特机场 | HLH |
| | 锡林浩特机场 | XIL |
| | 乌海机场 | WUA |
| | 巴彦淖尔天吉泰机场 | RLK |
| | 满洲里西郊国际机场 | NZH |
| | 二连浩特赛乌素机场 | ERL |
| | 乌兰察布集宁机场 | UCB |
| | 阿拉善左旗巴彦浩特机场 | AXF |

续表

| 所属省/市 | 机场名称 | 机场代码 |
|---|---|---|
| 内蒙古 | 扎兰屯成吉思汗机场 | NZL |
| | 阿尔山伊尔施机场 | YIE |
| | 霍林郭勒霍林河机场 | HUO |
| | 额济纳旗桃来机场 | EJN |
| | 阿拉善右旗巴丹吉林机场 | BHT |
| 上海 | 上海浦东国际机场 | PVG |
| | 上海虹桥国际机场 | SHA |
| 浙江 | 杭州萧山国际机场 | HGH |
| | 宁波栎社国际机场 | NGB |
| | 温州龙湾国际机场 | WNZ |
| | 义乌机场 | YIW |
| | 舟山普陀山机场 | HSN |
| | 台州路桥机场 | HYN |
| | 衢州机场 | JUZ |
| 江苏 | 南京禄口国际机场 | NKG |
| | 苏南硕放国际机场 | WUX |
| | 常州奔牛国际机场 | CZX |
| | 南通兴东国际机场 | NTG |
| | 徐州观音国际机场 | XUZ |
| | 扬州泰州国际机场 | YTY |
| | 淮安涟水国际机场 | HIA |
| | 盐城南洋国际机场 | YNZ |
| | 连云港白塔埠机场 | LYG |
| 福建 | 福州长乐国际机场 | FOC |
| | 厦门高崎国际机场 | XMN |
| | 泉州晋江国际机场 | JJN |
| | 武夷山机场 | WUS |
| | 三明沙县机场 | SQJ |
| | 连城龙岩冠豸山机场 | LCX |
| 山东 | 青岛流亭国际机场 | TAO |
| | 济南遥墙国际机场 | TNA |
| | 烟台蓬莱国际机场 | YNT |
| | 威海大水泊国际机场 | WEH |
| | 临沂启阳机场 | LYI |
| | 济宁曲阜机场 | JNG |
| | 日照山字河机场 | RIZ |
| | 东营胜利机场 | DOY |
| | 潍坊南苑机场 | WEF |
| 安徽 | 合肥新桥国际机场 | HFE |
| | 阜阳西关机场 | FUG |
| | 黄山屯溪国际机场 | TXN |

续表

| 所属省/市 | 机场名称 | 机场代码 |
|---|---|---|
| 安徽 | 安庆天柱山机场 | AQG |
| | 池州九华山机场 | JUH |
| 江西 | 南昌昌北国际机场 | KHN |
| | 赣州黄金机场 | KOW |
| | 井冈山机场 | JGS |
| | 宜春明月山机场 | YIC |
| | 景德镇罗家机场 | JDZ |
| | 上饶三清山机场 | SQD |
| 广东 | 广州白云国际机场 | CAN |
| | 深圳宝安国际机场 | SZX |
| | 珠海金湾机场 | ZUH |
| | 揭阳潮汕国际机场 | SWA |
| | 湛江机场 | ZHA |
| | 惠州平潭机场 | HUZ |
| | 佛山沙堤机场 | FUO |
| | 梅州梅县机场 | MXZ |
| 广西 | 南宁吴圩国际机场 | NNG |
| | 桂林两江国际机场 | KWL |
| | 北海福成机场 | BHY |
| | 柳州白莲机场 | LZH |
| | 梧州西江机场 | WUZ |
| | 百色巴马机场 | AEB |
| | 河池金城江机场 | HCJ |
| 湖南 | 长沙黄花国际机场 | CSX |
| | 张家界荷花国际机场 | DYG |
| | 常德桃花源机场 | CGD |
| | 衡阳南岳机场 | HNY |
| | 怀化芷江机场 | HJJ |
| | 岳阳三荷机场 | YYA |
| | 邵阳武冈机场 | WGN |
| | 永州零陵机场 | LLF |
| 湖北 | 武汉天河国际机场 | WUH |
| | 宜昌三峡机场 | YIH |
| | 襄阳刘集机场 | XFN |
| | 十堰武当山机场 | WDS |
| | 恩施许家坪机场 | ENH |
| | 神农架机场 | HPG |
| 河南 | 郑州新郑国际机场 | CGO |
| | 洛阳北郊机场 | LYA |
| | 南阳姜营机场 | NNY |
| | 信阳明港机场 | XAI |

| 所属省/市 | 机场名称 | 机场代码 |
|---|---|---|
| 海南 | 海口美兰国际机场 | HAK |
| | 三亚凤凰国际机场 | SYX |
| | 琼海博鳌机场 | BAR |
| | 三沙永兴机场 | XYI |
| 四川 | 成都双流国际机场 | CTU |
| | 成都天府国际机场 | TFU |
| | 绵阳南郊机场 | MIG |
| | 泸州云龙机场 | LZO |
| | 西昌青山机场 | XIC |
| | 南充高坪机场 | NAO |
| | 宜宾五粮液机场 | YBP |
| | 达州河市机场 | DAX |
| | 攀枝花保安营机场 | PZI |
| | 广元盘龙机场 | GYS |
| | 稻城亚丁机场 | DCY |
| | 巴中恩阳机场 | BZX |
| | 甘孜康定机场 | KGT |
| | 阿坝红原机场 | AHJ |
| | 九寨黄龙机场 | JZH |
| | 甘孜格萨尔机场 | GZG |
| 云南 | 昆明长水国际机场 | KMG |
| | 丽江三义国际机场 | LJG |
| | 西双版纳嘎洒国际机场 | JHG |
| | 德宏芒市机场 | LUM |
| | 大理荒草坝机场 | DLU |
| | 保山腾冲驼峰机场 | TCZ |
| | 保山云瑞机场 | BSD |
| | 普洱思茅机场 | SYM |
| | 迪庆香格里拉机场 | DIG |
| | 临沧博尚机场 | LNJ |
| | 澜沧景迈机场 | JMJ |
| | 昭通机场 | ZAT |
| | 沧源佤山机场 | CWJ |
| | 宁蒗泸沽湖机场 | NLH |
| | 文山砚山机场 | WNH |
| 重庆 | 重庆江北国际机场 | CKG |
| | 万州五桥机场 | WXN |
| | 黔江武陵山机场 | JIQ |
| | 重庆巫山机场 | WSK |
| 贵州 | 贵阳龙洞堡国际机场 | KWE |
| | 遵义新舟机场 | ZYI |

续表

| 所属省/市 | 机场名称 | 机场代码 |
| --- | --- | --- |
| 贵州 | 遵义茅台机场 | WMT |
| | 兴义万峰林机场 | ACX |
| | 毕节飞雄机场 | BFJ |
| | 铜仁凤凰机场 | TEN |
| | 安顺黄果树机场 | AVA |
| | 六盘水月照机场 | LPF |
| | 黔南州荔波机场 | LLB |
| | 凯里黄平机场 | KJH |
| | 黎平机场 | HZH |
| 西藏 | 拉萨贡嘎国际机场 | LXA |
| | 林芝米林机场 | LZY |
| | 昌都邦达机场 | BPX |
| | 日喀则和平机场 | RKZ |
| | 阿里昆莎机场 | NGQ |
| 陕西 | 西安咸阳国际机场 | XIY |
| | 榆林榆阳机场 | UYN |
| | 延安机场 | ENY |
| | 汉中城固机场 | HZG |
| | 安康富强机场 | AKA |
| 甘肃 | 兰州中川国际机场 | LHW |
| | 敦煌莫高国际机场 | DNH |
| | 嘉峪关机场 | JGN |
| | 庆阳西峰机场 | IQN |
| | 陇南成县机场 | LNL |
| | 张掖甘州机场 | YZY |
| | 天水麦积山机场 | THQ |
| | 金昌金川机场 | JIC |
| | 甘南夏河机场 | GXH |
| 宁夏 | 银川河东国际机场 | INC |
| | 固原六盘山机场 | GYU |
| | 中卫沙坡头机场 | ZHY |
| 青海 | 西宁曹家堡国际机场 | XNN |
| | 玉树巴塘机场 | YUS |
| | 格尔木机场 | GOQ |
| | 果洛大武机场 | GMQ |
| | 海西德令哈机场 | HXD |
| | 海西花土沟机场 | HTT |
| | 祁连机场 | HBQ |
| 新疆 | 乌鲁木齐地窝堡国际机场 | URC |
| | 喀什国际机场 | KHG |
| | 库尔勒机场 | KRL |

续表

| 所属省/市 | 机场名称 | 机场代码 |
|---|---|---|
| 新疆 | 阿克苏温宿机场 | AKU |
| | 和田机场 | HTN |
| | 伊宁机场 | YIN |
| | 克拉玛依机场 | KRY |
| | 阿勒泰机场 | AAT |
| | 库车机场 | KCA |
| | 吐鲁番交河机场 | TLQ |
| | 塔城机场 | TCG |
| | 莎车叶尔羌机场 | QSZ |
| | 博乐阿拉山口机场 | BPL |
| | 哈密机场 | HMI |
| | 布尔津喀纳斯机场 | KJI |
| | 图木舒克唐王城机场 | TWC |
| | 且末机场 | IQM |
| | 若羌楼兰机场 | RQA |
| | 新源那拉提机场 | NLT |
| | 富蕴可可托海机场 | FYN |
| | 石河子花园机场 | SHF |
| 黑龙江 | 哈尔滨太平国际机场 | HRB |
| | 牡丹江海浪国际机场 | MDG |
| | 佳木斯东郊国际机场 | JMU |
| | 大庆萨尔图机场 | DQA |
| | 齐齐哈尔三家子机场 | NDG |
| | 鸡西兴凯湖机场 | JXA |
| | 黑河瑷珲机场 | HEK |
| | 加格达奇嘎仙机场 | JGD |
| | 伊春林都机场 | LDS |
| | 建三江湿地机场 | JSJ |
| | 漠河古莲机场 | OHE |
| | 五大连池德都机场 | DTU |
| | 抚远东极机场 | FYJ |
| 辽宁 | 沈阳桃仙国际机场 | SHE |
| | 大连周水子国际机场 | DLC |
| | 营口兰旗机场 | YKH |
| | 锦州小岭子机场 | JNZ |
| | 丹东浪头机场 | DDG |
| | 鞍山腾鳌机场 | AOG |
| | 朝阳机场 | CHG |
| | 长海大长山岛机场 | CNI |
| 吉林 | 长春龙嘉国际机场 | CGQ |
| | 延吉朝阳川国际机场 | YNJ |

附录 229

续表

| 所属省/市 | 机场名称 | 机场代码 |
|---|---|---|
| 吉林 | 白山长白山机场 | NBS |
| | 松原查干湖机场 | YSQ |
| | 通化三源浦机场 | TNH |
| | 白城长安机场 | DBC |
| 香港特别行政区 | 香港国际机场 | HKG |
| 澳门特别行政区 | 澳门国际机场 | MFM |
| 台湾省 | 台湾桃园国际机场 | TPE |
| | 台北松山机场 | TSA |
| | 高雄小港国际机场 | KHH |
| | 台南机场 | TNN |
| | 台中清泉岗机场 | RMQ |

# 附录二　国际机场及代码

| 地域 | 国家 | 机场 | 三字代码 | 二字代码 |
|---|---|---|---|---|
| 亚洲<br>Asia | 日本 | 成田国际机场 | NRT | JL |
| | | 羽田国际机场 | HND | NH |
| | 韩国 | 仁川国际机场 | ICN | KE |
| | | 济州国际机场 | CJU | OZ |
| | 马来西亚 | 亚庇国际机场 | BKI | MH |
| | | 斗湖国际机场 | TWU | AK |
| | 泰国 | 曼谷机场 | BKK | TG |
| | | 普吉国际机场 | HKT | OX |
| | 新加坡 | 樟宜国际机场 | SIN | SQ |
| | | 实里达机场 | XSP | VF |
| | 印度 | 孟买迪拜国际机场 | BOM | IC |
| | | 西隆机场 | SHL | CD |
| 欧洲<br>Europe | 法国 | 戴高乐机场 | CDG | AF |
| | | 巴黎机场 | PAR | FU |
| | 英国 | 爱丁堡机场 | EDI | BA |
| | | 希思罗机场 | LHR | UK |
| | 德国 | 法兰克福机场 | FRA | LH |
| | | 柏林舍内菲尔德国际机场 | SXF | AB |
| | 意大利 | 米兰国际机场 | LIN | AZ |
| | | 罗马国际机场 | FCO | EN |

续表

| 地域 | 国家 | 机场 | 三字代码 | 二字代码 |
|---|---|---|---|---|
| 欧洲 Europe | 荷兰 | 阿姆斯特丹国际机场 | AMS | KL |
| | | 鹿特丹机场 | RTM | MP |
| | 西班牙 | 兰萨罗特机场 | ACE | IB |
| | | 马拉加机场 | AGP | AX |
| | 俄罗斯 | 阿纳帕机场 | AAQ | S7 |
| | | 伏尔加机场 | VGD | U6 |
| 非洲 Africa | 埃及 | 开罗国际机场 | CAI | MS |
| | | 古尔代盖国际机场 | HRG | 4Z（MC） |
| | 苏丹 | 阿特巴拉机场 | ATB | SD |
| | 利比亚 | 的黎波里机场 | TIP | LN |
| | 安哥拉 | 罗安达机场 | LAD | DT |
| | | 卡宾达机场 | CAB | C3 |
| | 肯尼亚 | 内罗毕机场 | NBO | KQ |
| | | 安博塞利机场 | ASV | Y4 |
| | 尼日利亚 | 阿萨巴国际机场 | ABB | WV |
| 美洲 America | 美国 | 洛杉矶国际机场 | LAX | AA |
| | | 伯班克机场 | BUR | HA |
| | 加拿大 | 渥太华国际机场 | YOW | AC |
| | | 温哥华国际机场 | YVR | CP |
| | 古巴 | 科科岛机场 | CCC | CU |
| | | 马埃斯特腊山机场 | MZO | 7L |
| | 巴西 | 阿拉沙机场 | AAX | VP |
| | | 乌纳机场 | UNA | RG |
| | 阿根廷 | 克洛林达机场 | CLX | AU |
| | | 圣罗莎机场 | RSA | AR |
| | 墨西哥 | 瓜达拉哈拉机场 | GDL | AM |
| | | 科帕拉尔机场 | CJT | VW |
| 大洋洲 Oceania | 新西兰 | 奥克兰国际机场 | AKL | NZ |
| | | 北帕默斯顿机场 | PMR | SJ |
| | 澳大利亚 | 阿拉伯里机场 | AAB | QF |
| | | 雅姆岛机场 | XMY | DJ |
| | 巴布亚新几内亚 | 阿包机场 | ABW | PX |

# 参考文献

[1] 梁秀荣. 民航乘务模拟舱服务. 北京：中国民航出版社，2015.
[2] 张号全，孙梅. 航空面试技巧. 2版. 北京：化学工业出版社，2017.
[3] 张聿温. 中国空姐. 北京：中国青年出版社，2011.
[4] 魏全斌. 民航服务礼仪（双语教程）. 北京：中国民航出版社，2016.
[5] 张号全. 航空职业形象. 北京：化学工业出版社，2015.
[6] 陈淑君，栾笑天. 民航服务、沟通与危机管理. 重庆：重庆大学出版社，2017.
[7] 张号全. 勇往职前的三大关键词"心态、方法、行动". 中国大学生就业，2012（3）：22-24.
[8] 张伶俐，梁秀荣. 未来空姐面试指南. 北京：中国民航出版社，2004.
[9] 马鸿志. 新中国第一代空姐. 银川：宁夏人民出版社，1994.
[10] 李永，陈倩. 简明中国民航发展史. 2版. 北京：中国民航出版社，2020.
[11] 中国航空运输协会. 民航空中服务（高级）. 北京：中国民航出版社，2021.
[12] 中国民用航空局，中国航空运输协会. 常怀敬畏之心，守牢安全底线——"三个敬畏"专题教育征文优秀作品选. 北京：中国民航出版社，2020.
[13] 韩瑛. 民航客舱服务与管理. 2版. 北京：化学工业出版社，2017.
[14] 李勤，安萍. 空乘人员求职应聘面试指南. 北京：清华大学出版社，2020.
[15] 耿进友. 外航空乘应聘成功指南. 北京：中国民航出版社,2018.
[16] 黄晨. 民航面试英语教程. 北京：清华大学出版社，2019.
[17] 檀传宝. 德育原理. 北京：北京师范大学出版社，2007.
[18] 张号全. 客舱服务精品案例教程. 北京：中国民航出版社，2021.
[19] （美）马斯洛. 人本管理. 马良诚，等译. 西安：陕西师范大学出版社，2010.
[20] （美）菲利普·津巴多，迈克尔·利佩. 态度改变与社会影响. 邓羽，尚莉，唐小艳，译. 北京：人民邮电出版社，2007.